suhrkamp taschenbuch
wissenschaft 343

Die in diesem Band enthaltenen Beiträge sind Ausarbeitungen von Vorträgen, die auf einem Kolloquium in Bochum anläßlich der Verleihung der Ehrendoktorwürde an Roman Jakobson von Philosophen, Linguisten, Psychologen und Neurophysiologen gehalten wurden. Das Thema des Kolloquiums hatte Roman Jakobson selbst vorgeschlagen. Obwohl er, ebenso wie einige andere Forscher, sich schon seit Jahrzehnten mit dem Problembereich beschäftigt hat, sind die neuesten Forschungsergebnisse so interessant und ermutigend, daß das Interesse an der weiteren interdisziplinären Erforschung rapide wächst. Zentrale Fragen, die auch im vorliegenden Band diskutiert werden, sind: Wird die Sprachfähigkeit im Menschen vor allem in einer Gehirnhälfte (der dominanten Hemisphäre) organisiert? Gestatten die bisherigen Untersuchungen an physiologisch bedingten Sprachstörungen (Aphasie) eine genauere Lokalisation sprachlicher Teilaufgaben in verschiedenen Bereichen der dominanten Gehirnhälfte? Lassen sich, aufgrund linguistischer oder handlungstheoretischer Prinzipien zur Analyse des Sprachverhaltens, Hypothesen für die Prozesse und Lokalisationen im Gehirn ableiten oder bisherige Hypothesen kritisieren? In welchem Grade ist die Sprachfähigkeit an das menschliche Gehirn gebunden? Die Beiträge sind an ein weites Publikum gerichtet. Die Einleitung des Herausgebers erläutert einige für das Verständnis erforderliche Grundkenntnisse und Problemstellungen.

Sprache und Gehirn

Roman Jakobson zu Ehren

Herausgegeben von
Helmut Schnelle

Suhrkamp

suhrkamp taschenbuch wissenschaft 343
Erste Auflage 1981

Satz: Mühlberger, Augsburg
Druck: Georg Wagner, Nördlingen
Printed in Germany
Umschlag nach Entwürfen von
Willy Fleckhaus und Rolf Staudt

CIP-Kurztitelaufnahme der Deutschen Bibliothek
Sprache und Gehirn: Roman Jakobson zu Ehren /
hrsg. von Helmut Schnelle. – 1. Aufl. –
Frankfurt am Main : Suhrkamp, 1981.
(Suhrkamp-Taschenbuch Wissenschaft; 343)
ISBN 3-518-07943-3
NE: Schnelle, Helmut [Hrsg.]; GT

Inhalt

Die in diesem Band vereinigten Beiträge wurden für ein Kolloquium anläßlich der Verleihung der Ehrendoktorwürde an Roman Jakobson im Wintersemester 1979/80 geschrieben. Das Thema des Kolloquiums war identisch mit dem Thema dieses Bandes und war von Roman Jakobson selbst vorgeschlagen worden; es hat für ihn einen prominenten Platz im außerordentlich breiten Feld seiner Interessen. Um dem Leser einen Einblick in die wissenschaftliche Leistung Roman Jakobsons zu ermöglichen, enthält dieser Band als Anhang die von Walter A. Koch verfaßte Laudatio des außerordentlichen Wissenschaftlers.

Helmut Schnelle
Einführung

Die naive Auffassung des Verhaltens von Organismen schaut nur auf die äußeren Bewegungen und schreibt die innere Organisation höheren Fähigkeiten, z. B. der seelischen oder geistigen Aktivität, zu. Die wissenschaftliche Auffassung fragt aber danach, ob und wieweit die Komplexität des inneren physischen Aufbaus der Organismen für ihre Verhaltensleistungen verantwortlich sein kann, ja wieweit sie sogar für die höchsten Leistungen des menschlichen Organismus, für Sprache und Denken, bestimmend ist. Das Thema Sprache und Gehirn ist also – neben dem verwandten Thema Denken und Gehirn – das faszinierendste der neueren Forschung. Im Bereich dieser Themen wird sich klären müssen, ob es einen Unterschied zwischen Natur und Geist gibt, und wenn ja, worin er besteht.

1. Wenn wir von der Annahme ausgehen, daß *komplexe Verhaltensweisen in höheren Organismen durch das zentrale Nervensystem bestimmt* werden, dann muß auch das sprachliche Verhalten und Verstehen im zentralen Nervensystem, vor allem im Gehirn jedes Sprechers und Hörers organisiert werden. Keine sprachliche Äußerung könnte wohlartikuliert oder wohlgeformt den Mund des Sprechers verlassen, und keine könnte vom Hörer verstanden werden, wenn ihre Gehirne nicht so eingerichtet wären, daß Sprechen und Verstehen genauestens in ihnen differenziert werden. Keine sprachliche Überlegung, ob sie ausgesprochen wird oder im inneren Nachdenken verbleibt, wäre ohne komplexe Abläufe im Gehirn möglich.

Daß dies so sein könnte, wurde schon im siebzehnten Jahrhundert von Descartes und Leibniz erkannt. Mehr als zwei Jahrhunderte lang war aber die Erfahrungsgrundlage für eine weitere Erforschung zu schmal, um mehr als Spekulationen zu erlauben.

Die ersten fruchtbaren Erkenntnisse erbrachten die Untersuchungen der bedeutenden Neurologen P. Broca, J. H. Jackson und C. Wernicke vor mehr als hundert Jahren, und in unserem Jahrhundert haben einige Sprachwissenschaftler, allen voran Roman Jakobson, zu einer besseren Strukturierung der Erkenntnisse beigetragen. Den gemeinsamen Anstrengungen ist es zu verdanken, daß man seit knapp zwei Jahrzehnten von einer eigenständigen Neurolinguistik, der Wissenschaft von den Grundlagen der Sprache im Gehirn, sprechen kann. Die in diesem Band enthaltenen Arbeiten werden einige Einblicke in die Werkstatt der Neurolinguistik geben, in der neben Neurologen und Linguisten Psychologen und Philosophen arbeiten. Zur Erleichterung der Lektüre der Einzelarbeiten soll diese Einführung einige der bis heute bekannten Fakten, Forschungsmethoden und Problemstellungen in einem kurzen Abriß vorstellen. Angesichts der Tatsache, daß dem Leser viele sprachliche und sprachwissenschaftliche Gesichtspunkte schon aus dem Sprachunterricht bekannt sind, wird es sich dabei vor allem um physiologische Fakten und ihre Zuordnung zu sprachlichen Gegebenheiten handeln.

2. Das zentrale Nervensystem des Menschen kann als ein ungeheuer *komplexes Netzwerk von Nervenzellen* aufgefaßt werden. Dieses Netzwerk enthält etwa 100 Milliarden Nervenzellen. Jede Nervenzelle besteht aus einem eigentlichen Nervenzellkörper und einer Vielzahl von diesem Körper ausgehender Leitungen (viele *Dendriten* und ein *Axon*), über die jede Nervenzelle mit bestimmten anderen Nervenzellen verbunden ist. Obwohl es verschiedene Arten von Nervenzellen gibt, scheint ihr Verhalten doch im wesentlichen gleich zu sein. Jede Nervenzelle vermag ein elektrisches Signal zu erzeugen und dieses Signal über ihr Axon an die Dendriten (oder auch den Zellkörper) der Nachbarzellen zu schicken, mit denen es über das Axon verbunden ist. Die Kontaktstelle, an der das Axon einer Nervenzelle einen Dendriten (oder den Zellkörper) einer anderen Nervenzelle berührt, heißt *Synapse.* Nervenzellen können mehr oder weniger synaptische Kontaktstellen haben; durchschnittlich wohl etwa 100 bis 1000.

Wenn nun alle Nervenzellen im wesentlichen gleich arbeiten, kann es nur die Vernetzung der Nervenzellen – gewissermaßen die »Verdrahtung« – sein, die für unterschiedliches Verhalten maßgebend ist. Ein Teil des Netzwerkes ist zweifellos für die Organisation sprachlichen Verhaltens zuständig.

3. Ehe wir diesen Zusammenhang weiter verfolgen, müssen wir zunächst kurz die *anatomische Gliederung des zentralen Nervensystems* skizzieren. Das zentrale Nervensystem besteht aus Rükkenmark, Hinterhirn mit Kleinhirn, Mittelhirn und Vorderhirn.

Jeder dieser Teile hat seinerseits Teile, von denen wir uns hier nur für das Vorderhirn zu interessieren brauchen. Wir können es in zwei Teile gliedern, in das limbische System und den Neo-Kortex oder die Großhirnrinde. Das limbische System enthält seinerseits viele Teile, die wir hier nicht aufzählen wollen. Wichtig ist dagegen die Form und weitere Untergliederung der Großhirnrinde. Die *Großhirnrinde* ist eine vielfältig gefaltete Oberfläche, die unter der Schädeldecke liegt und das gesamte Vorderhirn umschließt. Würde man die Großhirnrinde auseinanderfalten, so erhielte man eine Fläche von etwa 1500 cm^2. Die Nervenzellen der Großhirnrinde befinden sich in einer Rindenschicht von 2 mm Dicke.

4. *Der in der Großhirnrinde liegende Teil des gesamten Nervennetzes ist für die Differenzierung des Verhaltens und der inneren Abläufe zuständig.* Er umfaßt 70% aller Nervenzellen des zentralen Nervensystems. Rückenmark, Hinterhirn und Mittelhirn dienen im wesentlichen der *Vorverarbeitung* der Signale, die von den *sensorischen Nervenzellen* in den Sinnesorganen (insbesondere in den Augen, in den Ohren und in der Haut) in die Großhirnrinde gesendet werden, oder *Nachverarbeitung* von Signalen aus der Großhirnrinde, die über *motorische Nervenzellen* Muskelkontraktionen und damit Bewegungen des Organismus auslösen. Die sensorischen Nervenzellen liefern sozusagen die Eingabesignale des zentralen Nervensystems und die motorischen Nervenzellen die Ausgabesignale. Die Großhirnrinde ist außerdem mit den Nervenzellen des *limbischen Systems* verbunden, und es scheint, daß die Prozesse in der Großhirnrinde hier durch Nervenzellen beeinflußt werden, deren Aktivität einerseits *emotionale Erregung* bedeutet, andererseits für die Abspeicherung von Eindrükken und Ergebnissen von Denkprozessen in der *Erinnerung* maßgeblich ist. Wir müssen also im wesentlichen an ein funktional fünffach gegliedertes System denken:

- das *System der sensorischen Nervenzellen* in den Sinnesorganen (insbesondere Tastzellen der Haut, Gehörzellen im Ohr, Sehzellen im Auge)
- das System der *motorischen Nervenzellen* zur Auslösung von Muskelkontraktionen
- das *System der Vor- und Nachverarbeitung* für sensorische und motorische Nervenzellen (bestehend aus Rückenmark, Hinterhirn mit Kleinhirn, Mittelhirn)

– das *limbische System*
– die *Großhirnrinde*

5. Es ist nun weiterhin erforderlich, daß man ein klares Bild von der *Untergliederung der Großhirnrinde* hat. Die Großhirnrinde ist zunächst deutlich in zwei *Gehirnhälften* (oder Hemisphären) gegliedert, die *linke* und die *rechte Gehirnhälfte*. Zwischen beiden befindet sich eine tiefe Furche, die nach unten durch den Balken (Corpus Callosum) abgeschlossen ist. Der Balken ist ein sich von vorn nach hinten erstreckendes Band, das im wesentlichen aus einer außerordentlich großen Zahl von Axonen besteht, über die die Nervenzellen der beiden Gehirnhälften sich gegenseitig Signale senden und so ihre Wirkungen aufeinander abstimmen.

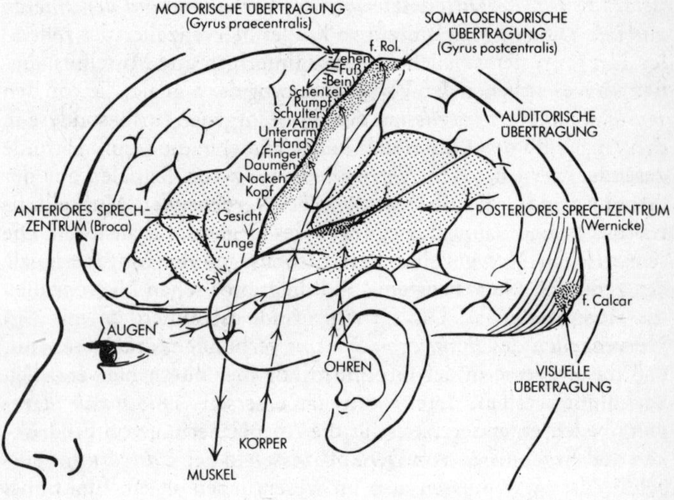

Figur 1

Zur Beschreibung der weiteren Untergliederung jeder der beiden Gehirnhälften beziehen wir uns auf die Figur 1. In jeder Gehirnhälfte gibt es unter den Faltungsfurchen zwei, die für diese Gliederung wichtig sind: die *Rolandische Furche*, die von unterhalb der Schläfe nach oben zum Scheitel und die *Sylvische Furche*, die von der vorderen Schläfe schräg nach hinten bis oberhalb des Ohres verläuft. Mit Hilfe dieser beiden Furchen definiert man vier Teile jeder Gehirnhälfte, die man Lappen nennt, den *Frontal-*(oder Stirn-)*Lappen* vor der Rolandischen Furche, den *Parietal-*(oder Scheitel-)*Lappen* hinter der Rolandischen und oberhalb der Sylvischen Furche, den *Temporal-*(oder Schläfen-)*Lappen* unterhalb der Sylvischen Furche und den *Okzipital-*(oder Hinterhaupt-)*Lappen* als hinteren Teil jeder Gehirnhälfte. Aufgrund genauer Untersuchungen des Zellgewebes in den verschiedenen Bereichen lassen sich anatomisch mehr als vierzig verschiedene Teilbereiche unterscheiden, die sogenannten *Brodman-Bereiche.*

In der weiteren Untergliederung stößt man in der Größenordnung von 1 mm^2 auf die sogenannten *Kolumnenanordnungen.* Es handelt sich dabei um komplexe »Schaltkreise« aus einigen tausend Nervenzellen, die strukturelle Grundoperationen ausführen dürften. Die einzelnen Nervenzellen finden sich in der Größenordnung von 1/200 bis 1/10 mm, während die Synapsen etwa eine Größe von 1/1000 mm haben.

6. Eine andere Gliederung der Großhirnrinde ergibt sich aus der Art der *Verbindung der Nervenzellen untereinander und mit anderen Teilen des zentralen Nervensystems.* Wie die Figur 1 andeutet, senden die Nervenzellen des Bereiches, der unmittelbar vor der Rolandischen Furche im Frontallappen liegt, Signale zur Aktivierung der Muskeln. Und zwar aktivieren die am Scheitel gelegenen Nervenzellen die Zehen, die darunter liegenden nacheinander die Füße, den Körper, die Schultern, Arme, Hände und die untersten schließlich die Unterkiefer, Lippen, Zunge usw. Diese Nervenzellen im untersten Bereich aktivieren also auch die Sprechmuskeln, während die Zellen zur Aktivierung der Hand die Schreibbewegung steuern. Wir nennen diesen Bereich den *primären motorischen Bereich* der Großhirnrinde. Unmittelbar gegenüber auf der hinteren Seite der Rolandischen Furche – also am vordersten Rand des Parietal-Lappens – liegt der *primäre somaästhetische Bereich*, der die Nervenzellen umfaßt, die Signale von sensorischen Zellen in der Haut, die Tastempfindung von den Zehen am Scheitel und diejenigen der Zunge in der Nähe des unteren Endes der Rolandischen Furche empfangen. Die sensorischen Zellen im Ohr senden ihre Signale, wie in Figur 1 angedeutet, in den *primären auditiven Bereich* am unteren Rand der Sylvischen Furche im Temporal-Lappen. Die sensorischen Zellen in der Retina senden ihre Signale in den *primären visuellen Bereich*

am hinteren Ende des Okzipital-Lappens. Wie wir sehen, ist also jedem der vier Lappen einer Gehirnhälfte ein primärer sensorischer Bereich des Großhirns zugeordnet. Die primären Bereiche stehen über Nervenleitungen mit anderen Bereichen des Großhirns in Verbindung, die die weitere differenzierte Verarbeitung im Großhirn übernehmen. Diese anderen Bereiche heißen im Gegensatz zu den primären sensorischen Bereichen (sekundäre und tertiäre) *Assoziationsbereiche.*

7. Geht man, wie oben schon angedeutet, von der Auffassung aus, daß die Großhirnrinde für die Differenzierung des Verhaltens und der inneren Abläufe maßgebend ist, so wird man sich dafür interessieren, ob man bestimmte Verhaltensformen bestimmten Teilen der Großhirnrinde zuordnen kann, ob man also der skizzierten anatomischen Gliederung eine *funktionale Gliederung der Großhirnrinde* an die Seite stellen kann. Das ist in der Tat in einem gewissen Grade möglich. Hinsichtlich der uns interessierenden Probleme kann festgestellt werden: Zwei große zusammenhängende Bereiche der linken Gehirnhälfte sind im wesentlichen zuständig für das Sprachverstehen und das Sprechen: der vordere Sprachbereich und der hintere. Der erstgenannte heißt nach seinem Entdecker auch der Brocasche, und der Kern des hinteren der Wernickesche (vgl. Figur 1).

Außerordentlich interessant ist zweifellos, daß die wesentlichen Züge des Sprachverhaltens offensichtlich nur von einer Gehirnhälfte gesteuert werden. Man nennt diese Gehirnhälfte die *dominante* und die Erscheinung selbst die *Lateralisierung* der Sprachfähigkeit. Bei den meisten Menschen ist die linke Gehirnhälfte für das Sprachverhalten dominant, das über einfachstes schematisiertes Sprechen hinausgeht, während die rechte Hälfte für andere Fähigkeiten wie räumliche und nicht verbale Vorstellung und Organisation dominant ist (vgl. Figur 2). Die empirischen Grundlagen und die Bedeutung der Lateralisierung werden in mehreren Arbeiten dieses Bandes eingehend diskutiert (vgl. Jakobson, Heeschen, Reischies u. van der Geest). Die andere interessante Frage ist, welche verschiedenen Funktionen die beiden unterschiedlichen Sprachzentren, das vordere und das hintere, für das Sprachverhalten haben und ob unter Umständen innerhalb der Sprachzentren Teile unterschieden werden können, die verschiedenen Aufgaben dienen. Auch diese Frage wird in mehreren Arbeiten diskutiert. Es ist einleuchtend, daß zu einer klaren Diskussion

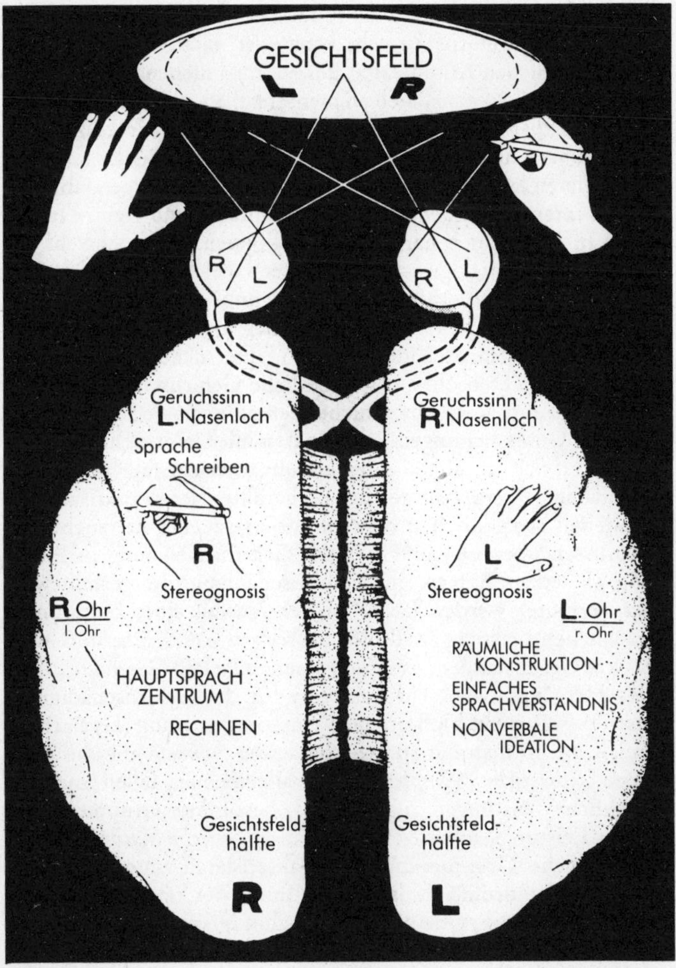

Figur 2

dieser Probleme eine deutliche Vorstellung von unterschiedlichen sprachlichen Aufgaben und Strukturen gehört und daß hier versucht werden kann und muß, linguistische Erwägungen ins Spiel zu bringen.

8. Die genaue Ermittlung der funktionalen Untergliederung des menschlichen Gehirns ist sehr schwierig, nicht nur wegen der außerordentlichen Komplexität des zu untersuchenden Gewebes, sondern vor allem auch, weil an menschlichen lebenden Gehirnen nicht frei experimentiert werden kann, wenn damit medizinische Eingriffe verbunden sind. Manche Erkenntnisse aus Experimenten an Tieren lassen sich zwar auf Menschen übertragen, aber für den uns interessierenden Themenkreis Sprache und Gehirn fehlen solche Informationen natürlich oder können sich höchstens auf sehr unsichere Analogieschlüsse stützen. Welche *Untersuchungsmethoden* stehen überhaupt zur Verfügung?

Hier muß man unterscheiden zwischen a) Untersuchungen an Patienten mit Gehirnschädigungen, b) Untersuchungen an psychiatrischen Patienten ohne offensichtliche Gehirnschädigungen in den Sprachzentren, c) Untersuchungen an normalen Personen.

Bei den Untersuchungen an Patienten mit Gehirnschädigungen handelt es sich im allgemeinen darum, den Ausfall bestimmter sprachlicher Leistungen genau zu charakterisieren und mit verschiedenen anatomischen oder physiologischen Untersuchungsergebnissen über Ort und Art der Gehirnschädigung in Beziehung zu setzen. Sofern eine Gehirnschädigung festgestellt wird oder vermutet werden kann, ist der Ausfall einer bestimmten sprachlichen Leistung (z. B. Nachsprechen von Wörtern, Benennen von Gegenständen, Erzählen einer einfachen Geschichte oder eines Hergangs usw.) ein *Symptom* für die Gehirnschädigung. Sofern es sich nicht bloß um eine Aussprechstörung (Dysarthrie) handelt, nennt man die Sprachschädigung *Aphasie* und die Symptome *aphasische Symptome.* Im allgemeinen fallen mehrere sprachliche Leistungen zugleich aus; bestimmte Gruppierungen solcher Leistungseinbußen nennt man *aphasische Syndrome.* Unterschiedliche Gruppierungen charakterisieren unterschiedliche aphasische Syndrome. Es ist die Hoffnung der klassischen Aphasieuntersuchungen, eine genaue Zuordnung aphasischer Syndrome und Lokalisationen von Gehirnschädigungen in den Sprachzentren zu finden. Die Lokalisationen von Gehirnschädigungen lassen sich heute mit Hilfe der Gehirntomographie aufzeichnen. Bei Operationen selbst ist es gelegentlich erforderlich, Eingriffe wie die elektrische Stimulierung von Nervenzellen oder die Injektion von Substanzen vorzunehmen, aus denen sich die sprachliche Leistung gewisser Stellen in Einzelfällen bestimmen läßt. Die häufigsten Fälle von Gehirnschädigungen sind Schlaganfälle, Kriegsverletzungen, Verkehrsunfallverletzungen, Tumore.

Eine besondere Klasse von Untersuchungen ergeben sich im Zusammenhang mit der einseitig angewendeten Schocktherapie bei psychiatrischen Patienten. Wie der Beitrag von Roman Jakobson ausführt, haben Untersuchungen dieser Art in der Sowjetunion außerordentliche Aufschlüsse über die Lateralisierung der Funktionen im Gehirn erbracht. Auch hier fällt nach Anwendung des einseitigen Elektroschocks die Fähigkeit, bestimmte sprachliche und nichtsprachliche Leistungen zu erbringen, aus.

An normalen Personen sind keine medizinischen Eingriffe vertretbar. Man kann hier einerseits versuchen, aus EEG-Aufzeichnungen bei geeignet plazierten Kontaktstellen sogenannte *Bereitschaftspotentiale* (vor der eigentlichen Ausführung einer Aufgabe) oder *evozierte Potentiale* (bei der Ausführung der Aufgabe) zu gewinnen und aus ihrer Analyse Schlüsse auf die elektrischen Signale der Nervenzellen zu ziehen. Andererseits hat sich der Test des sogenannten *dichotischen Hörens* als außerordentlich wirksames Instrument zur Klärung der Frage der Lateralisierung erwiesen. Bei diesem Test werden der Versuchsperson über einen Kopfhörer auf das linke und das rechte Ohr *verschiedene* Gehöreindrücke vermittelt. Aus anderen Untersuchungen weiß man, daß die Signale aus jedem Ohr hauptsächlich zur gegenüberliegenden Gehirnhälfte geschickt werden. Man stellte fest, daß bei sprachlich distinktiven Signalen die in kurzer Folge auf das rechte Ohr gegebenen Wörter besser erkannt wurden als die auf das linke Ohr gegebenen; ein erster Beweis für die Dominanz der linken Gehirnhälfte bei der Sprachverarbeitung.

Eine entsprechende Methode läßt sich für die Sehfelder entwickeln (die Visual-Half-Field- oder VHF-Methode). Bei genauer Fixierung der Augen werden die Seheindrücke der rechten Hälfte des Sehfeldes auf den primären visuellen Bereich der linken Hirnhälfte und die Seheindrücke der linken Hälfte des Sehfeldes auf den primären visuellen Bereich der rechten Hirnhälfte übertragen (vgl. auch Figur 2). Wenn man in beiden Sehhälften z. B. ganz kurz verschiedene geschriebene Wörter oder Bilder präsentiert, kann man die Untersuchungsperson danach fragen, welches Wort oder Bild sie gesehen hat, und – wie bei den Gehöreindrücken bei dichotischem Hören – versuchen, daraus Schlüsse über die Dominanz der Gehirnhälften für verschiedene Seheindrücke zu ziehen.

9. Die Arbeiten dieses Bandes sollen einen Einblick in die Untersuchungen des Forschungsbereichs Sprache und Gehirn geben. Die ersten Arbeiten, der eingehende Überblick von R. Jakobson sowie die Diskussionen von C. Heeschen/F. Reischies und T. van der Geest beschäftigen sich vor allem mit der derzeit faszinierendsten Frage der Forschung, der Lateralisierung der Sprachfähigkeit. Die Frage der Lokalisation von Teilen der Sprachfähigkeit und ihr Verhältnis zur allgemeinen Kommunikationsfähigkeit wird von D. Linke vorgestellt und untersucht. Angesichts der Komplexität der Probleme plädiert K. Poeck für ein methodisch präzises und sauberes Vorgehen, bei dem die linguistische Analyse der Leistungsdefizite von Aphasikern zunächst streng getrennt von der Frage der Lokalisation untersucht wird. Achtet man auf methodische Sauberkeit in diesem Sinn, so muß festgestellt werden, daß bisher eigentlich keine Beweise dafür erbracht wurden, daß die beobachteten aphasischen Syndrome durch Ausfälle spezifischer Sprachzentren im Gehirn bedingt sind. Im Gegenteil scheint die Bündelung von Symptomen von der Art der Blutversorgung der Teile des Gehirns bestimmt zu sein: Wäre die Blutversorgung anders, so würden wir andere aphasische Syndrome feststellen. Von linguistischer Seite besteht Harweg ebenso entschieden auf einer sauberen methodischen Scheidung linguistischer und neurologischer Erwägungen und kritisiert R. Jakobson, daß er eine solche Scheidung nicht genau genug beachte. Auf der anderen Seite sind gerade einige Sprachwissenschaftler in diesem Band der Meinung, daß bei wechselseitiger »Beleuchtung« sprachwissenschaftlicher und nichtsprachwissenschaftlicher Forschungsergebnisse beide Seiten die fruchtbarsten Ergebnisse erwarten können. Unter verschiedenen Gesichtspunkten wird in den Arbeiten von Chr. Sappok, W. A. Koch und Th. Ballmer erläutert, welche Ergebnisse derartige interdisziplinäre Erwägungen erbringen können.

Die angesprochenen methodischen Fragen dürfen nicht ad hoc entschieden und viele der tiefer liegenden Sachprobleme können nur in einem umfassenderen Rahmen beurteilt werden. E. Holensteins grundlegende Arbeit zeigt, wie die Phänomenologie zur Klärung gerade der hier in Betracht kommenden interdisziplinären Fragen beiträgt. Sie zeigt aber auch, daß die Philosophie selbst wesentliche Anregungen von dem Forschungsgebiet Sprache und Gehirn erwarten darf.

Es ist selbstverständlich, daß ein schmales Bändchen wie dieses nicht alle Aspekte der Forschung ansprechen kann. Gerade in der jüngsten Zeit gibt es zum Beispiel Versuche, linguistische und neurologische Phänomene nicht nur auf der Ebene der Komponenten des lautlichen, grammatischen, lexikalischen und semantischen Systems einerseits und Teilbereichen des Gehirns zuzuordnen, sondern die prozeduralen Aspekte der Sprachverarbeitung selbst (z. B. die sprachlichen Regeln und ihre Verarbeitung) direkter mit Netzwerken von Nervenzellen in Verbindung zu bringen. Die Diskussion einer solchen Zuordnung würde in Feinbereiche der Analyse vordringen.

Wie sich die Forschung aber auch weiterentwickeln mag, aufgrund des außerordentlichen Fortschrittes der Neurophysiologie und des erhöhten Interesses der Linguistik und anderer Wissenschaften, auch der Philosophie, sind in den nächsten Jahrzehnten bedeutende und faszinierende Fortschritte zu erwarten.

Roman Jakobson
(unter Mitarbeit von Kathy Santilli)

Gehirn und Sprache

Gehirnhälften und Sprachstruktur in wechselseitiger Beleuchtung

I

Sprachstörungen und speziell die Störungen der Lautstruktur der Sprache, hervorgerufen durch verschiedene Arten von Gehirnverletzungen, haben eine Anzahl von interdisziplinären Fragen scharf herausgestellt und auch dazu geführt, daß ich die Aphasieforschung in das Grundprogramm meiner Studien aufnahm, parallel zur Beschäftigung mit dem entgegengesetzten, aber nichtsdestoweniger verwandten Phänomen des Spracherwerbs. Die strukturalen Gesetze, die die aphasischen Sprachbehinderungen bestimmen, hatte ich bereits flüchtig in meiner Grußansprache zum Fünften Internationalen Kongreß der Linguisten angedeutet, dem Kongreß, der im September 1939 in Brüssel abgehalten werden sollte (vgl. Jakobson, 1962, 317 ff.).

In einem Artikel für das Symposium der Ciba Foundation über Sprachstörungen (London, Mai 1963) versuchte ich, den linguistischen Standpunkt zur Aphasieforschung zu umreißen und die Notwendigkeit für eine Klassifikation aphasischer Syndrome herauszustellen, die »strikt auf der Grundlage einer integrierten medizinischen und linguistischen Forschung« zu entwickeln wäre. Die Erforschung der Aphasie konnte nicht länger an der bedeutsamen Tatsache vorbeisehen, daß eine immanent linguistische Typologie aphasischer Schäden, die ohne Bezug auf anatomische Daten entwickelt wurde, nichtsdestoweniger zu einem überraschend kohärenten Beziehungszusammenhang führte, der der Topographie der Großhirnverletzungen, die solchen Störungen zugrunde liegen, bemerkenswert nahekam. Die drei linguistischen Dichotomien aphasischer Ausfälle entsprachen, ohne es zu beabsichtigen, ungefähr der Liste der sechs Großhirnschäden, die der bedeutende Psychoneurologe A. R. Luria aufgestellt hatte (vgl. Jakobson, 1962, 289 ff.).

Für die Sprachwissenschaft setzten diese allmählich hervortretenden Entsprechungen zwischen den nervlichen und linguistischen Grundlagen einer aphasischen Typologie den zufällig monistischen »antilokalistischen Theorien« ein Ende, die danach strebten, die verschiedenen Typen der Aphasie auf bloß graduelle Erscheinungen eines einzigen Leidens zu reduzieren (vgl. Maruszewski, 1975, 35 ff.; Luria, 1974.). Die Frage nach der Wechselbeziehung zwischen der Topographie des Gehirns und der Struktur der Sprache eröffnete der gemeinsamen, koordinierten Forschung der frühen sechziger Jahre neue und weitere Perspektiven.

II

In den Schlußbemerkungen zum Symposium über Modelle der Wahrnehmung von Sprache und visueller Form in Boston (Oktober 1964, vgl. Jakobson, 1971, 338) wurde bereits darauf hingewiesen, daß Donald Broadbent (1954) Experimente in dichotischem Hören vorgeschlagen hatte, die dann von Doreen Kimura (1961) in ungewöhnlichen Experimenten sehr viel weiter entwikkelt worden waren: Der zweikanalige Empfang unterschiedlicher Gehörreize auf beiden Ohren. Diese Tests bewiesen, daß das rechte Ohr eine bessere Fähigkeit zum genauen Erkennen von Sprachlauten aufweist, während das linke Ohr eine wirksamere Unterscheidungsfähigkeit für alle anderen akustischen Einheiten hat. (Literaturangaben findet man in Peuser, 1977, 250: Dichotome Stimulation.) Die bevorzugte Rolle der Sprachlaute im rechten Ohr offenbart die kontralaterale Gehörleistung zur linken Hemisphäre, wie seinerzeit in der Diskussion lebhaft betont wurde. Wir stehen vor dem grundlegenden Problem, den Unterschied der Sprachanteile, die von der linken Hemisphäre des Gehirns abhängen, und derjenigen aller anderen, ausschließlich an die rechte Seite gebundenen Reize genau zu bestimmen und zu erklären.

Die Unterscheidung zwischen den zentralen Mechanismen, die den eigentlichen Sprachbereich steuern, und denjenigen, die die Wahrnehmung und das Verstehen aller anderen Lauterscheinungen bestimmen, ob sie nun von menschlichen Organen hervorgebracht wurden oder anderen Ursprung hatten, war lange Zeit unterschätzt, vernachlässigt oder sogar verneint worden, während sich heute die phonetische Forschung, da sie ganz von der Beschäftigung mit Sprachlauten beherrscht wird, vom nichtsprachlichen sowohl motorischen als auch akustischen Bereich scharf abgrenzt.

Gegenwärtig aber verlangt der beobachtete wesentliche Unterschied zwischen der besonderen zerebralen Verarbeitung der Sprache einerseits und den übrigen Gehörerscheinungen andererseits nach weiteren, wesentlich umfassenderen und spezifischeren Untersuchungen.

Der Fortschritt für die Erforschung der getrennten Gehirnhälften wurde, über die Vielzahl medizinischer Untersuchungen hinaus (vgl. Brenda Milner, 1975, 7), besonders durch die seit 1960 durchgeführten Experimente gefördert, die mit der operativen Durchtrennung der Großhirn-Verbindungen an Epileptikern verbunden sind (vgl. Gazzaniga und Sperry, 1967; Gazzaniga, 1970; Sperry, 1975). Die aus diesen Operationen gezogenen Schlüsse bestätigten die engen Bindungen der Sprache (und ebenso wenigstens einiger Arten des Schreibens und Rechnens) gerade mit der linken Hemisphäre sowie – was besonders lehrreich war – den Zusammenhang zwischen höheren verbalen Prozessen und der linken, dominanten Hemisphäre. Dieser Zusammenhang eröffnete neue Einsichten in die Struktur der Sprache.

Schließlich ist die auf eine Gehirnhälfte angewandte Elektroschocktherapie, die man an schizophrenen und depressiven Patienten praktizierte, zu nennen. Man hat sie in höchst einfallsreicher Weise eingesetzt und so zum ersten Mal systematische Daten über Gehirn und Sprache bei Menschen ohne fest umrissene Gehirnschäden gewonnen. Als einzigen vorläufigen Vorstoß in dieselbe Richtung könnten wir auf die Natrium-Amytal-Injektionen hinweisen, mit deren Hilfe beide Gehirnhälften nacheinander inaktiviert werden, wie bei Milner (1975, 84 f.) berichtet wird. Die Tatsache, daß die auf eine Seite angewandte Elektroschocktherapie eine kurz dauernde Unterbrechung einer Gehirnhälfte liefert, ein Mangel, dem eine allmähliche Rückkehr in den Normalzustand folgt, erlaubt Vergleiche, die zuvor in diesem Maß unmöglich waren. Dieses Verfahren, das seit den späten sechziger Jahren in einigen russischen Zentren medizinischer Forschung entwickelt wurde, wird seit kurzem von minutiösen und geschickten Beobachtungen der Zustands- und Verhaltensänderungen nach dem auf einer Seite angewandten Schock begleitet.

Seit den frühen sechziger Jahren ist die Technik der auf einer Seite angewandten Elektroschocktherapie beträchtlich entwickelt worden (vgl. Cannicott, 1963, Halliday et al., 1968), aber der funktionelle Unterschied zwischen links- und rechtsseitigem Schock wurde bis vor kurzem kaum intensiv und systematisch beobachtet. Immerhin ergibt die zeitweise Inaktivierung einer der beiden Gehirnhälften, je nach Ausrichtung des Elektroschocks, entgegengesetzte Wirkungen sowohl auf die Höreindrücke als auch auf die motorischen Erfahrungen des Patienten. Dabei erweist sich die Alternanz der beiden Richtungen beim selben Patienten als besonders lehrreich.

Als vorläufigen Nachweis dieser ständig fortschreitenden Untersuchungen beachte man zunächst und vor allem die wertvollen Veröffentlichungen, die vom Sečenov Institut für Entwicklungsphysiologie und Biochemie der Akademie der Wissenschaft (*Akademija Nauk* = AN) der UdSSR gefördert werden: die erste, *Hören und Sprechen in der dominanten und nicht-dominanten Gehirnhälfte*, die von Balonov und Deglin gemeinsam geschrieben wurde (*AN*, 1976), und die zweite, *Unilateraler elektrokonvulsiver Schock*, von denselben Autoren und anderen Mitarbeitern (*AN*, 1979). Wesentliche Beiträge zu diesen Forschungen stammen von dem hervorragenden russischen Experten der Sprachwissenschaft, Vjačeslav Ivanov, besonders aus seinem Buch *Gerade und Ungerade: die Asymmetrie des Gehirns und der Zeichensysteme* (1978) und aus seinem Essay aus Tartu »Semiotik der oralen Sprache und funktionale Asymmetrie des Gehirns« (1979). Man vergleiche auch Braginas und Dobroxotovas russisches Buch, *Funktionale Asymmetrie und Psychopathologie der fokalen Erkrankungen des Gehirns* (1977) mit seiner instruktiven Erörterung der vergleichenden Untersuchungen von Beziehungen zwischen den Gehirnhälften.

Norman Geschwinds (1979) aufmerksame Untersuchungen über die Abhängigkeiten der höheren Aktivitäten wie der Sprache »von spezialisierten Regionen im menschlichen Gehirn« eröffnen neue drängende Fragen für die interdisziplinäre Forschung. Während ein Linguist bei der funktionalen Asymmetrie des Gehirns stehenbleiben muß, ermöglicht es die reiche neurologische Erfahrung Geschwinds, die verbleibenden spannenden Fragen der materiellen Unterschiede zwischen beiden Gehirnhälften zu berühren (vgl. Geschwind, 1979, 196; Galaburda et al., 1978).

III

Nachdem ich mit Linda Waugh eine Anzahl vorläufiger Bemerkungen und Fragestellungen in *The Sound Shape of Language* (1979) umrissen hatte, möchte ich es wagen, in einem nächsten Schritt versuchsweise die Frage zu beantworten, welche generellen Kriterien die beiden Bereiche der Gehörreize voneinander trennen – diejenigen, die von der linken und diejenigen, die von der rechten Gehirnhälfte verarbeitet werden. Die zweifach gegliederte zerebrale Lokalisation der beiden Teilbereiche ist so offensichtlich, daß sich die Frage unvermeidlich aufdrängt, welche Eigenschaften es sind, die jede der beiden Erscheinungsformen umfassen und vereinen und voneinander unterscheiden.

Alle Quellen der Einsicht, erstens die verschiedenen Experimente mit dichotischem Hören, zweitens die Untersuchungsergebnisse an Patienten mit Gehirnspalt-Operationen, drittens die Untersuchungen an Patienten mit einer zerstörten Gehirnhälfte und viertens und vor allem die vergleichenden Untersuchungen der Verläufe nach Inaktivierung einer Gehirnhälfte durch Elektroschock, alle diese Quellen stimmen in ihrer Definition der genauen Bereiche der Erscheinungen überein, die von der linken und die von der rechten Gehirnhälfte kontrolliert werden.

Die Störungen der Lautmuster sind nachweislich am einschneidendsten bei der Unterdrückung der Unterscheidungsfähigkeit zwischen Phonemen, die nur auf ein Merkmal zurückgehen (vgl. Balonov, Baru und Deglin, 1975). Die Verarmung und Zerstörung des phonemischen, speziell des konsonantischen Bestandes setzt kurz nach dem Schock ein, und die allmähliche Rückkehr der früheren, gewöhnlichen Konstitution nimmt einen Zeitraum von zehn oder zwanzig Minuten bis zu anderthalb Stunden in Anspruch (vgl. *AN*, 1979, 70 f. und 87). Der relative Ablauf dieser Wiederherstellung sollte genauestens festgehalten werden, wie es vor vierzig Jahren bei den Beobachtungen in Uppsala an Patienten, die sich von Insulinschocks erholten, vorgeschlagen wurde (vgl. jetzt Jakobson und Waugh, 1979, 34). Auf diese Weise könnten neue Daten gewonnen werden für die schon immer anstehende Frage nach den Ähnlichkeiten zwischen der allmählichen Wiederherstellung der Sprache von Elektroschockpatienten und dem fortschreitenden Spracherwerb der Sprache bei Kindern.

IV

Die distinktiven Züge und ihre Bündelung zu Phonemen, die letzten Bestandteile der Sprache, können ihre primäre informative Aufgabe nur erfüllen, wenn eine vermittelnde, sogar mehrfach vermittelnde Relation zwischen diesen Elementarquanten besteht; sie selbst haben ja »keinerlei Eindeutigkeit des Sachbezugs« (vgl. Sapir, 1949, 34) und scheinen daher, da sie nichts als das bloße Anderssein bezeichnen, in einem zusammenhängenden referentiellen Komplex organisiert zu sein. Dieses Netzwerk der Sprache ist unter vollständiger Kontrolle der linken Gehirnhälfte. So schließen Balonov und Deglin im zehnten, letzten Kapitel ihres grundlegenden Bandes (*AN*, 1976, 182): »es scheint offensichtlich zu sein, daß die linke Gehirnhälfte normalerweise die Klassifikation der Phoneme ausgehend von der distinktiven Eigenschaften ausführt, daß sie damit die Hierarchie dieser Eigenschaften stützt und dadurch die Stabilität des phonologischen Systems der Sprache sichert.« Der Prozeß der Inaktivierung der linken Gehirnhälfte enthüllt seinerseits eine Anzahl von Entsprechungen mit den Regeln, die der sich daraus ergebenden Auflösung des gegebenen phonologischen Systems zugrunde liegen, seiner auditiven Ebene ebensowohl wie seiner motorischen (vgl. *AN*, 1976, 133, 136, 181 f. und *AN*, 1979, 103). Als Beispiele einer Symmetrie zwischen der Auflösung der vokalischen und konsonantischen Muster sei auf die Stabilität der Pole der Kompaktheit hingewiesen – /a/ und /k/ und die parallele Verschmelzung der Tonalitätspaare wie /u/ – /i/ und /p/ – /t/.

Der noch vermitteltere Charakter kontextueller, redundanter Merkmale verstärkt ihre Abhängigkeit von der linken Gehirnhälfte. Die häufig zunehmende Seltenheit redundanter Abwandlungen im Sprechen von Untersuchungspersonen mit zeitweiser Inaktivierung der linken Gehirnhälfte ist ein linguistisches Ereignis, das eine erhöhte Aufmerksamkeit der Forscher erfordert.

V

Im Unterschied zur mehrrangigen Einbindung der linguistischen Elemente, die vollkommen abhängig sind von der intakten Aktivität der linken Gehirnhälfte, ist sämtlichen Erscheinungen, die das ungehinderte Funktionieren der rechten Gehirnhälfte voraussetzen, ein bemerkenswerter Zug gemeinsam: Sie weisen eine direkte, unmittelbare und offensichtliche Beziehung zwischen ihrer äußeren, materiellen Form und dem von ihnen signalisierten Inhalt auf. Unsere Wahrnehmung von Sprachlauten verlangt eine Erfassung sowohl der Lautmuster als auch ihrer kognitiven Funktion in einer gegebenen Sprache, während die Identifikation eines beliebigen nichtsprachlichen Lautes nur ein unmittelbares Erkennen des wahrgenommenen Reizes und seiner Identifikation in Form und Bedeutung erfordert.

Sowohl die Experimente mit dichotischem Hören als auch die Ergebnisse an Elektroschockpatienten haben immer wieder die Verbindung zwischen all diesen Wahrnehmungsgegebenheiten und der ihnen zugrunde liegenden Aktivität der rechten Gehirnhälfte bestätigt. »Umgebungsgeräusche, wie z. B. das Startergeräusch eines Autos, das Spitzen eines Bleistifts, das Tropfen von Wasser, orale Erzeugung nichtsprachlicher Laute – wie Husten, Schreien, Lachen, Räuspern, Gähnen, Schnarchen, Schnaufen, Seufzen, Keuchen oder Schluchzen« wurden als von der rechten Gehirnhälfte kontrollierte Wahrnehmungen genannt. Kurz, letztere verarbeitet jede hörbare Erscheinung aus der Physiologie und dem täglichen Leben von Mensch und Tier, ebenso wie von Naturkräften hervorgerufene Bewegungen (vgl. Knox und Kimura, 1970, King und Kimura, 1972; Balonov und Deglin, 1977).

Die Zuordnung eines oberflächlich gleichen Lautes zu zwei verschiedenen Gehirnhälften wurde, wie man sagen könnte, veranlaßt durch Sapirs einführende Diskussion in seinem epochemachenden Buch »Sound Patterns of English« (vgl. S. 33 ff.), wo er zwei physikalisch mehr oder minder ähnliche Bildungen vergleicht – den Kerzenblas-Laut und das prävokalische englische *wh* in Wörtern wie *when*. Der erstgenannte ist aber »›ein *direkt* funktionaler Akt‹, während der letztgenannte *keinen direkten* funktionalen Wert hat und bloß ein Glied in der Konstruktion eines Symbols ist«: »kurz, das Kerzenblas-*wh* zeigt Tätigkeit an; der Sprachlaut *wh* ist gespeichertes Spiel, das unter Umständen sogar Bestandteil eines Spiels sein kann, das bloß auf Tätigkeit verweist.« Das erstgenannte wird ganz offensichtlich von der rechten Gehirnhälfte verarbeitet und das letztgenannte von der linken.

Kehren wir noch einmal zu den russischen Beobachtungen zurück, die bei einseitig angewandter Schocktherapie gemacht wurden: »Untersuchungspersonen mit zeitweise inaktivierter rechter Gehirnhälfte waren hilflos angesichts einer Folge unterschiedener Gehöreindrücke, die vollkommen unterscheidbar waren, solange diese Gehirnhälfte ihre Aktivität aufrechterhielt: Das Klingeln von Glöckchen, das Singen von Vögeln, das Platschen von Wasser, das Wiehern von Pferden, das Heulen des Schneesturms, ein brüllender Löwe, ein schreiendes Kind, das Klappern von Steingut, das Getöse von Donner, ein grunzendes Schwein, der Klang von Metall, der Schrei eines Hahns, ein bellender Hund, eine muhende Kuh, das Bullern im Ofen, ein Fußgängergeräusch, eine gurrende Taube, das Rumpeln eines Flugzeugs, schnatternde Gänse, ein klingelndes Telefon, das Anrollen von Wellen bei Flut. Während der Inaktivierung der rechten Gehirnhälfte war Applausgeräusch als Worfeln von Getreide, Lachen als Weinen, Donner als eine Maschine, das Quieken eines Schweins als Traktorgeräusch, der Schrei einer Wildgans als Fröschequaken, ein Hundegebell als Hühnergackern und das Geräusch eines Motorrads als das eines Tieres aufgefaßt worden« (vgl. *AN* 1976, Ch. 5; Balonov und Deglin, 1977, 420 ff.; Jakobson und Waugh, 34 f.).

VI

Ein besonderer Platz muß den Elementen eingeräumt werden, die zwar die Sprache durchdringen, dennoch den Charakter von sogenannten unmittelbaren Signalen haben. Diese besonderen Bestandteile der geläufigen Rede, die man, ohne Anspruch auf widerspruchsfreie Abgrenzung, als Interjektionen, Ausrufe oder Aufschreie aufzählen könnte, stehen außerhalb der allgemeinen syntaktischen Ordnung der Sprache und sind weder Wörter noch Sätze. Sie unterscheiden sich eher von den durch phonologische Regeln beherrschten Elementen des gewöhnlichen Wortschatzes und sind semantisch auf stereotype Emotionsausdrücke reduziert.

Wie John Hughlings Jackson in seinem berühmten Essay über die Natur der Dualität des Gehirns von 1874 bemerkte, »machte der kommunistische Redner nicht eigentlich einen Sprachschnitzer, als er seine Rede mit ›*Gott sei Dank* bin ich ein Atheist‹ begann, denn der Ausdruck *Gott sei Dank* wird von nachlässigen, gewöhnlichen Leuten bloß als Interjektion verwendet, ohne jeden Gedanken an dessen ursprüngliche Bedeutung« (Jackson, 1958, 135). Nach Jackson sind »solche Ausrufe automatischere Äußerungen als Sprache«. Es ist charakteristisch, daß Nullbestandteile der Sprache von Untersuchungspersonen mit vollaktiver linker und zugleich inaktiver rechter Hemisphäre leicht mißverstanden oder sogar überhört werden. In derselben Lage sind oft heftige Schimpf- oder Fluchworte und, andererseits, Koseworte oder ritualisierte Formeln höflicher Etikette. Eine ähnliche Lage erfaßt viele parasitische Elemente wie z. B. »hm«, und der schwache, willkürliche Laut eines Hüstelns mitten in einer Äußerung (vgl. Ivanov, 1979, 131).

Der zweite Teil der »Einführung« zu Trubetzkoys *Grundzüge der Phonologie* hat den Titel »Phonologie und Lautstilistik« und versucht, den Unterschied klarzustellen zwischen phonologischen, eigentlich bedeutungsunterscheidenden Elementen und denjenigen der stilistischen Abwandlungen der Sprachlaute oder ihrer Abfolgen in der Rede, die »eine emotionell gefärbte Rede von einer emotionell neutralen, ruhigen Rede unterscheiden« (Trubetzkoy, 1939, S. 26), entweder ohne Bestimmung der zugrunde liegenden Emotion (z. B. *schön* mit geringerer oder größerer Dehnung des initialen Sibilanten und mit zusätzlich gedehntem Vokal) oder mit einer genaueren Bestimmung, wie z. B. einem Zittern, das das Gefühl von Furcht wiedergeben soll. In beiden Fällen gibt es eine durchgängig offenbare, unmittelbare Beziehung zwischen der Emotion und dem diese anzeigenden Mittel. Solch eine Unmittelbarkeit ist eine sichere Bedingung dafür, daß die Kontrolle der rechten Hemisphäre erforderlich ist, sei die Erscheinung »sprachlos« oder »gefühlsmäßig bewegende« Sprache (Sperry, 1975, 11). Eine Untersuchungsperson, bei der die rechte Gehirnhälfte inaktiv ist, neigt dazu, jeden emotiven Zug zu vermeiden, während die Aktivierung der rechten Gehirnhälfte die emotionalen Schattierungen besonders greifbar werden läßt (vgl. Deglin, 1970; Deglin und Nikolaenko, 1975). Welche Schalleigenschaften den phonemischen und emotiven Mustern auch gemeinsam sein mögen, die sehr verschiedene Art ihres Gebrauchs und ihre unterschiedliche Lokalisierung im Gehirn scheidet diese beiden Erscheinungsarten ganz deutlich voneinander.

Wenn man die Rolle verschiedener emotiver Äußerungen der Sprache untersucht, muß man Geschwinds kluge Bemerkung

(1979, 192) beachten, daß die rechte Gehirnhälfte einen beachtlichen Beitrag zu Emotion und geistiger Einstellung liefert: »Schäden in der rechten Gehirnhälfte geben nicht nur Anlaß für unangemessene emotionale Reaktionen auf die eigenen Bedingungen des Patienten, sondern beeinträchtigen auch seine Erkennung von Emotionen in anderen. Ein Patient mit einem Schaden auf der linken Seite kann vielleicht eine Aussage nicht verstehen, aber er kann doch in vielen Fällen noch die emotionalen Tönungen erkennen, mit denen sie gesprochen wird. Ein Patient mit Störungen in der rechten Gehirnhälfte versteht normalerweise die Bedeutung dessen, was gesagt wurde, aber er kann oft nicht erkennen, ob es in ärgerlicher oder humorvoller Weise gesagt wurde.«

Die Inaktivierung der rechten Gehirnhälfte verleiht den Äußerungen des Patienten einen monotonen, gefühllosen Charakter, und er verliert die Fähigkeit, seine eigene Stimme in Übereinstimmung mit emotionalen Situationen zu regulieren. Andererseits führt die Reduktion der emotionalen Züge den Patienten zu größerer Redseligkeit. So mäßigt der dämpfende Einfluß der aktiven rechten Gehirnhälfte die verbale Aktivität der linken Gehirnhälfte und vergrößert die Verstehbarkeit der linguistischen Anteile. In diesem Sinn arbeiten beide Gehirnhälften in Abstimmung. Man sollte daran erinnern, daß der scharfsinnige J. H. Jackson schon vor über hundert Jahren – besonders in seinem Essay »Über die Natur der Dualität des Gehirns« aufgrund seiner wissenschaftlichen Einsicht die intellektuelle Sprache der linken, die emotionale der rechten Gehirnhälfte zuordnete (vgl. Jackson, 1958, 134). Schon 1866 beginnt Jacksons erste Notiz über die Physiologie und Pathologie der Sprache mit der Feststellung, daß »es zwei Ausdrucksarten gibt, die emotionale und die intellektuelle« (vgl. Jackson, 1958, 121).

VII

Die vor kurzem gemachten Beobachtungen zur Sprache und einseitig angewendeten Elektroschocks förderte neue wesentliche Beweise für die beachtliche Unabhängigkeit der Satz- und besonders der emotional gefärbten Intonationen. Sie treten schon auf, ehe Kinder die Lautmuster ihrer Muttersprache erwerben, und in vielen Aphasiefällen zeigt sich eine wechselseitige Unabhängigkeit dieser Intonationen und der Wortphonologie. Der Gebrauch der Intonation der bejahenden Aussage, der Frage und der eingestandenermaßen emotionalen Intonation außerhalb der eigentlichen Sprache oder in bloßen Murmelabfolgen liefert zusätzliche Beweise für das autonome Vorkommen von sozusagen außerlinguistischen Intonationsunterschieden.

Die Experimente mit dichotischem Hören offenbarten, daß solche Intonationen nur zur rechten, unter keinen Umständen aber zur linken Gehirnhälfte in Beziehung stehen. Die Mitteilungen von Balonov und Deglin (*AN*, 1976, 171 ff.) zeigen umfassend, daß diese Art der Intonationen von der linken Gehirnhälfte unabhängig sind, und sie unterstellen ihr Auftreten, ihre Wahrnehmbarkeit und ihre Reproduzierbarkeit der normalen Aktivität der rechten Gehirnhälfte: »Im Zeitraum, in dem die rechte Gehirnhälfte nicht aktiviert ist, verschlechtert sich die Identifikation von Intonationen stark.« Alle so gewonnenen Beobachtungsdaten finden ihre einleuchtende Erklärung in der Unmittelbarkeit des Signalwertes, den diese Intonationen ausdrücken, indem sie sozusagen als Punkt, Komma, Fragezeichen, Ausrufezeichen oder Ellipse dienen.

Die Inaktivierung der rechten Gehirnhälfte führt zu einem Mangel an ostensiver Kommunikation. In der semiotischen Literatur (vgl. besonders Osolsobě, 1976) wurde diese Art der Kommunikation definiert als »etwas der kognitiven Aktivität der Person zur Verfügung stellen«. In einem Schaufenster ausgestellte Shorts und ein Paar Socken zeigen einen Laden für Herrenartikel an. Die Ostension verschmilzt mit der Synekdoche: die Stimme der Frau des Patienten, die er hört, ohne sie zu sehen, ist ihr *pars pro toto*, so wie der Laut mit oder ohne Gähngrimasse ein ostensiver, synekdochischer Ausdruck der simulierten oder natürlichen Müdigkeit eines ermüdeten oder gelangweilten Gähners ist. Das Vorliegen einer emotiven Schattierung in den Sprachlauten bringt eine unmittelbare Information über die Beteiligung des Sprechers in seine Rede.

VIII

Im Gegensatz zur linken Gehirnhälfte sichert die rechte die Fähigkeit des Patienten, solche auditiven Signale wie z. B. die Stimmen seiner Bekannten, die er hört, ohne sie zu sehen, zu identifizieren. Eine Untersuchungsperson mit inaktivierter rechter, aber aktiver linker Gehirnhälfte kann dagegen die ihm vertrautesten Stimmen nicht wiedererkennen, nicht einmal die Stimmen seiner Frau und seiner Kinder, und er bemerkt den Übergang von einem Sprecher zu einem anderen nicht. Kurz, alle hörbaren physiognomischen Symptome stehen ihm nicht mehr zur Verfügung, sogar so allgemeine wie der Unterschied zwischen männlichen und weiblichen Stimmen. Auch die räumliche Quelle und Richtung der gehörten Stimme bleibt fraglich: »So bleibt das räumliche Hören nach linksseitigen Schocks zwar unverändert, scheint aber nach rechtsseitigen Schocks gestört zu sein.« (*AN*, 1979, 91)

Die Hauptfähigkeit der rechten Hemisphäre bei der Verarbeitung von Gehöreindrücken ist ihr unmittelbares Umwandeln des Eindrucks in ein einfaches, konkretes Auffassungskonzept, das außerhalb der eigentlichen Sprache liegt und das bloß die nächstliegende Quelle für den hervorgebrachten und gehörten Schallreiz anzeigt.

Die vergleichende Analyse von Sprachbeispielen, die während der Inaktivierung einer der beiden Gehirnhälften hervorgebracht oder wahrgenommen wurden, ist bisher vorwiegend auf die phonische Ebene der Sprache beschränkt geblieben. Die nicht weniger wichtigen morphologischen, syntaktischen und lexikalischen Ebenen eines solchen Vergleichs haben noch nicht genügend Material für genaue Schlüsse erbracht und haben auch noch nicht ausreichend die Aufmerksamkeit der Forscher erregt.

Bei Inaktivierung der linken Gehirnhälfte sinkt die Zahl der verwendeten und verstandenen Wörter und ihrer Vorkommen stetig wie auch die Vielfalt und Länge ihrer syntaktischen Kombinationen und die Anzahl der Unterordnungsebenen. »Nach einseitig linksseitigen Schocks beobachtet man eine Verschiebung in den Bereich elementarer, oberflächlicher Bildungen, während die rechtsseitigen Schocks von einer Verschiebung zu komplexen, vielschichtigen Konstruktionen gefolgt werden« (*AN*, 1979, 75 ff.).

Die Inaktivierung der linken Gehirnhälfte ist besonders beeinträchtigend für Verben (außer für die einfachsten Befehlsformen wie *Halt*!, *Geh*! oder *Hilfe*!) und für Hilfswörter, während die Nominativ-Formen der Substantive, die eine viel geringere Abhängigkeit vom Kontext zeigen, etwas stärker unter der Kontrolle der rechten Gehirnhälfte stehen, besonders wenn sie keine komplexen Wortableitungen, besonders aber keine Verwandtschaft mit Verben, enthalten. Schließlich zeigen die konkretesten und gewöhnlichsten Substantive die höchste Widerstandskraft (vgl. Jakobson, 1980, 104 f.; zur schwierigen Frage der von Verben abgeleiteten Substantive vgl. Wolf und Koff, 1970).

Die Unmittelbarkeit des Übergangs vom sprachlichen Netzwerk zur außersprachlichen Wirklichkeit macht ein Wort weniger abhängig von der Unversehrtheit der linken Gehirnhälfte. In diesem Zusammenhang ist die extreme Abhängigkeit der sogenannten grammatischen »Shifter« (in Jespersens Terminologie) von der intakten linken Gehirnhälfte höchst instruktiv, da die allgemeine Bedeutung eines »Shifter« den gleichzeitigen doppelten Bezug auf Kode und Nachricht enthält (vgl. Jakobson, 1971, 130 ff.). Im Unterschied zum Charakter des Substantivs, das keinen Shifter enthält, ist es die Tatsache, daß in der Struktur von Verben notwendigerweise Shifter vorkommen, die die Entfremdung zwischen Verb und rechter Gehirnhälfte weiter verstärkt. Das Verschwinden von »Shiftern« aus dem Bereich grammatischer Kategorien und ein Schwund syntaktischer Unterordnung sind zwei charakteristische Effekte, die von der Unterdrückung der linken Gehirnhälfte hervorgerufen werden.

Auch der semantischen Entleerung von Wörtern auf der paradigmatischen sowie der syntagmatischen Achse liegt ebenfalls die Inaktivierung der linken Gehirnhälfte zugrunde. Ivanov (1978, 39 ff., 45) hat eine vielversprechende Untersuchung begonnen über die Unterscheidungen und Verwechslungen zwischen Synonymen, Antonymen und Homonymen, die bei Patienten unter Schocktherapie vorkommen. Die Beobachtung der Veränderungen bei semantischen Ähnlichkeiten, Kontrasten und Angrenzungen in ihrer Abhängigkeit vom Ausfall einer Gehirnhälfte dürften neue herausfordernde Perspektiven eröffnen.

Die linke Gehirnhälfte behandelt die Kategorisierungen sowohl in der Grammatik wie in den konstruktiven Rechenoperationen (vgl. Ivanov, 1979, 126).

Die faszinierenden Fragen der Abhängigkeiten zwischen Schrift und den Gehirnhälften sind im vorliegenden Überblick beiseite gelassen worden, um die Diskussion nicht durch Einführung eines weiteren komplexen räumlichen Faktors zu verwirren.

Das Ergebnis der Forscher, daß »die Sprachstörungen in vollem Umfang nach linksseitigen Schocks viel häufiger bei depressiven Patienten als bei Schizophrenen auftreten« (*AN*, 1979, 69), erfordert zweifellos weitere Beobachtungen und Analysen.

IX

Die sorgfältige Untersuchung der verschiedensten Schallreize bleibt unvollständig, solange man nicht mit Bedacht den Fall der Sprachlaute mit einem anderen System von Gehörzeichen verglichen hat, nämlich mit den musikalischen Elementen. Die Tatsache, daß Aphasie und Amusie häufig nicht zusammen auftreten, ist wiederholt beobachtet und beschrieben worden. Der Sprachverlust des Aphasikers ist oft verbunden mit einer erhaltenen oder sogar entwickelten Fähigkeit zu singen.

Milners Beobachtungen von Patienten mit epileptisch bedingten temporalen Lobectomien haben die überwältigende Befassung der rechten Gehirnhälfte mit der musikalischen Fähigkeit gezeigt (1962), und Kimuras Experimente zum dichotischen Hören führten zum gleichen Schluß (1964). Kimuras »Melodie-Test bestätigte das damals schon gut gesicherte Resultat der Links-Ohr-Überlegenheit/Rechte-Gehirnhälfte-Dominanz« (Damásio, 1977, 146). Der Einfluß einseitiger Schocks wurde sorgfältig von Balonov und Deglin untersucht (*AN*, 1976, Ch. 5 und Tafel 21; vgl. Mindadze et al., 1975). Die Inaktivierung der rechten Gehirnhälfte behindert sowohl die Identifikation kurzer musikalischer Phrasen und das Erkennen bekannter Melodien als auch die Wiedergabe gehörter Motive, während die Inaktivierung der linken Gehirnhälfte im Gegenteil solche Leistungen begünstigt und fördert. Kurz, die Situation bei musikalischem Klang bringt ein Syndrom hervor, das im wesentlichen der Behandlung des nichtsprachlichen Schalls und der emotiven Anteile an der Sprache entspricht. Die Unterdrückung der rechten Gehirnhälfte kann einen Patienten sogar zu einer sonderbaren Verwechslung so unähnlicher Beispiele wie dem russischen Lied »Wolga, Wolga« und der Rumbamelodie führen. Die relative Unmittelbarkeit der musikalischen Wahrnehmung erklärt die entscheidende Rolle, die die rechte Gehirnhälfte ebensowohl bei der Erkennung, Unterscheidung und Identifikation musikalischer Phrasen und Melodien spielt wie bei ihrer Ausführung (Damásio, 1977, 151).

Es besteht aber kein Zweifel, daß die Frage der musikalischen Wahrnehmung bisher noch wesentlich weniger untersucht wurde als die verschiedenen Fragen verbaler Wahrnehmung und daß einige grundlegende musikalische Probleme weiter- und tiefergehende Forschungen erfordern. Die teilweise Abweichung von der

Dominanz musikalischer Wahrnehmung durch die rechte Gehirnhälfte, die gelegentlich bemerkt wurde (vgl. Bever und Chiarello, 1974, Gates und Bradshaw, 1977), müssen die Suche zu ihrer Einordnung und endgültigen Erklärung vorantreiben. Man muß sich insbesondere daran erinnern, daß die Varietäten musikalischer Kodes es für den Untersuchenden erforderlich machen, von seinem Fragebogen alle diejenigen Elemente abzuziehen, die aus der wesentlich musikalischen Auffassung der Untersuchten stammen. Insbesondere ist es leicht zu verstehen, warum die Ähnlichkeit bekannter erinnerter Melodien enger an die rechte Gehirnhälfte gebunden ist, zum Unterschied von der Erkennung unvertrauter Stücke, eine Prozedur, bei der unbewußt die Frage des zugrundeliegenden Kodes und somit die linke Gehirnhälfte mit ihrer Kodifizierungs-Spezialität ins Spiel kommen darf. Der grundlegende Zug musikalischer Zeichen, nämlich die »unterstellte Ähnlichkeit«, scheint der wahre Schlüssel zu den unerwarteten, rätselhaften Beispielen ihrer Verschiebung in die linke Gehirnhälfte zu sein (vgl. Jakobson, 1980, 22 ff.).

Bei der Gegenüberstellung der Musik mit Sprache muß der Vergleich auf die Sprache in ihrer poetischen Funktion beschränkt werden.

Man sollte auch die häufige Verwechslung der Untersucher zwischen der Unfähigkeit, Musik wahrzunehmen, und derjenigen, Noten lesen zu können, erwähnen; solch eine Vermischung verwirrt natürlich die Aufgabe, Musik einer der beiden Gehirnhälften zuzuordnen.

Letztlich treffen wir eine besondere Analogie: Die rechte Gehirnhälfte zeigt eine größere Fähigkeit und Konzentration bei der Identifikation musikalischer Phrasen und Melodien genau dann, wenn die linke Gehirnhälfte inaktiviert bleibt (*AN*, 1979, 85 ff.; Tafel 8.8), und dieser Zusammenhang entspricht erstaunlich gut der größeren Redseligkeit und verbalen Präzision in der Sprache der linken Gehirnhälfte, wenn die rechte nicht arbeitet, jedenfalls verglichen mit dem Verhalten bei intakter Aktivität beider Gehirnhälften. Die »gegenseitig hemmende« Aktivität dieser beiden Gehirnhälften erfordert eine besondere Aufmerksamkeit (Balonov, Baru und Deglin 1975, 404).

X

In einer anregenden Arbeit, die »der funktionalen Asymmetrie des Gehirns« gewidmet ist, haben Bragina und Dobroxotova ihre Auffassung entwickelt, daß die Gehirnhälften verschiedene zeitliche Ausrichtung zeigen: »die rechte ist der Vergangenheit zugewandt, die linke der Zukunft ... Die linke Gehirnhälfte ist verantwortlich für die abstrakte Auffassung. Empfindungsauffassung stützt sich dagegen auf den rechten Bereich und die Vergangenheit, während die abstrakte Auffassung sich auf den linken Bereich und die Zukunft stützt« (pp. 137, 146). Die Autoren unterstreichen, daß im Gegensatz zur Vergangenheit die Zukunft »noch nicht der empfindenden Erfahrung des Subjekts gegeben ist und nicht als Grundlage zur Bildung von Empfindungsbildern dienen kann«.

Diese Erwägungen finden eine unerwartete, bemerkenswerte und wohlbegründete Entsprechung in den philosophischen Schriften von Charles Sanders Peirce (vgl. Jakobson, 1980, 31 ff.). In seiner Gegenüberstellung zweier Arten von Zeichen, *Ikon* und *Symbol*, wird ersteres definiert als »ein Darstellungselement dessen, was es repräsentiert, und für den Geist, der es als solches interpretiert aufgrund dessen, daß es ein *unmittelbares* Bild ist, das heißt aufgrund der in ihm selbst als empfindbaren Objekt enthaltenen Charaktere« (Peirce, 1958, IV, 447). Der Modus eines Symbols ist, in Peirces Auffassung dieses Terminus, verschieden von dem des Ikons. Während das Ikon ein Sein hat, das der vergangenen Erfahrung angehört, besteht das Wesen eines Symbols, speziell eines Wortzeichens, oder das Netzwerk der Sprache darin, eine wirklich arbeitende *allgemeine* Regel zu sein. Nach Peirce gilt nun: »Was wahrhaft allgemein ist, bezieht sich auf die unbestimmte Zukunft ... Es ist eine Möglichkeit; und sein Seinsmodus ist *esse in futuro*« (Peirce, 1958, II, 148). »Der Wert eines Symbols besteht darin, den Gedanken und die Handlungsweise rational zu machen und uns zu befähigen, die Zukunft vorherzusagen« (Peirce, 1958, IV, 448).

Hier liegt der Kern zu einer Erklärung für die »kürzlich gemachten höchst erstaunlichen Erkenntnisse«, auf die Geschwind (1979, 192) hinwies: nämlich daß »Verhalten, das eine katastrophenartige Reaktion ausdrückt oder eine ängstlich-depressive Stimmung anzeigt«, sich besonders »häufig unter Patienten mit linker Gehirnschädigung findet, hauptsächlich in Untersuchungspersonen mit schwerer Aphasie«. Solche Reaktionen »treten im allgemeinen nach wiederholtem Fehlschlag bei sprachlicher Kommunikation auf« (Gainotti, 1972, 53).

In gleicher Weise zeigen die Erfahrungen mit einseitig angewendeten Elektroschocks die hervorstechende Tatsache, »um es andeutungsweise auszudrücken, negativer Emotionen, die von der Unterdrückung der linken Gehirnhälfte hervorgerufen werden« (Ivanov, 1978, 107) und somit den Schwund sprachlicher Symbole. »Die negative emotionale Verschiebung«, die vom linksseitig angewendeten Schock erregt wird, kann Kummer und Traurigkeit des depressiven Patienten in »einen alptraumartigen Schrekken« treiben (*AN*, 1979, 96 f.). Die Untersuchungsperson leidet daran, der strukturierten Symbole beraubt zu sein, die sie braucht, ihre Zukunft zu ordnen. Mit diesen Funktionen der »verbalen Gehirnhälfte« verbindet Ivanov »die Verwirklichung eines Individuums als eines einzigen Ganzen« (1979, 135).

Die Agnosie symbolischer Regeln und Systeme markiert die Inaktivierung der linken Gehirnhälfte. Sie zeigt sich im entgegengesetzten Sinn, wenn sie zur Inaktivierung der rechten Gehirnhälfte kommt und in der daraus folgenden Agnosie der Ostension: Wenn *res tota de parte* nicht mehr von der Versuchsperson erkannt wird.

Der bipolare Unterschied zwischen diesen beiden entgegengesetzten Arten der Agnosie – in direkter Entsprechung zu den beiden entgegengesetzten Richtungen der einseitig angewendeten Schocks – hat eine aufschlußreiche Illustration im vor kurzem erschienenen russischen Bericht über die Entwicklung der Elektroschocktherapie (*AN*, 1979, 92 ff.). Während der Inaktivierung der linken Gehirnhälfte verliert der Patient seine »formale« Orientierung in der Zeit, die sich auf die konventionellen Kodes von Uhr und Kalendersymbolen stützt, aber er neigt dazu, die direkte subjektive Auswertung des Zeitlaufs zu erhalten, während die rechtsseitige Inaktivierung die formalen Antworten intakt hält, aber die unmittelbar subjektive Chronologie abschafft.

Die Frage der Beziehung zwischen einer aktiven Gehirnhälfte und einer inaktiven öffnet einen Weg zum Vergleich zwischen gemeinsam aktiven Gehirnhälften mit individuellen Variationen in ihrer funktionalen Hierarchie; die Bedeutung dieser Variationen für charakterologische Studien steht außer Zweifel.

XI

Zwei Gruppen von Fragen ergeben sich aus der fortschreitenden neurolinguistischen Forschung: Erstens verlangen die Probleme der Wechselwirkung zwischen den Gehirnhälften einen zunehmend genauen linguistischen oder, um es umfassender auszudrükken, semiotischen Ansatz; zweitens stehen wir vor dem Problem eines zusammenhängenden interdisziplinären Studiums der aphasischen Phänomene, die mit den unterschiedlichen Zonen der linken Gehirnhälfte verbunden sind, in denen Gehirnschädigungen auftreten. Diese Untersuchungen, die gegen 1870 am greifbarsten von den medizinischen Experten Paul Broca 1824–1880 (vgl. 1888), J. H. Jackson 1835–1911 (vgl. jetzt 1958) und Carl Wernikke 1848–1905 (vgl. Geschwind, 1967; Eggert, 1977) begonnen wurden, warten noch immer auf Antworten auf die schwierigen Probleme, die sich inzwischen angesammelt haben.

Die Experimente, wie die des einseitig angewendeten Elektroschocks, haben gezeigt, daß diese neue Technik ein Licht nicht nur auf das Wechselspiel zwischen beiden Gehirnhälften werfen kann, sondern auch auf die zonalen Untergliederungen innerhalb der dominanten (linken) Gehirnhälfte und auf die entsprechende Typologie aphasischer Beeinträchtigungen. Wie die Beispiele von Balonov und Deglin (*AN*, 1976, 191) zeigen, helfen die linksseitigen Elektroschocks je nachdem, ob die Konvulsions-Elektroden mehr vorne oder hinten gesetzt wurden, ganz offensichtlich bei der Klärung des entscheidenden Unterschieds zwischen posterotemporalen und fronto-temporalen Schäden des Gehirns, eine Unterscheidung, die ihren Ausdruck in zwei gegensätzlichen linguistischen Aphasiesyndromen findet. Im Zusammenhang mit der ständigen Weiterentwicklung verschiedener klinischer Beobachtungen und Versuche erzielte ein so führender Erforscher der Analyse traumatischer Aphasien wie A. R. Luria in seinen Studien aus den siebziger Jahren (vgl. insbesondere 1973, 1974 und 1977) eine endgültige Übereinstimmung mit früheren Bemühungen von linguistischer Seite, die dichotomen Prinzipien aphasischer Störungen einzuordnen und zu erklären, wenn »wir auch die Details der psychologischen Merkmale und der physiologischen Mechanismen, die diesen Beeinträchtigungen zugrunde liegen, noch nicht kennen« (Luria, 1973, 64).

Obgleich die linguistischen Unterscheidungen auf den ersten

Blick »klinisch ohne Bedeutung« gewesen zu sein schienen, und obgleich ursprünglich »keine feste Stütze in neurologischen Charakteristiken« gefunden werden konnte, erschienen eben diese linguistischen Unterscheidungen Luria schließlich als grundlegend für das Studium der Aphasie und letztlich »streng abgesichert durch die zeitgenössischen Auffassungen von der funktionalen Organisation des menschlichen Gehirns« (Luria, 1977, 243). So fanden die grundlegenden binären Konzepte schrittweise Zugang zur fortgeschrittenen neuropsychologischen Aufarbeitung der aphasischen Rätsel, solche binäre Konzepte wie Kodierung/Dekodierung, syntagmatisch/paradigmatisch und Nachbarschaft/Ähnlichkeit (engl. Encoding/Decoding, Syntagmatic/-Paradigmatic, and Contiguity/Similarity, vgl. Jakobson, 1971, 229–259, 289–333; 1980, 93–111), die in den linguistischen Nachforschungen als Schlüssel zum Verständnis der offensichtlichen Dichotomien aphasischer Störungen angesehen wurden.

Diese leitenden Funktionen des Gehirns, die mit Ein- und Ausgabe von Sprache verbunden sind, verlangen gegenwärtig eine aufmerksame Prüfung. Es scheint, als sollten die vereinigten Bemühungen von Linguisten und Neurologen immer tiefere Einsichten nahelegen und eröffnen, sowohl hinsichtlich der Sprachstruktur bezogen auf das Gehirn als auch hinsichtlich des Gehirns mit Hilfe der Sprache.

Der notwendige erste Schritt auf diesem Weg war die Einordnung der beiden Gruppen innerer funktionaler Erscheinungen, die in der Spezifikation jeder der Gehirnhälften konvergieren; diese beiden ungleichen Gruppen bilden, wie sich erwiesen hat, ein dichotomes Hauptsystem von diametral entgegengesetzten, aber komplementären Eigenschaften, und solch eine Sachlage zwingt die nun reifende Wissenschaft der Neurolinguistik dazu, jede Darbietung einer Gehirnhälfte konsequent unter Bezug auch auf ihren Gegenpart auf der anderen Seite des Gehirns zu prüfen.

Es war notwendig, eine Liste von Identifikationen und Unterscheidungen aufzustellen, die ausschließlich von der gegebenen Gehirnhälfte verarbeitet werden und die für die andere Gehirnhälfte unzugänglich sind. Die wechselseitig sich ausschließenden Bestände der beiden Gehirnhälften verlangen zweifellos eine klare Einordnung der »vielen noch ziemlich schlecht umrissenen Prozesse«, die der rechten Gehirnhälfte zuzuordnen sind (vgl. Milner, 1975, 83), doch die Unmittelbarkeit ihrer Bedeutungszuordnung bietet dazu tatsächlich die gesuchte Grundlage. So erklärt z. B. der *vermittelte Charakter* phonologischer Einrichtungen, wie etwa die Unterscheidung größerer oder geringerer Tonhöhe in einer polytonischen Sprache wie Thai, die Abhängigkeit dieses distinktiven Zuges von der linken Gehirnhälfte, wie die Experimente mit dichotischem Hören und einseitig angewendeten Schocks bewiesen (vgl. Jakobson und Waugh, 45). Andererseits rechtfertigt es der *unmittelbare Charakter* der Bedeutungszuordnung, die Kompetenz der rechten Gehirnhälfte zu vermuten, wenn zum Beispiel eine größere Tonhöhe entweder einen Fragesatz oder eine gefühlsgetönte Passage in den Worten des Sprechers anzeigt oder etwa die Tatsache, daß eine Frauenstimme redet.

Ich schließe mit einem Fall, der für sich selbst spricht (vgl. Monrad-Krohn, 1947): Eine Gehirnschädigung, die in der linken Gehirnhälfte einer Frau durch einen Bombensplitter hervorgerufen worden war, zerstörte die Rolle der Tonhöhe in ihrem muttersprachlichen Wortbau, öffnete aber einen weiteren Gebrauch der Tonhöhe in den gefühlsabhängigen Abwandlungen, die von der rechten Gehirnhälfte verarbeitet wurden. Jedes der beiden Signalsysteme – das unmittelbare wie auch das mittelbare – ist für eine einzige Gehirnhälfte zugänglich: Unmittelbare Signale können nur von der rechten Gehirnhälfte verarbeitet werden, die mittelbaren dagegen von der linken.

Meinen Freunden Norman Geschwind und Allan Keiler danke ich für ihre klärenden Vorschläge und Erwägungen.

Cambridge, Mass. Mai 1980

Literaturverzeichnis

AN (1976) = Akademija Nauk SSSR – Institut Èvoljucionnoj Fiziologii i Bioximii Imeni I. N. Sečenova, *Slux i reč' dominantnogo i nedominantnogo polušarij* von Balonov, Lev, und Vadim Deglin, Leningrad.

AN (1979) = Akademija Nauk etc., *Unilateral'nyj Èlektrosudorožnyj pripadok* von Balonov, Lev, D. Barkan, und V. Deglin, Leningrad.

Balonov, L., A. Baru, und V. Deglin (1975), »Identifikacija sintezirovanyx glasnopodobnyx stimulov v uslovijax prexodjaščej inaktivacii domi-

nantnogo i nedominantnogo polušarij«, *Fiziologija čeloveka* 1, 395–404.
Balonov, L., und V. Deglin (1977), »Vosprijatie zvukovyx nerečevyx obrazov (sluxovoj i muzykal'nyj gnozis) v uslovijax inaktivacii dominantnogo i nedominantnogo polušarij«, *Fiziologija čeloveka* 3, 415–423.
Bever, T. G., und R. Chiarello (1974), »Cerebral dominance in musicians and non-musicians«, *Science* 185, 537–539.
Bragina, N. N, und T. A. Dobroxotova (1977), *Funkcional'naja asimmetrija i psixopatologija očagovyx poraženij mozga*, Moskau.
– (1977), »Problema funkcional'noj asimmetrii mozga«, *Voprosy filosofii* 2, 135–150.
Broadbent, D. E. (1954), »The Role of Auditory Localization in Attention and Memory«, *Journal of Experimental Psychology* 47, 191–196.
Broca, P. (1888), *Mémoires sur le cerveau de l'homme*, Paris.
Cannicott, S. M. (1963), »The Technique of unilateral electroconvulsiv therapy«, *American Journal of Psychiatry* 120, 477–480.
Damásio, A. R., und Hanna Damásio (1977), »Musical Faculty and Cerebral Dominance«, *Music and the Brain*, hg. v. M. Critchley et al., Springfield, 141–155.
Deglin, V. (1970), »O lateralizacii mexanizma èmocional'noj okraski povedenija«, *Farmakologičeskie osnovy antidepressivnogo povedenija*, Leningrad, 158–162.
Deglin, V., und N. Nikolaenko (1975), »O roli dominantnogo polušarija v reguljacii èmocional'nyx sostojanij čeloveka«, *Fiziologija čeloveka* 1, 418–426.
Eggert, G. H. (1977), *Wernicke's Works on Aphasia: A Sourcebook and Review*, Den Haag.
Gainotti, Guido (1972), »Emotional behavior and hemispheric side of the lesion«, *Cortex* 8, 41–55.
Galaburda, A. M., M. LeMay, T. L. Kemper, und Norman Geschwind (1978), »Right-Left Asymmetries in the Brain«, *Science* 199, 852–856.
Gates, Anne, und J. L. Bradshaw (1977), »Music Perception and Cerebral Asymmetries«, *Cortex* 13, 390–401.
Gazzaniga, M. S. (1970), *The bisected brain*, New York.
Gazzaniga, M. S., und R. W. Sperry (1967), »Language after Section of the Cerebral Commissures«, *Brain* 90, 131–148.
Geschwind, N. (1967), »Wernicke's Contribution to the Study of Aphasia«, *Cortex* 3, 449–463.
– (1979), »Specializations of the Human Brain«, *Scientific American* 3, 180–199.
Halliday, A. M., K. Davidson, M. W. Browne, und L. C. Kreeger (1968), »Comparisons of the Effects on Depression and Memory of Lateral E.C.T. and Unilateral E.C.T. to the Dominant and Non-Dominant Hemispheres«, *British Journal of Psychiatry* 114, 997–1012.

Ivanov, Vjačeslav V. (1978), *Čet i nečet; asimmetrija mozga i znakovyx sistem*, Moskau.
– (1979), »Nejrosemiotika ustnoj reči i funkcional'naja asimmetrija mozga«, *Acta et Commentationes Universitatis Tartuensis* 481, 121–142.
Jackson, J. H. (1958), *Selected Writings*, hg. v. J. Taylor, II, New York.
Jakobson, R. (1962), *Selected Writings* I, Den Haag.
– (1971), *Selected Writings* II, Den Haag.
– (1980), *The Framework of Language*, Ann Arbor.
Jakobson, R., und L. Waugh (1979), *The Sound Shape of Language*, Bloomington, Ind., London.
Kimura, D. (1961), »Cerebral Dominance and the Perception of Verbal Stimuli«, *Canadian Journal of Psychology* 15, 166–171.
Kimura, D. (1964), »Left-Right Differences in the Perception of Melodies«, *Quarterly Journal of Experimental Psychology* 16, 355–358.
King, F. L., und D. Kimura (1972), »Left-Ear Superiority in Dichotic Perceptions of Vocal Nonverbal Sounds«, *Canadian Journal for Psychology* 26, 111–116.
Knox, C., und D. Kimura (1970), »Cerebral Processing of Nonverbal Sounds in Boys and Girls«, *Neuropsychologia* 8, 227–237.
Luria, A. R. (1973), »Two Basic Kinds of Aphasic Disorders«, *Linguistics* 115, 57–66.
– (1974), »Language and Brain: Towards the Basic Problems of Neurolinguistics«, *Brain and Language* 1, 1–14.
– (1977), »The Contribution of Linguistics to the Theory of Aphasia«, *Roman Jakobson: Echoes of His Scholarship*, hg. v. D. Armstrong und C. H. van Schooneveld, Lisse, 237–251.
Maruszewski, M. (1975), *Language Communication and the Brain*, Den Haag.
Milner, B. (1962), »Laterality Effects in Audition«, *Interhemispheric Relations and Cerebral Dominance*, hg. v. V. B. Mountcastle, Baltimore, 177–195.
– (1975), »Hemispheric Specialization: Scope and Limits«, *Hemispheric Specialization and Interaction*, hg. v. B. Milner, Cambridge, Mass., 75–88.
Mindadze, A. A., V. M. Mosidze, und T. D. Kakuberi (1975), »O muzykal'noj funkcii pravogo polušarija mozga čeloveka«, *Communications of the Georgian Academy of Sciences* 79, 457–459.
Monrad-Krohn, G. M. (1947), »Dysprosody or Altered Prosody in Language«, *Brain* 70, 405–415.
Osolsobě, I. (1967), »Ostension as the Limit Form of Communication and Its Significance in Art«, *Estetika* 14, Prague, Czech paper 2–23 with an English summary.
Peirce, Charles Sanders (1958), *Collected Papers* II and IV, hg. v. A. W. Burks, Cambridge, Mass.

Peuser, G. (1977), *Sprache und Gehirn: Eine Bibliographie zur Neurolinguistik*, München.
Sapir, Edward (1949), *Selected Writings*, Berkeley and Los Angeles.
Sperry, R. W. (1975), »Lateral Specialization in the Surgically Separated Hemispheres«, *Hemispheric Specialization and Interaction*, hg. v. B. Milner, Cambridge, Mass., 5–19.
Trubetzkoy, N. S. (1939), *Grundzüge der Phonologie = Travaux du Cercle Linguistique de Prague* 7;
Wolf, Catherine G., und Elissa Koff (1978), »Memory for Pure and Verb-Derived Nouns: Implications for Hemispheric Specialization«, *Brain and Language* 5, 36–41.

Claus Heeschen und Friedel Reischies

Zur Lateralisierung von Sprache

Argumente gegen eine Überbewertung der rechten Hemisphäre

Die Entdeckung, daß das menschliche Hirn funktionell asymmetrisch organisiert ist, wird im allgemeinen P. Broca zugeschrieben, der 1861 mit der Demonstration, daß die motorische Sprachfunktion im anterioren Teil des Gehirns lokalisiert ist, zugleich demonstrierte, daß die Sprachfunktion allein in der linken Großhirnhemisphäre repräsentiert ist. Sprache ist links lateralisiert, oder, wie man sich auch ausdrückt, die linke Hemisphäre ist für Sprache dominant. An dieser einfachen und direkten Aussage wurde über ein Jahrhundert nur eine einzige Modifikation vorgenommen: Die rechte Hemisphäre, d. i. die für Sprache subdominante Hemisphäre, ist nicht von Anfang an »sprachlos«; wird im frühen Kindesalter die linke Hemisphäre geschädigt, kann die rechte die Sprachfunktion übernehmen. Diese Fähigkeit der Übernahme, die unter dem Stichwort »Plastizität« angesprochen wird, bleibt bis ca. 6 Jahre, höchstens bis zur Pubertät erhalten. Auch diese Aussage geht bereits auf Broca (1865) zurück. Relativ frühzeitig wurde auch bereits entdeckt, daß die rechte Hemisphäre ihrerseits der linken gegenüber dominant ist bei anderen Funktionen, z. B. bei der räumlich-visuellen Orientierung und bei musikalischen Leistungen. Die Hypothese, daß die rechte Hemisphäre der linken gegenüber bei der Verarbeitung *aller* nichtsprachlichen auditorischen Reize überlegen sei (wie von russischen Autoren jüngst behauptet), wurde vorher eigentlich nie aufgestellt. Zwar war bekannt, daß eine generelle akustische Agnosie, d. i. die Unfähigkeit, jede Art akustischen Reizes zu verarbeiten, nur bei bilateraler oder unilateral rechtshemisphärischer Läsion, niemals aber bei einseitig linker Läsion auftreten kann; die Fälle akustischer Agnosien waren jedoch zu selten, als daß der Schluß auf eine Dominanz der rechten Hemisphäre für alle nichtsprachlichen akustischen Reize hätte gezogen werden können.

Dieses einfache Bild von der funktionellen Aufgabenteilung zwischen den beiden Hemisphären (Sprache links, visuelle Orientierung und Musik rechts; zahlreiche andere Funktionen bilateral) wurde wesentlich differenziert und modifiziert erst seit Anfang der 60er Jahre d. Jhs. Maßgebend hierfür waren die Entwicklung zweier neuer experimenteller Techniken – das dichotische Hören (DH) und die simultane Stimulierung beider Gesichtsfeldhälften (VHF-Technik) – sowie das Anfallen einer Reihe sog. Splitbrain-Patienten. Bei letzteren handelt es sich um schwer epileptische Patienten, bei denen der Balken, d. i. das Verbindungsstück zwischen den beiden Hemisphären, mehr oder minder vollständig durchtrennt wurde, so daß zwischen den beiden Hemisphären so gut wie kein Informationsaustausch mehr möglich ist: die rechte weiß nicht mehr, was die linke tut, und umgekehrt. Bei diesen Patienten können bei entsprechenden experimentellen Maßnahmen die jeweiligen Fähigkeiten der beiden Hemisphären unter »laborartig« reinen Bedingungen untersucht werden, da die jeweils andere Hemisphäre in die Arbeit der gerade untersuchten Hemisphäre nicht mehr interferieren kann. –

Beim dichotischen Hören werden der Versuchsperson gleichzeitig auf beide Ohren zwei verschiedene akustische Stimuli eingegeben; unter diesen – ursprünglich von Broadbent (1954) entwikkelten – experimentellen Bedingungen ist, wenn die beiden dichotischen Reize sprachlich sind, ein Rechts-Ohr-Effekt (REA) festzustellen, und wenn die dichotischen Reize nonverbal sind, entweder kein besonderer Ohr-Effekt oder ein Links-Ohr-Effekt (LEA). REA bzw. LEA meint, daß die Reize auf dem rechten bzw. linken Ohr besser verarbeitet und identifiziert werden können als die Reize auf dem jeweils anderen Ohr (dieser Effekt wurde erstmalig von Kimura, 1967, entdeckt und interpretiert). Da bekanntermaßen die kontralateralen Ohr-Großhirn-Wege direkter und effektiver sind als die ipsilateralen, spiegelt der REA bei sprachlichen Reizen also direkt die Dominanz der linken Hemisphäre für Sprache wider. Durch Evaluierung der beim DH auftretenden Ohr-Effekte bietet sich mithin die Möglichkeit, die Dominanzverhältnisse für Funktionen, über deren Lateralisierung nichts bekannt ist, zu klären.

Die VHF-Technik funktioniert völlig analog wie das DH, nur daß statt auf beide Ohren auditorische Reize nun in beide Gesichtsfeldhälften visuelle Stimuli gegeben werden. Da beim Sehen praktisch nur kontralaterale Wege existieren, bietet die VHF-Technik eine vielleicht noch bessere Möglichkeit als das DH, Dominanzverhältnisse aufzuklären.

Eine lange Reihe von Experimenten mit dem DH und der VHF-Technik sowie ausgiebige Untersuchungen der Split-brain-Patienten haben unsere Vorstellungen von den Lateralisierungsverhältnissen nun erheblich erweitert und differenziert. Das sich abzeichnende Bild ist mustergültig von R. Jakobson in diesem Band dargestellt; es sei hier nur noch einmal um der später folgenden Argumentation willen skizziert. Zuallererst ergaben die Untersuchungen, daß die rechte Hemisphäre keineswegs sprachlich so inkompetent ist wie zunächst stillschweigend angenommen. Zaidel (1972, 1978) konnte zeigen, daß der rezeptive Wortschatz der rechten Hemisphäre, also die Menge der Wörter, die die rechte Hemisphäre verstehen kann, mindestens den Umfang eines 14jährigen Kindes hat – was im übrigen kontrastiert zu den syntaktischen Fähigkeiten der rechten Hemisphäre, die bestenfalls denen eines 2–3jährigen Kindes entsprechen. Ferner konnte gezeigt werden, daß zwar die Analyse distinktiver Merkmale von lautlichen Segmenten eine fast ausschließliche Domäne der linken Hemisphäre ist, die rechte Hemisphäre aber bei der Erkennung suprasegmentaler prosodischer Phänomene wie z. B. Intonationen der linken Hemisphäre sogar überlegen zu sein scheint. Schließlich scheint die rechte Hemisphäre auch bezüglich emotionaler Sprache der linken gegenüber Superiorität zu haben: van Lancker (1972) zeigte, daß es für emotionale Tabuwörter beim dichotischen Hören einen LEA gab, während für neutrale Wörter der normalerweise auch zu erwartende REA eintrat. Auf den Gegensatz von emotionaler vs. propositionaler Sprache hat bereits im 19. Jh. H. Jackson (1958) aufmerksam gemacht, der aus der Beobachtung, daß selbst schwerstgestörte Aphasiker meist immer noch Flüche etc. produzieren können, den Schluß zog, daß bei emotionaler Sprache die rechte Hemisphäre mindestens erheblich mitbeteiligt sein müßte.

Der Vergleich linkshirnig geschädigter Patienten mit Aphasie und rechtshirnig Geschädigter ohne Aphasie hat in jüngster Zeit noch einen weiteren für die Lateralisierungsfrage relevanten Punkt erbracht. Während es über alle Maßen evident ist, daß Aphasiker auf der Laut-, Wort- und Satzebene massiv gestört sein können im Vergleich zu den rechtshirnig Geschädigten, verschwindet dieser Unterschied bzw. kehrt sich sogar um auf höheren Ebenen der linguistischen Organisation. So konnten Stachowiak et al. (1977) zeigen, daß bestimmte Parameter des Textes von den rechtshirnig Geschädigten genauso schlecht verarbeitet wurden wie von den Aphasikern. Winner/Gardner (1977) zeigten, daß das Verständnis von Metaphern bei rechtshirnig Geschädigten sogar schlechter als bei Aphasikern war, und Heeschen/Reischies zeigten, daß die eigentlich nichtsprachgestörten Rechtshemisphäriker indirekte Sprechakte schlechter verstanden als die sprachgestörten Aphasiker (erstere tendierten dazu, den indirekten Sprechakt stets wörtlich zu interpretieren). Die letztgenannten Verhältnisse führten Gardner (Vortrag auf der Tagung der Academy of Aphasia, San Diego, 1979; zitiert unter Vorbehalt) dazu, der linken Hemisphäre die kontextfreie Analyse einzelner Elemente, der rechten aber die Interpretation der Elemente auf dem Hintergrund ihres Kontextes als Domäne zuzuschreiben.

Es ließen sich weitere Punkte aufzählen, die die offenbar nicht unerheblichen sprachlichen Fähigkeiten der rechten Hemisphäre charakterisierten, worauf jedoch hier verzichtet werden soll. Fassen wir lediglich zusammen: Das einfache und direkte Diktum »Sprache – links« muß scheinbar differenziert werden; es scheint zumindest einige sprachliche Subfunktionen zu geben, bei denen die rechte Hemisphäre entweder beteiligt ist oder der linken sogar überlegen ist, so daß sich das Bild zweier auch im sprachlichen Bereich harmonisch arbeitsteiliger Hemisphären ergibt. Vervollständigt wird dieses Bild durch die von Jakobson in diesem Band ausgiebig zitierten russischen Ergebnisse aufgrund einseitiger Inaktivation einer Hemisphäre mittels Elektroschock. Diese Ergebnisse legen nahe, daß die rechte Hemisphäre für *alle* nichtsprachlichen auditorischen Reize der linken überlegen sei. Insgesamt ergibt sich also folgendes Bild (wobei der visuelle und räumliche Bereich ausgeklammert bleibt):

Linke Hemisphäre		*Rechte Hemisphäre*
	dominant für:	
sprachlich		nichtsprachlich-auditorisch
	innerhalb von	Sprache
distinktive Merkmale		Intonationen
propositional		emotional-automatisiert
kontextfrei		Kontext

Daß dieses Bild für die allgemeine theoretische Linguistik bzw. Semiotik äußerst faszinierend ist, liegt auf der Hand; finden wir doch hier in den hemisphärischen Unterschieden Unterschiede widergespiegelt, für deren Legitimation zwar nicht gerade nur theoretische Erwägungen ausschlaggebend waren, aber für die es doch bisher immerhin keine biologische Begründung gab. So finden wir jetzt in dem Gegensatz »sprachlich – nichtsprachlich« den Gegensatz von code-vermittelten und code-unvermittelten Zeichen widergespiegelt, in dem Gegensatz von propositional versus emotional-automatisch den von »kreativ« generierten und in fertigen »Versatzstücken« vorliegenden Redeeinheiten und in dem Gegensatz »distinktive Merkmale – Intonationen« den von segmentaler Wortphonologie und wortübergreifender Prosodie.

Dieses faszinierende Bild zweier sich in ihren Zuständigkeiten ergänzenden Hemisphären soll im folgenden kritisch unter die Lupe genommen werden. Wir glauben, daß bei dem soweit skizzierten Bild die Rolle der rechten Hemisphäre maßlos überschätzt wird (wobei noch einmal zu betonen ist, daß der visuell-räumliche Bereich ausgeklammert bleibt) und daß wir im Grunde wieder zu der einfachen und direkten Formel »Sprache – links, aber keineswegs alles Nichtsprachliche – rechts« zurückfinden sollten. Vor der kritischen Musterung einzelner in dem oben skizzierten Schema angesprochener Punkte ist es notwendig, die methodischen Stärken und Schwächen der für eine Lateralisierungstheorie relevanten Datenquellen etwas näher zu beleuchten. Es ist nämlich keineswegs so, daß die verschiedenen Datenquellen konvergente Ergebnisse liefern, und insofern hängt sehr viel davon ab, wie weit wir den Datenquellen trauen können bzw. welcher Datenquelle wir im Konfliktfall die stärkere Aussagekraft zubilligen wollen.

Wie im vorangehenden deutlich geworden sein sollte, verfügen wir im wesentlichen über 4 Datenquellen:

- Studium der Verhaltensdefizite bei unilateralem Hirnschaden
- Studium der Split-brain-Patienten
- DH und VHF-Technik
- Einseitige Hirninaktivation durch Elektroschock

Jede dieser Datenquellen bringt Problematiken mit sich, die eine direkte und kanonische Interpretation der jeweiligen Daten verbietet. Beginnen wir mit dem DH und der VHF-Technik. Der tatsächliche Weg der primär in eine bestimmte Hemisphäre projizierten Reize ist durchaus unklar; insbesondere bleibt unklar, ob ein primär in die subdominante Hemisphäre projizierter Reiz auch dort tatsächlich – so gut es eben geht – verarbeitet wird (»Direct-access«-Modell) oder ob der projizierte Reiz unverarbeitet in die kompetente, für den Reiz zuständige dominante Hemisphäre transferiert wird (»Callosal-relay«-Modell). Wahrscheinlich sind dies keine sich ausschließenden Möglichkeiten; es ist nicht unwahrscheinlich, daß für bestimmte Reize das »Direct-access«-Modell und für andere Reize das »Callosal-relay«-Modell gilt. Eine erhebliche weitere Schwierigkeit präsentiert die quantitative Auswertung der DH- bzw. VHF-Ergebnisse. Ohne auf Einzelheiten einzugehen – die Identifikationsleistungen der beiden Ohren bzw. der beiden Sehfeldhälften (VHFs) können auf unterschiedliche Weise quantitativ in sog. Lateralitätsindizes gefaßt und gegenseitig verrechnet werden. Alle diese Indizes bringen starke statistische Probleme mit sich (s. Zaidel, 1979, für eine Diskussion der gesamten methodischen Probleme); und man darf heute davon ausgehen, daß der bisher üblichste Lateralitätsindex – die auf das Gesamtniveau relativierte Differenz zwischen den Ohren bzw. VHFs – statistisch der unzuverlässigste ist. Dem allen gegenüber haben das DH und die VHF-Technik den immensen Vorteil, daß sie auf gesunde, zentralnervös normale Versuchspersonen angewandt werden können.

Demgegenüber haben die Split-brain-Patienten den Nachteil, daß es sich um Patienten mit präoperativ schwerer, meist langanhaltender Epilepsie handelt, und – wie seit langem bekannt – können langanhaltende epileptische Leiden eine Veränderung der Lateralisierungsverhältnisse mit sich bringen (s. entsprechende Beiträge in Dimond/Blizard, 1977); hinzu kommt, daß die bei diesen Patienten isolierte rechte Hemisphäre offenbar zu lernen in der Lage ist, so daß evtl. die sprachlichen Fähigkeiten der rechten Hemisphäre der split-brains erheblich entwickelter sind als für den Normalfall anzunehmen, somit die Split-brain-Daten also zu einer Überschätzung der sprachlichen rechtshemisphärischen Fähigkeiten führen könnten.

Beide Nachteile – Problematik des Patientenguts; Unklarheit über das, was beim experimentellen Eingriff tatsächlich passiert – vereinigt in sich die Elektroschocktechnik. Ob tatsächlich nur eine Hemisphäre inaktiviert wird oder ob die primär nicht geschockte Hemisphäre nicht dennoch durch sekundäre Ausstrahlung teilweise mit inaktiviert wird, ist elektrophysiologisch unklar. Zudem werden Elektroschocks nur auf psychotisches Patientengut angewendet; und daß die sowjetischen Autoren selbst auf unterschiedliche Ergebnisse bei Depressiven und Schizophrenen hinweisen, sollte bezüglich der Generalisierung der Ergebnisse auf das normale Gehirn äußerstes Alarmzeichen sein.

Demgegenüber hat das Studium der Verhaltensdefizite bei unilateralem Hirnschaden, sofern man sich dabei auf erwachsene, prämorbid-neurologisch intakte Patienten beschränkt, nur einen einzigen Nachteil: Wie erwähnt, scheint die rechte Hemisphäre sprachlich nicht gar so inkompetent zu sein wie zunächst angenommen. Es ist aber allgemeine klinische Erfahrung, daß es Aphatiker gibt, die wesentlich schlechter Sprache verstehen können, als man es von ihrer ja intakten rechten Hemisphäre eigentlich erwarten könnte. Dies läßt folgende Annahme mindestens als möglich erscheinen: die lädierte Hemisphäre inaktiviert und blokkiert die intakte Hemisphäre. Obwohl es hierfür so gut wie keine direkte Evidenz gibt, ist eine solche Möglichkeit nicht auszuschließen aufgrund eines Modelles stufenweiser gegenseitiger Interferenz der Hemisphären bei verschiedenen pathologischen Zuständen, wie es u. a. von Moscovitch (1976) vertreten wird. Man kann u. E. jedoch eine Möglichkeit getrost ausschließen: die lädierte Hemisphäre dürfte die nichtlädierte Hemisphäre kaum in Mitleidenschaft ziehen bezüglich Fähigkeiten, für die die nichtlädierte Hemisphäre die eindeutig kompetentere ist. Haben wir also die »doppelte Dissoziation«, daß bei Läsion der Hemisphäre X die Funktion A, nicht aber die Funktion B beeinträchtigt ist, und bei Läsion der Hemisphäre Y die Funktion B, nicht aber A, dann spricht dies absolut eindeutig für die Dominanz von X für A und von Y für B.

Das Fazit wäre mithin: die methodisch unbelastetste Datenquelle scheint der unilaterale Hirnschaden zu sein, insbesondere wenn man sich auf das Prinzip der doppelten Dissoziation verläßt; die methodisch belastetste und problematischste Datenquelle ist wohl der Elektroschock, da wir nicht wissen, was dort wirklich passiert, und zudem das Patientengut eine zusätzliche mögliche Fehlerquelle darstellt. Alles in allem verwundert es nicht, daß bei dieser Situation die Ergebnisse bezüglich der Lateralisation keineswegs konvergieren. Je nach Datenquelle erhalten wir recht unterschiedliche und teilweise in scharfem Kontrast stehende Ergebnisse. Speziell der unilaterale Hirnschaden – die methodisch beste Datenquelle – liefert Daten, die zu den methodisch problematischeren anderen drei Datenquellen oftmals in Widerspruch stehen.

Im folgenden sollen an ein paar exemplarisch ausgewählten Punkten die sich aus den Daten ergebenden Widersprüche dargestellt und diskutiert werden; wir wollen dabei versuchen, zwar keine Gegentheorie zu der im obigen Schema implizierten Theorie zu entwickeln, wohl aber auf einige Aspekte hinweisen, die die allgemeine Richtung angeben, die eine Entwicklung eines neuen und realistischeren Lateralisierungskonzeptes nehmen müßte.

Beginnen wir mit der ersten großen und globalen Dichotomie »Sprache – links« und »alles nichtsprachlich Auditorische – rechts«. Wie bereits oben erwähnt, gab es für den zweiten Teil dieser Aussage nie eine schlagende klinische Evidenz. Unilateral rechtshirnig geschädigte Patienten weisen nur in verschwindender Anzahl eine generelle akustische Agnosie auf, und im allgemeinen können bei diesen Patienten überhaupt keine spezifischen akustisch-gnostischen Störungen festgestellt werden. Eine Reihe neuerer Arbeiten über Defizite bei unilateraler Hirnschädigung, von denen hier etwas willkürlich lediglich Faglioni et al. (1969) und Cohen/Ehrenstein (1979) zitiert seien, haben sogar im Gegenteil erbracht, daß Aphasiker – also linkshirnig (!) Geschädigte – im Schnitt beim Erkennen auch nichtverbaler auditorischer Stimuli schlechter sind als rechtshirnig Geschädigte – also ein krasser Widerspruch zu den glatten (vielleicht allzu glatten) Ergebnissen der russischen Elektroschockergebnisse. Faglioni et al. zeigten, daß Aphasiker ein gegebenes Geräusch einer entsprechenden Geräuschquelle schlechter zuordnen konnten als rechtshemisphärisch Geschädigte mit der einzigen von Cohen/Ehrenstein festgestellten Ausnahme *menschlicher* nichtsprachlicher Geräusche, wo allerdings auch nicht etwa die rechtshirnig Geschädigten schlechter als die Aphasiker wären, sondern alle Gruppen gleich gut waren. De Renzi/Spinnler (1967) konnten sogar zeigen, daß selbst bei visuellen nichtsprachlichen Aufgaben, z. B. das Zuordnen von Farben zu Objekten, Aphasiker schlechter waren als speziell die rechtshirnig Geschädigten, und ähnliche Ergebnisse wurden bei einer langen Reihe nichtsprachlicher Aufgaben immer und immer wieder produziert. Der enge Zusammenhang zwischen einer durch linkshirnigen Schaden bedingten Sprachstörung und der Störung bei der Erkennung nichtsprachlicher auditorischer Reize wird noch dadurch unterstrichen, daß zwischen den aphatischen Verständnisstörungen und den nichtsprachlich auditorisch-gnostischen Störungen stets eine deutliche, wenngleich nicht immer sehr hohe Korrelation gefunden wurde.

Die Arbeiten der italienischen Forschungsgruppe geben nun einen Hinweis darauf, wie diese überraschenden Ergebnisse zu interpretieren sind. In den Arbeiten dieser Gruppe wurden zwei Aufgabentypen unterschieden: einmal mußten die nichtsprachlichen Reize lediglich *diskriminiert* werden, also nur auf Gleichheit oder Ungleichheit mit einem gegebenen Vergleichstimulus oder nur untereinander beurteilt werden, zum anderen mußten die Reize tatsächlich *identifiziert* werden, z. B. als »Telefonklingeln«. Es zeigte sich nun immer und immer wieder, daß bei nichtsprachlichen Aufgaben die rechtshirnig Geschädigten zwar beim Diskriminieren schlechter oder gleich schlecht wie die Aphasiker waren, letztere aber umgekehrt beim Identifizieren die schlechteren waren. Wir haben am Physiologischen Institut der FUB ziemlich parallele Ergebnisse mit Reaktionszeiten auf visuelle Reize bekommen: Beim reinen Diskriminieren visuell dargebotener Wörter hatten alle Patientengruppen mehr oder minder gleich gute Reaktionszeiten; wenn aber die Patienten so rasch wie möglich auf einen Knopf drücken sollten, wenn ein gegebenes Reizwort zu einer bestimmten semantischen Kategorie (z. B. ein Tier) gehörte, also eine partielle Identifizierung der Wörter erforderlich war, dann waren die Reaktionszeiten der Aphatiker erheblich langsamer als die der rechtshirnig Geschädigten (Grüsser, von Hartrott, Reischies, Heeschen, in Vorbereitung). Diese Ergebnisse zeigen uns, daß es bei der Hemisphärenbeteiligung bei einer bestimmten Leistung weniger auf den *Status* der Stimuli (verbal versus nonverbal) als vielmehr auf die Art und die *Stufe* der Verarbeitung ankommt. Das »processing« eines Stimulus ist kein einheitlicher Prozeß (eine wahrhaft triviale Aussage), sondern es ist aufzugliedern in Subaspekte und Ebenen oder Stufen, auf denen es sich vollzieht, und dies scheint für die Frage, welche Hemisphäre gerade dominanterweise involviert ist, erheblichen Einfluß zu haben. Die Formel »alles nichtsprachlich Auditorische – rechts« gilt also offenkundig nicht, berücksichtigt man die Evidenzen aus den Verhaltensdefiziten unilateral Hirngeschädigter. Es kommt erheblich auf die abverlangte Art der Verarbeitung an.

Das Identifizieren scheint eine Domäne der linken Hemisphäre zu sein – vielleicht weil das Identifizieren im Gegensatz zum bloßen Diskriminieren bereits eine Art Semantisierung ist und die Reizverarbeitung zumindest in die Nähe des Sprachlichen rückt. (Wir brauchen jedoch für die Erklärung der Linksdominanz bei identifizierenden Aufgaben keineswegs die Hypothese der verbalen Mediation zu Hilfe zu nehmen: es gibt genügend Hinweise, daß es auch ein Identifizieren ohne innere Versprachlichung gibt.)

Wir haben so weit die größere Relevanz der Stufe der Verarbeitung gegenüber der Natur des zu Verarbeitenden primär für den nichtsprachlichen Bereich aufgezeigt. Die gleiche Sichtweise ist jedoch auch auf den rein sprachlichen Bereich auszudehnen. So ist es z. B. über alle Maßen klar, daß es beim dichotischen Hören bei dem Verarbeiten von Lauten/Phonemen zu einem massiven Rechts-Ohr-Effekt zu kommen pflegt, jedoch gilt dies uneingeschränkt nur für die Phonemidentifikation. Sobald lediglich »Gleich-ungleich«-Entscheidungen zu treffen sind, verschwindet der REA oder wird zumindest erheblich geringer. So wie im nichtsprachlichen Bereich die höhere Verarbeitungsstufe des Identifizierens die linke Hemisphäre auf den Plan ruft, so scheint im sprachlichen Bereich für die niedrigere Stufe des Diskriminierens die rechte Hemisphäre nicht gänzlich inkompetent zu sein (s. Blumstein/Cooper, 1972).

In ganz analoger Weise müssen wir auch die auf der Grundlage eines dichotischen Experimentes behauptete Dominanz der rechten Hemisphäre für suprasegmentale phonologische Erscheinungen wie die Intonationen beurteilen. Erstens muß festgehalten werden, daß bei dem in diesem Zusammenhang immer wieder zitierten Experiment von Blumstein/Cooper (1974) der LEA nie signifikant geworden ist, und bei der o. e. statistischen Problematik der Lateralitätsindizes beim DH sollte man hier von Anfang an extrem vorsichtig sein. Der Hauptpunkt aber ist, daß die Versuchspersonen in diesem Experiment die dichotisch präsentierten Intonationskonturen lediglich als solche zu erkennen hatten (sie mußten sie nachzeichnen, also visualisieren), nicht aber zu interpretieren, d. h. die Konturen mußten nicht daraufhin beurteilt werden, ob sie eine Frage, eine Behauptung oder einen bestimmten emotionalen Zustand ausdrückten. Das heißt, wiederum blieb die abverlangte Verarbeitung auf einer relativ niedrigen Stufe, diesmal zwar schon auf der der partiellen Identifikation, aber sie erreichte nie die Stufe der linguistischen Interpretation, sie blieb also vorsprachlich.

Von Weniger (in print) wurde die Fähigkeit, prosodische Erscheinungen zu interpretieren, an unilateral Hirngeschädigten untersucht. Ihre (in der Zwischenzeit m. W. auch bereits reproduzierten) Ergebnisse zeigten, daß bei der Interpretation rein emotionaler Intonationen (Trauer, Angst) die rechtshirnig Geschädigten schlechter als die Aphasiker waren, umgekehrt aber die Aphasiker schlechter bei prosodischen Erscheinungen waren, die regelgeleitet, also von einem linguistischen Code her zu interpretieren waren. Nicht für Prosodie als solche, sondern lediglich für emotional unmittelbar interpretierbare Prosodie scheint die rechte Hemisphäre dominant zu sein.

In diesem Zusammenhang müssen auch die musikalischen Fähigkeiten der rechten Hemisphäre gesehen werden. Es stimmt zwar, daß man beim DH normalerweise einen LEA für musikalische Reize bekommt, was zu der Tatsache paßt, daß eine Amusie so gut wie nur bei rechtshirnig Geschädigten auftritt. Von Bever/Chiarello (1974) gibt es jedoch den aufregenden Befund, daß bei trainierten Musikern im DH bei musikalischen Reizen ein REA auftritt. Auch wenn diese Arbeit nicht gänzlich unumstritten ist, so weist sie jedoch in eine bestimmte Richtung: die Fähigkeit, tonale Qualitäten zu verarbeiten, scheint global gesehen rechtshirnig repräsentiert zu sein; wenn musikalische Reize jedoch auf wesentlich höherer Stufe analysiert und interpretiert werden – und wir dürfen zumindest vermuten, daß trainierte Musiker die musikalischen Reize sehr viel analytischer, differenzierter und stärker auf dem Hintergrund musikalischer *Regeln* verarbeiten als untrainierte Versuchspersonen –, dann scheint wieder die linke Hemisphäre die führende Rolle zu übernehmen, so wie zwar die pure Wahrnehmung von Intonationen und ihre unmittelbare emotionale Interpretation, nicht aber ihre linguistisch regelgeleitete Interpretation Domäne der rechten Hemisphäre sein mag.

Dies scheint in die These Jakobsons zu passen, wonach die rechte Hemisphäre für akustische Ereignisse zuständig ist, die zu ihrem signifié eine unmittelbare Beziehung haben, während die linke Hemisphäre für code-vermittelte Zeichen zuständig wäre. Uns scheint dies jedoch nicht so ohne weiteres richtig zu sein. Denn erstens haben wir gezeigt, daß je nach Stufe der Verarbeitung die linke Hemisphäre auch für code-unvermittelte nichtsprachliche

Reize die stärker störbare, also dominante sein kann, und zweitens ist der Status emotionaler Intonationen oder emotionalen Sprachgutes sicherlich nicht so code-unvermittelt, wie es zunächst scheinen mag: wieso drückt /aua/ im Deutschen Schmerz aus, oder wieso führen wir bei kindlich-regressiver Stimmung eine durchgängige Rundung der Phoneme durch? Wir glauben, daß die durch die Arbeiten von Weniger aufgezeigte Zuständigkeit der rechten Hemisphäre für emotionale Intonationen weniger auf deren Code-Unvermitteltheit als eben auf deren emotionalen Status zurückzuführen ist. Es mag dem Leser so vorkommen, daß wir hiermit unsere bisherige Linie der Argumentation, wonach es weniger auf den Status der Reize, also auf das »Was« der Verarbeitung, als vielmehr auf das »Wie« der Verarbeitung ankommt, verlassen. Das trifft jedoch so nicht zu. Denn wir haben das Primat des »Wie« gegenüber dem »Was« lediglich für den sprachlichen Bereich und den »sprachnahen« Bereich wie nicht unmittelbar verbale Geräusche betont. Das »Was« spielt durchaus eine Rolle, wie wir mit dem kurzen Hinweis auf die Fähigkeit visuell-räumlicher Orientierung angedeutet haben. Und so glauben wir denn auch, daß die rechte Hemisphäre mehr mit Emotionalität zu tun hat als die linke, es hier also auch um ein »Was« geht. Für die starke Verbindung von Emotionalität und rechter Hemisphäre sprechen klinische Erfahrungen, wonach wir bei rechtshirnig Geschädigten oft eine beklemmend wirkende emotionale Verflachung feststellen können, während die linkshirnig Geschädigten trotz schwerster instrumenteller Defizite meist einen emotional sehr lebendigen Eindruck machen (für experimentelle Evidenz in dieser Richtung s. Gardner et al., 1975). Wenn das so ist, dann wäre die Zuständigkeit der rechten Hemisphäre für emotional unmittelbar interpretierbare Intonationen oder überhaupt für emotionales Sprachgut (wie z. B. Tabuwörter, s. van Lancker, 1972) keine spezielle *sprachliche* Fähigkeit, reflektierte keine Dominanz für einen speziellen Subaspekt von Sprache, sondern wäre lediglich Ausdruck und Folge ihrer generellen engeren Verbindung mit Emotionalität.

Genau in diesem Sinne müssen wir auch die Tatsache überdenken, wonach die rechte Hemisphäre bei höheren sprachlichen Verständnisleistungen (Metaphern, indirekte Sprechakte, s. o.) stärker involviert ist. Bevor wir dies näher erläutern, müssen wir jedoch kurz auf eine Theorie eingehen, wie sie vor allem von den

Split-brain-Forschern entwickelt worden ist. Nach den Split-brain-Untersuchungen ist es über alle Maßen klar, daß sich die beiden Hemisphären nicht nur durch die Menge der Funktionen unterscheiden, für die sie in mehr oder minder großem Ausmaß dominant sind, also durch das »Was«, wie wir es ausgedrückt haben, und auch nicht nur durch die Stufe, auf der ein Reiz verarbeitet wird (wofür wir in diesem Papier besonders argumentiert haben), sondern auch durch ihren sog. »performance style«, ihren modus operandi. Es wird heute allgemein akzeptiert, daß die linke Hemisphäre analytisch-sequentiell operiert und die rechte »gestalthaft« und globalistisch. Die linke ist sozusagen für die Bäume zuständig und die rechte für den Wald. Was das meint, ist vielleicht am besten an einem Beispiel wiederum aus dem sprachlichen Bereich zu verdeutlichen. Wie oben erwähnt, verfügt die rechte Hemisphäre über einen recht umfangreichen rezeptiven Wortschatz. Aber dieser Wortschatz ist keine einfache Untermenge des linkshemisphärischen Wortschatzes, sondern er scheint qualitativ anders organisiert und strukturiert zu sein, d. h. die Beziehungen zwischen den Wörtern sind anders als zwischen denselben Wörtern in der linken Hemisphäre. Heeschen (1979) konnte zeigen, daß die linke Hemisphäre primär ihren Wortschatz in Termen einer Taxonomie von Unter- und Oberbegriffen organisiert hat, die rechte hingegen in Termen von assoziativ angereicherten, gestalthaft leicht zugänglichen und vorstellbaren ganzen Situationen. So sprach die linke Hemisphäre z. B. recht gut auf Wortpaare wie »Adler – Hirsch« an, deren Glieder zwar begrifflich eng benachbart sind (beides sind Tiere), situativ und assoziativ jedoch so gut wie nichts miteinander zu tun haben. Demgegenüber sprach die rechte Hemisphäre sehr gut auf Paare wie »durstig – Bier« an, deren Glieder primär über eine leicht vorstellbare Situation miteinander vermittelt sind. So paradox es klingt, die analytische linke Hemisphäre sah jedoch das Bier vor lauter Durst nicht, offenkundig weil »durstig« und »Bier« in Termen einer begrifflichen Taxonomie recht weit voneinander entfernt sind. (Zu dem ganzen Komplex der lexikalischen Organisation in den Hemisphären s. auch Zaidel, 1978.)

Wenn nun die rechte Hemisphäre die ganzheitlich-globalistische operierende Hemisphäre ist, dann verwundert es einen nicht, wenn sie auch die »konventionellere« Hemisphäre ist, wie jüngst von Zaidel als Hypothese vertreten. Die rechte Hemisphäre verarbeitet, nimmt wahr und interpretiert Reize offenbar in einer konventionellen, dem »Üblichen« folgenden Weise, oder, anders ausgedrückt: sie interpretiert einen Reiz als das »Übliche«, »Konventionelle« meinend. Auf der Basis dieser Hypothese wird nun verständlich, wieso bei Schädigung der rechten Hemisphäre die Patienten schlechter beim Verstehen von Metaphern und indirekten Sprechakten sind als bei Schädigung der linken Hemisphäre, selbst wenn im letzteren Fall eine schwere Sprachstörung die Folge sein kann. Die Metapher »ein schweres Herz« zu verstehen als Bezeichnung für eine Stimmung und nicht als Angabe einer in Pfund und Gramm meßbaren Eigenschaft des Herzens ist einfach das Übliche; und ebenso ist es üblich, den in einer leicht vorstellbaren Situation vorkommenden Sprechakt »Meine Uhr ist stehengeblieben« als indirekte Frage und nicht als wörtlich zu verstehende Feststellung zu interpretieren. Das »schwere Herz« als Gewichtsangabe zu verstehen und den Sprechakt »Meine Uhr ist stehengeblieben« als bloße Feststellung ist geradezu absurd, und daß rechtshirnig geschädigte Patienten dazu tendieren, unterstreicht erstens, daß mit Schädigung der rechten Hemisphäre offenbar ein Verlust des Sinnes für das Übliche einhergeht und daß zweitens dieser Verlust auch etwas zu tun hat mit der bereits erwähnten emotionalen Verflachung bei rechtshemisphärischer Läsion. Emotionalität und Konventionalität der rechten Hemisphäre passen also zueinander sehr gut.

Dieses berücksichtigend müssen wir bezüglich der Beteiligung der rechten Hemisphäre bei »höheren« Sprachleistungen wie Verstehen von Metaphern und indirekten Sprechakten zu einem ähnlichen Schluß kommen wie bei den emotionalen Intonationen: Die Involvierung der rechten Hemisphäre bei diesen Leistungen reflektiert keine spezifisch sprachliche Fähigkeit, sondern ist Folge einer generelleren Eigenschaft der rechten Hemisphäre – ihres Sinns für das »Übliche«.

Fassen wir zusammen: Die rechte Hemisphäre ist der linken in dreifacher Hinsicht unterlegen (um es noch einmal zu betonen: die räumliche Orientierung ist ausgeklammert):

1. Sie verfügt sprachlich über quantitativ weniger Fähigkeiten als die linke Hemisphäre (ihr Lexikon ist kleiner, sie verfügt nur über eine rudimentäre Syntax, und – was bisher nicht explizit erwähnt wurde – sie kann Sprache nicht produzieren, sondern bestenfalls etwas verstehen).

2. Die Verarbeitung von Reizen – nicht nur sprachlicher, sondern auch nichtsprachlich-auditorischer – erfolgt auf einer niedrigeren Stufe (Diskriminierung versus Identifizierung, reines Erkennen versus regelgeleitetes Interpretieren).
3. Die Verarbeitung von Reizen erfolgt in einem anderen Stil – einem globalistischen, auf das Konventionelle abzielenden Stil, der sicherlich für die Entwicklung rationaler sprachlicher Kommunikation nicht sehr geeignet ist.

Die in dem Schema auf S. 44 implizierte sprachliche und auditorisch-gnostische Aufwertung der rechten Hemisphäre muß also zurückgenommen werden, sobald wir das »Wie« und das »auf welcher Stufe« und nicht nur das »Was« der Verarbeitung in eine Lateralisierungstheorie mit einbeziehen. Dieser Versuch einer »Abwertung« der rechten Hemisphäre stützte sich im wesentlichen auf Evidenzen von Verhaltensdefiziten bei unilateralem Hirnschaden – der Datenquelle, die wir in der Tat für die methodisch zuverlässigste halten. Dort, wo selbst diese Datenquelle für eine Dominanz der rechten Hemisphäre bezüglich gewisser Subaspekte von Sprache spricht (emotionale Intonationen und emotionales Sprachgut überhaupt, Verständnis von Metaphern und indirekten Sprechakten), zeigt sich bei näherer Analyse, daß es sich hierbei nicht um eine spezifisch sprachliche Überlegenheit über die linke Hemisphäre handelt, sondern daß sie nur Folge genereller Eigenschaften der rechten ist.

Es spricht also alles dafür, daß wir wieder zu der ein Jahrhundert gültigen einfachen und direkten Aussage zurückkehren sollten: »Sprache – links, aber nicht alles nichtsprachlich Auditorische – rechts.« Diese Zurücknahme der Bewertung der sprachlichen und akustisch-gnostischen Fähigkeiten der rechten Hemisphäre wird unterstützt durch jüngere Befunde über die sprachliche Rolle der rechten Hemisphäre beim Kind. Erstens konnten Mauray/Whitaker (1976) zeigen, daß der Gedanke der Plastizität einzuschränken ist. Bei einem vor Beginn der Sprachentwicklung links dehemicortizierten Kind hat sich eine Syntax so gut wie nicht entwickelt; Syntax scheint also eine exklusive Domäne der linken Hemisphäre von Geburt an zu sein. Zweitens konnte Kinsbourne aufgrund der tapping-interference-Technik (zusammenfassende Darstellung seiner Ergebnisse auf der Tagung der Academy of Aphasia, San Diego 1979) zeigen, daß spätestens ab 3 Jahren (früheres Testen war nicht möglich) die linke Hemisphäre allein die *Kontrolle* über den tatsächlichen Vollzug von Sprache hat – was immer die rechte Hemisphäre auch für potentielle sprachliche Fähigkeiten haben mag. Die linke Hemisphäre scheint also nicht nur die nahezu exklusiv dominante Hemisphäre für Sprache beim Erwachsenen zu sein, sondern ihre Dominanz von Geburt an und nahezu irreversibel zu besitzen.

Die Tatsache, daß gewisse linguistisch-semiotische Unterscheidungen nicht so direkt reflektiert werden in den Lateralisierungsverhältnissen wie im obigen Schema, sollte die Zusammenarbeit von Linguistik und Neuropsychologie allerdings keineswegs weniger fruchtbar erscheinen lassen. Im Gegenteil, gerade wenn sich die Hemisphären nicht so sehr durch das »Was« als durch das »Wie« und das »auf welcher Stufe« unterscheiden, bietet sich die Möglichkeit, den Prozeß der Verarbeitung von Zeichen differenzierter aufzuschlüsseln. Daß für die Entwicklung fruchtbarer Fragestellungen in der Neuropsychologie der Kontakt zur allgemeinen Linguistik notwendig ist, sollte auf keinen Fall in Frage gestellt werden.

N. B. In diesem Papier wurden zwei Probleme der Lateralisierung nicht erwähnt, die der Leser vielleicht oder sogar sicherlich erwartet haben mag. Wir sind nicht auf das Problem der Linkshänder noch auf das der Geschlechtsunterschiede eingegangen. Die Lateralisierungsverhältnisse sind bei Linkshändern etwas anders als bei Rechtshändern, und in jüngster Zeit ist auch eindeutig nachgewiesen worden, daß es bei der Lateralisierung Unterschiede zwischen den Geschlechtern gibt. Die Verhältnisse sind allerdings nicht so radikal verschieden von denen bei einer normalen rechtshändigen männlichen Person, daß die in diesem Papier entwickelte Argumentation wesentlich modifiziert werden müßte.

Literaturverzeichnis

Bever, T. G., und Chiarello, R. (1974), »Cerebral dominance in musicians and non-musicians«, *Science* 185, 537–539.

Blumenstein, S., und Cooper, W. (1972), »Identification versus discrimination of distinctive features in speech perception«, *Quart. J. Exper. Psychol.* 24, 207–214.

– (1974), »Hemispheric processing of intonation contours«, *Cortex* 10, 146–158.

Broadbent, D. E. (1954), »The role of auditory localization, attention and memory span«, *J. Exp. Psychol.* 47, 191–196.
Broca, P. (1861), »Remarques sur le siège de la faculté du langage articulé«, *Bulletin de la Société d'Anthropologie*, 2e série, t. VI, 330–357.
– (1865), »Sur le siège de la faculté du langage articulé«, *Bulletin de la Société d'Anthropologie*, t. VI, 337–393.
Cohen, R., und Ehrenstein, W. H. (1979), »Comprehension of natural sounds in aphasia«, *Experimental Brain Research*, Supplementum II, 372–376.
De Renzi, E., und Spinnler, H. (1967), »Impaired performance on color tasks in patients with hemispheric damage«, *Cortex* 3, 194–217.
Dimond, S. J. und Blizard, D. A. (1977) (eds.), »Evolution and Lateralization of the Brain«, *Annals of The New York Academy of Sciences*, Vol. 299. New York.
Faglioni, P., Spinnler, H., und Vignolo, L. A. (1969), »Contrasting behavior of right and left-hemisphere-damaged patients on a discriminative and a semantic task of auditory recognition«, *Cortex* 5, 366–389.
Gardner, H., Ling, P. K., Flamm, L., und Silverman, J. (1975), »Comprehension and appreciation of humour in brain-damaged patients«, *Brain* 98, 399–412.
Heeschen, C. (1979), »On the representation of classificatory and propositional lexical relations in the human brain«, in: *Semantics from Different Points of View.* Hg. v. Bäuerle, Egli, von Stechow. Berlin 364–375.
– und Reischies, F. (Ms.), *On the ability of brain-damaged patients to understand the intention of indirect speech acts.*
Jackson, H. (1958), *Selected Writings.* New York.
Kimura, D. (1967), »Functional asymmetry of the brain in dichotic listening«, *Cortex* 3, 163–178.
Mauray, D., und Whitaker, H. (1976), »Language acquisition following hemidecortication«, *Brain and Language* 3, 404–433.
Moscovitch, M. (1976), »On the representation of language in the right hemisphere of right-handed people«, *Brain and Language* 3, 47–71.
Stachowiak, F., Huber, W., Poeck, K., und Kerschensteiner, M. (1977), »Text comprehension in aphasia«, *Brain and Language* 4, 177–195.
Van Lancker, D. (1972) *Language processing in the brain.* Paper presented at the 1972 Ann. Conv. Amer. Speech and Hearing Ass., San Francisco.
Weniger, D. (in print), »The influence of prosodic features in language comprehension in aphasic patients«, *Supplements of Experimental Brain Research.*
Winner, E., und Gardner, H. (1977), »The comprehension of metaphor in brain-damaged patients«, *Brain* 100, 717–729.
Zaidel, E. (1972), »Auditory vocabulary of the right hemisphere after brain bisection and hemidecortication«, *Cortex* 12, 191–211.

Zaidel, E. (1978), »Lexical organization in the right hemisphere«, in: *Cerebral Correlates of Conscious Experience*. Hg. v. P. A. Buser und A. Rougeul-Buser. Amsterdam.

– (1979), »On measuring hemispheric specialization in man«, in: *Advanced Technobiology*. Hg. v. B. Rybak. Leyden.

– (1980), *Sign language and spoken language: biological constraints on linguistic form; clues from hemispheric specialization*. Paper presented to Dahlem Konferenzen.

Ton van der Geest
Neurolinguistische Reifung in entwicklungspsychologischer Sicht

Einleitung

Obwohl das Forschungsgebiet der Neurolinguistik stark im Kommen ist, gibt es mehrere relevante wissenschaftliche Disziplinen, die sich mit der menschlichen Sprache befassen, die die neurologischen Befunde und Fragestellungen weitgehend außer Betracht lassen. Soweit ich es überschauen kann, gibt es keine Theorien in der Linguistik, in der Soziolinguistik und merkwürdigerweise auch nicht in der Psycholinguistik, die ihre theoretischen Erwägungen und Annahmen explizit an biologischen Daten, an neurophysiologischen Möglichkeiten oder Unmöglichkeiten überprüfen. Auch kommt es wohl kaum vor, daß die Forscher Fragestellungen aus der Neurologie heraus in Richtung ihres eigenen Forschungsgebietes entwickeln, um es dort in ihren Untersuchungen so zu überprüfen, daß ihre Ergebnisse in beiden Gebieten verwendbar wären. Man beschränkt sich weitgehend auf Erklärungen für beobachtende Phänomene, die für die Paradigmata des eigenen Forschungsgebietes zutreffen. Nicht, daß dagegen etwas einzuwenden wäre, es führt aber leider zu Trennungen, die zwar wissenschaftstheoretisch und methodisch zu vertreten sind, die man aber, wenn man an der Erklärung des Phänomens als solches interessiert ist, intuitiv nicht hinnehmen möchte, da jeder Wissenschaftler im Prinzip eine Korrelation zwischen seinen Ergebnissen und den neurologischen Tatbeständen annimmt.

Das gleiche gilt auch in hohem Maß für die Sprachentwicklungsforschung, und dies, obwohl man sich gerade auf diesem Gebiet recht gut vorstellen kann, daß die neurologische Reifung des Gehirns, die Gehirnveränderungen, wie z. B. die Lateralisierung, die Spezialisierung und gleichzeitig abnehmende Plastizität des Gehirns und schließlich das Wachstum und die chemischen Änderungen des Gehirns, in einem entscheidenden Zusammenhang mit der Sprachentwicklung steht oder Einfluß auf diese hat, wie es z. B. die theoretischen Ausführungen von Lenneberg (1967) und Krashen (1972) nahelegen.

Andererseits muß man hinzufügen, daß man sich in den neurolinguistischen Bemühungen mit der Sprache und dem Entwicklungsproblem auch kaum mit den Entwicklungen der Sprachfähigkeiten befaßt hat (oder mit für die Sprachentwicklungstheorie interessanten Phänomenen) und sich statt dessen eher auf die Entwicklung des Gehirns in bezug auf die Sprachfähigkeit als solche als sei das ein statisches Phänomen, beschränkt hat. Dazu wurden dann unterschiedliche Messungen bei Aphasikern, dichotische Experimente bei Kindern bis zu etwa 14 Jahren usw. vorgenommen, ohne allzuviel Rücksicht auf die ablaufenden Sprach- und kognitiven Entwicklungsprozesse. (Siehe dazu u. a. den Sammelband von den Herausgebern Segalowitz und Gruber, 1977.) Diese Aspekte tauchen höchstens in den unabhängigen Variablen auf, und es ist klar, daß der Forschung und deren Anwendungen in diesem Bereich ein biologisch-medizinisches Menschenbild zugrunde liegt. Nebenbei muß man auch noch bemerken, daß die Sprachfähigkeit hier häufig nur perzeptiv ermittelt wird, obwohl z. B. Poeck (1980) berichtet, daß Sprachverständnistests differentiell sehr wenig zu der Beschreibung der aphasischen Syndrome beitragen, und zwar unter anderem dadurch, daß »der neuronale ›Apparat‹, der dem Sprachverständnis zugrunde liegt, eine diffuse und bilaterale Organisation hat, im Gegensatz zu der einseitigen und mehr umschriebenen Organisation des neuronalen ›Apparates‹ für die Sprachproduktion«. Wenn nun diese Charakterisierung zutrifft, kann man auf mehr als die Hälfte der bisher durchgeführten Untersuchungen im Bereich der neurolinguistischen Entwicklung verzichten. Wenigstens würde dadurch erklärt werden können, warum so viele Ergebnisse nicht so eindeutig sind oder sogar untereinander widersprüchlich.

Neurolinguistische Befunde

Was haben nun die Untersuchungen, die sich mit der Entwicklung des Gehirns in Zusammenhang mit der Sprache befaßt haben, ergeben?
Um diese Frage beantworten zu können, bietet sich gerade eine Art »State of the Art«-Buch an, nämlich der von Sidney Segalowitz und Frederik Gruber im 1977 herausgegebenen Band *Language Development and Neurological Theory*. Der Titel die-

ses Buches ist gleichzeitig irreführend und maßgebend für dieses Forschungsgebiet der Neurolinguistik und könnte besser ›Neurological Development and Language‹ heißen. Wenn wir ›Entwicklung‹ wie in der Entwicklungspsychologie dynamisch als die Prozesse, die der Entwicklung zugrunde liegen, auffassen würden statt statisch als Entwicklungsstand der Dinge in einem bestimmten Lebensabschnitt, dann kann man leider nur wenige Artikel in diesem Buch finden, und zwar nur explizit im dritten Teil des Buches, in welchem sich die Dynamik auf die neurologische Entwicklung bezieht. Die Fragen, die in dieser Hinsicht in dem Buch gestellt und vorsichtig zu beantworten versucht werden, sind:

1. Sind beide Gehirnhälften (Hemisphäre) gleichwertig, oder, anders gesagt, haben sie das gleiche Potential in bezug auf die Sprachentwicklung? Dennis und Whitacker, aber auch andere Autoren, belegen insgesamt eindeutig, daß ein solcher Standpunkt nicht länger aufrechtzuhalten ist. Beide Gehirnhälften sind von Anfang an in bezug auf Sprachretardierung oder -störung ungleich gefährdet und sind keine äquivalenten Substrate für die Sprachentwicklung.

2. Warum ist die zerebrale Dominanz für Sprache links ausgeprägt? Diese Frage ist aufgrund der Forschungsergebnisse schwieriger zu beantworten. Es bieten sich nach den Herausgebern folgende hypothetische und bis jetzt nicht auszuschließende Möglichkeiten an.

- Akustische Spezialisierung. Neugeborene können unterscheiden zwischen Sprachlauten und Nicht-Sprachlauten. Die linke Hemisphäre ist von der Geburt an eher auf Sprachlaute eingestellt. Es ist zu vermuten, daß diese Kapazität durch die Sprachlaute schließlich die ganze Sprache anzieht. Kongenital Gehörlose und ausschließlich mit Zeichensprache erzogene Kinder benutzen die linke Hemisphäre für die Zeichensprache und für Räumlichkeiten (d. h. hier haben die Sprachlaute nicht die Möglichkeit, die Sprache mitzuziehen; hier zieht die räumliche Zeichensprache die visuell wahrnehmbare Räumlichkeit mit, und zwar in der linken Gehirnhälfte).
- Spezialisierung für die Sprechmechanismen. Beim Neugeborenen hat die linke Hemisphäre eine effektivere motorische und sensorische Kontrolle über die Sprechmuskulatur, und die menschliche Sprache ist eng mit den Sprechmechanismen verbunden.

– Die verschiedenen kognitiven Aspekte sind hemisphäre-spezifisch; die kompliziertere analytische (im Gegensatz zu holistischer) Aktivität wird in der mehr dazu geeigneten, linken Hemisphäre lokalisiert werden. Auf diese Art und Weise wird die Sprache, ein analytischer Prozeß, links lateralisiert (Bever, 1975).
– Die letzte Hypothese besagt, daß die beiden Hemisphären von Anfang an in bezug auf die Sprachfunktion nicht gleichwertig sind. Einige Teile der linken Hemisphäre sind für die Sprache prädisponiert.

3. Entwickelt sich die zerebrale Dominanz?

Die oben genannten 4 Hypothesen geben bereits implizit eine Antwort auf diese Frage. Die ersten 3 sagen aus, daß die zerebrale Dominanz der linken Gehirnhälfte für Sprache sich entwickelt, die letzte Hypothese ist, daß diese Dominanz etwa wie angeboren ist. Für beide Annahmen sprechen mehrere Befunde und Hinweise. Die meisten Befunde kommen aus dem Bereich der phonetisch-phonologischen Entwicklung.

Kinsbourne und Hiscock (1977) finden unter anderem keine Alterseffekte in ihren dichotischen Untersuchungen in bezug auf REA (right ear advantage, übereinstimmend mit linksseitiger Lateralisierung) im Falle eines Sprachperzeptionstests und schließen daraus, daß diese laterale Disposition vorprogrammiert ist; sie ist wenigstens vorhanden, bevor sich die Sprachfertigkeiten entwikkeln. Man könnte hierzu kritisch sagen, daß eine fortschreitende Spezialisierung eigentlich ein ansteigendes REA, eine prinzipiell bilaterale Perzeptionsentwicklung aber eher ein abnehmendes REA erwarten ließe, was bedeuten würde, daß die Endeffekte verschwommen wären.

Moscovitch (1977) weist darauf hin, daß in der letzten Vergangenheit die Theorien entscheidend von den vielen zum Teil ins Auge springenden Belegen für den Kontrast zwischen der Wirkung von früher oder später Gehirnschädigung auf die Sprachprozesse geprägt worden sind. Schädigung der linken Hemisphäre im Erwachsenenalter führt zu unwiderruflichem Schaden in bezug auf die Sprachfähigkeit. Kinder erholen sich jedoch, und zwar ziemlich schnell, wobei sich hier auch bei rechten Schädigungen Sprachstörungen ergeben, die aber besonders schnell wieder verschwinden. Diese und ähnliche Ergebnisse führten unter anderem zu der populären Theorie der Entwicklung der Lateralisierung (Lenneberg, 1967). Diese Theorie besagt im wesentlichen, daß bei der Geburt und in früher Kindheit die beiden Hemisphären in bezug auf die Sprache gleichwertig sind. Reifung und Umweltfaktoren, insbesondere die Konfrontation mit der Sprache verursachen später die Lateralisierung der Sprache. Die Periode, in der sich die Lateralisierung entwickelt, wurde von Lenneberg als eine Periode der relativ großen Plastizität aufgefaßt, d. h. daß andere Teile des Gehirns in der Lage sind, Funktionen der geschädigten Teile zu übernehmen, wie man aus der schnellen Erholung der Sprache nach Gehirnschädigungen schlußfolgern könnte.

Lenneberg meint, daß die Lateralisierung von dieser Zeit ab bis zur Pubertät unter entsprechender Abnahme der Plastizität stattfindet. Gleichzeitig wird angenommen, daß in diesem Alter die Lateralisierung irreversibel wird und daß (dadurch?) die Sprachentwicklung immer mehr einfriert und zwar in dem Sinne, daß keine quantitativ neuen Entwicklungen mehr stattfinden werden.

Moscovitch führt eine ganze Reihe von Untersuchungen auf, die belegen, daß eine Asymmetrie der beiden Gehirnhälften bereits bei der Geburt und zumindest schon lange vor dem Anfang der Sprachentwicklung vorhanden ist. Unter anderem wird in einer Untersuchung von Entus (1977) gezeigt, daß einen Monat alte Kinder bereits ein REA für Sprache und ein LEA für Musik haben. Moscovitch weist nach, daß die Belege für die Lennebergsche Theorie makelhaft, wenn nicht falsch sind. Moscovitchs Schlußfolgerungen sind sehr vorsichtig, da die eigentlichen Belege sich meistens nur auf die phonetisch-phonologische Entwicklung, die sich weitgehend auf das erste Lebensjahr beschränkt, beziehen. Diese – übrigens alternativen – Schlußfolgerungen sind: (a) einige kognitive Repräsentationen werden anfangs rechts und später links lokalisiert. Lateralisierung ist also deswegen als ein gradueller Prozeß anzusehen, in dem die kognitiven Systeme, die der Sprachentwicklung zugrunde liegen, allmählich links lateralisiert werden. Dies erklärt z. B., daß die gelegentlichen Dysphasien oder Mutismen nach rechten Gehirnschädigungen im Kindesalter auftauchen können. Wenn sich die linguistischen und kognitiven Fähigkeiten entwickeln, wird die Sprache immer mehr in der linken Gehirnhälfte lateralisiert werden; (b) es ist möglich, daß die syntaktischen und semantischen Prozesse von Anfang an von der linken Gehirnhälfte vermittelt werden. In dieser Theorie werden Erfahrung und Reifung nur auf die Sprachentwicklung, nicht aber auf die Lateralisierungsprozesse einwirken.

Ich bin deswegen so ausführlich auf Moscovitch eingegangen, da er erstens als einziger auch die Sprachentwicklungsperspektive miteinbezieht und weiter feststellt, daß wir erst am Anfang der neurolinguistischen Fragestellung angelangt sind. Außerdem bezieht er nicht ausdrücklich Stellung in bezug auf die neurologischen Entwicklungstheorien. Zusammenfassend kann man sagen, daß er die Lennebergschen Hypothesen ablehnt, aber durchaus mit der Möglichkeit einer graduellen Entwicklung der Lateralisierung rechnet und dafür auch ernst zu nehmende Belege gibt.
Witelson (1977) schlußfolgert nach eingehender Diskussion der vielen Untersuchungen in bezug auf die frühe Spezialisierung der Hemisphäre, daß

a. die Vermittlung der phonetischen Diskriminierung, der Sprachproduktion und -funktionen sowie die Produktion von motorischen Sequenzen *wenigstens zum Teil* die Spezialisierung der linken Gehirnhälfte in der Kindheit konstituieren;
b. sich eine kognitive Fähigkeit und deren Möglichkeit zur neutralen Lateralisierung entwickelt;
c. die Spezialisierung der linken Hemisphäre zunimmt, aber nur als eine Nebenwirkung der kognitiven Entwicklung,
d. es genügend Belege für die Annahme gibt, daß der rechten Gehirnhälfte eine größere Bedeutung für die Sprachprozesse der Kinder beigemessen werden muß als bei den Erwachsenen, daß aber ihre Rolle kleiner ist als in der linken Gesichtshälfte, das gilt auch in der Kindheit. Dies heißt, daß Spezialisierung und bilaterale Teilnahme der Hemisphäre in den Sprachprozessen sehr wohl miteinander in Einklang stehen können;
e. die interhemisphäre Plastizität in den verschiedenen Stadien abnimmt, in engem Zusammenhang mit den verschiedenen kognitiven Entwicklungsstadien (und daß dies früher in der rechten als in der linken Hemisphäre stattfindet), obwohl es auch Belege gibt, daß diese Plastizität noch nach der sogenannten irreversiblen Lateralisierung im Anfang der Pubertät anwesend ist (Van der Vlugt, 1975).

Die Untersuchungen zusammenfassend, kann man sagen:

1. die zerebrale Dominanz der linken Gehirnhälfte wird immer größer, wodurch die Spezifität der Sprache immer stärker links ausgeprägt wird;

2. die Plastizität der Sprache in der rechten Hemisphäre nimmt ab;
3. die linkshirnige Lateralisierung ist von Anfang an da; was sich entwickelt hat, ist eine kognitive Fähigkeit und die Möglichkeit zu ihrer neuralen Lateralisierung.

Die Ergebnisse und deren Interpretationen in der Gehirnforschung sind also nicht gerade hochkarätig. Es gibt sicherlich eine Lateralisierung für Sprache, wann aber diese Lateralisierung eintritt, wie sie abläuft und wann sie irreversibel im Sinne Lennebergs wird, so daß »language development tends to freese«, ist vorläufig noch weitgehend ungeklärt. Abgesehen davon, schließen die Ergebnisse nicht bei sprachentwicklungspsychologischen Fragestellungen an. Man kann also schließen, daß der ›trait d'union‹ zwischen beiden Forschungsdisziplinen – der Sprachentwicklungsforschung und der Entwicklungsneurolinguistik – weitgehend fehlt. Meiner persönlichen Ansicht nach kann man noch hinzufügen, daß man mit den bis jetzt verwendeten Techniken und Methoden auch nicht viel weiter kommen wird. Was man nach meiner Einschätzung an dieser Stelle braucht, ist eine klare theoretische Konzeption darüber, welche Vorgänge man in den Sprachentwicklungsprozessen in Hypothesen in bezug auf Gehirnfunktionen umsetzen kann. Die Frage ist also, was ein Sprachentwicklungsforscher bei dem hiesigen Forschungsstand dem Entwicklungsneurolinguisten bieten kann, und umgekehrt.

Dazu müßten z. B. Sprachentwicklungsverläufe, kognitive Entwicklungsverläufe und die neurologische Entwicklung nebeneinandergelegt und miteinander konfrontiert werden.

Im nächsten Abschnitt werden wir uns bemühen, die kognitiven und linguistischen Entwicklungstendenzen mit der Lennebergschen Annahme zu konfrontieren, daß die Lateralisierung nach dem Eintreten der Pubertät irreversibel wird. Wir entscheiden uns hier für diese Fragestellung, da diese Annahme gleichzeitig eine sehr wichtige Implikation für die Sprachentwicklung mit sich bringt, und zwar, wie erwähnt, daß nach dem Eintreten der Irreversibilität keine qualitativ neuen Entwicklungen in der Sprachfähigkeit mehr stattfinden könnten.

Zunächst wollen wir aber erst einmal einige neurologische Befunde, die diese Lennebergsche Annahme in Frage stellen, ansprechen.

1. Krashen (1972) kommt aufgrund vieler Ergebnisse zu dem

Schluß, daß das Alter (5;0) das entscheidende Moment in der Spezialisierung der beiden Gehirnhälften bildet. Folgende Daten untermauern diese Aussage:

a. bei rechts-hemisphärer Schädigung nach dem Alter (5;0) zeigt sich eine Abnahme der Sprachstörungen,
b. bei bestimmten indizierten Patienten mit diskonnekten Gehirnhälften stellte sich heraus, daß das niedrigste Niveau der Sprachkapazität in der rechten Gehirnhälfte mit 5 Jahren erreicht schien,
c. bei Personen, bei denen bekannt war, daß sie nach linker Gehirnschädigung Sprachfunktionen in der rechten Gehirnhälfte gezeigt hatten, fand Lansdell (1969) heraus, daß die räumlichen Funktionen mehr als die verbalen Funktionen gestört waren, wenn die Schädigung vor dem Alter 5;0 eintrat, und daß das Umgekehrte danach der Fall war.

2. Van der Vlugt (1975) belegt, daß die Spezialisierung der Gehirnhälften und die damit zusammenhängende aufhörende interhemisphäre Plastizität und Irreversibilität der Sprache mit Anfang der Pubertät fertig ist. Er fand eine komplette Erholung einer schweren Aphasie innerhalb eines Jahres bei einem 14jährigen Patienten und gleichzeitig eine ständige Zunahme von LEA-scores (Links-Ohr-Effekt; vgl. oben S. 62); solche Befunde legen nahe, daß die rechte Hemisphäre die Sprachfunktionen übernommen hat.

Die von Lenneberg vertretene Hypothese wird durch solche Befunde, wie hier gerade erwähnt, erheblich abgeschwächt.

In dem nächsten Abschnitt werden wir uns mit der kognitiven und linguistischen Entwicklung des Kindes befassen, um einige Klarheit in bezug auf die neurologischen Probleme schaffen zu können.

Kognitive Entwicklung, Sprachentwicklung und zerebrale Dominanz im Alter 5–8

Schon die alte Pädagogik und Entwicklungspsychologie kennzeichnen das Stadium zwischen 5. und 7. Lebensjahr als eine besondere Periode in der Entwicklung des Kindes und nannten sie gelegentlich »die erste Pubertät«. Es gibt heutzutage keine gängige kognitive Entwicklungstheorie, die nicht dem Stadium zwischen 5;0 und 7;0 eine wenigstens ähnliche Bedeutung für die Entwicklung des Kindes wie die Pubertät beimißt (Bever, 1970; Bruner et al., 1966; Piaget, 1975; Hebb, 1942; Terman und Merrill, 1937). Die Piagetsche Theorie nimmt zwar eigentlich nur drei große Hauptstadien an, auf die sich das 2. Stadium von etwa 2;0 bis 12;0 erstreckt, gleichzeitig wird aber dieses Stadium unterteilt in die Unterstadien präoperational (2;0–7;0) und konkret operational (7;0–12;0). Außerdem konzentriert sich merkwürdigerweise die Piagetsche Forschung weniger auf die Übergänge der drei Stadien (senso-motorisch – konkret-operational – formal-operational) als auf den Übergang zwischen den gerade genannten Stadien präoperational–konkret-operational. Es sei hier nur auf die Erhaltungsexperimente wie auf den Egozentrismus und ›Role taking‹-Untersuchungen verwiesen. Der Übergang zwischen beiden Seiten ist gekennzeichnet durch den Abbau des Egozentrismus, die Entwicklung des ›role taking‹, die Invarianzbegriffsbildung, die Entwicklung des Irreversibilitätsbegriffes und die des Gruppierungsvermögens, womit das Vermögen der gleichzeitigen Anwendung mehrerer Beurteilungskriterien gemeint ist. Es bilden sich aus dieser Übergangsperiode neue Kalkulusstrategien etc. Man kann sich vorstellen, daß mit solch großen kognitiven Änderungen wohl auch Gehirnänderungen mit einhergehen müssen. Dies wird um so wahrscheinlicher, da es viele Belege gibt, die Gehirnspezialisierungen mit kognitiven Vorgängen in Verbindung bringen. So vermutet Bever (1975), daß holistische und analytische kognitive Aufgaben mit der rechten bzw. linken Hemisphäre verbunden sind. Bishop (1967), um ein anderes Beispiel zu nennen, fand, daß hemiplege Kleinkinder mit linkshirniger Schädigung nicht im Erwerb der Einwort-Äußerungen, sondern nur in dem der Wortkombinationen (welche eine analytische Fähigkeit voraussetzen) beeinträchtigt waren. Die Auge-Hand-Koordination, wie generell die visuell-räumliche Kapazität, ist rechts dominiert, andere, eher mit Sprache und Symbol-Denken zusammenhängende Prozesse, links.

Fügen wir noch einmal die bereits im letzten Abschnitt erwähnten Hinweise hinzu, daß auch neurolinguistisch gesehen in diesem Lebensabschnitt eine besondere Entwicklung vorliegen könnte und es einleuchtet, daß eine genaue Überprüfung des Zusammenhanges zwischen Sprachentwicklungsvorgängen und möglichen neurologischen Prozessen wünschenswert wäre. Leider ist über die Sprache in diesem Alter ziemlich viel, aber über die neurologische Entwicklung kaum etwas mit einiger Sicherheit bekannt, so daß ein Vergleich heutzutage nur hypothetisch anzusehen ist. Wir werden uns deswegen auf eine Auflistung der vielen Sprachentwicklungsphänomene in diesem Stadium beschränken.

A. Sprachproduktion

Für die Sprachproduktionskapazität der Kinder in diesem Alter gibt es nur wenige Untersuchungen und deswegen auch nur wenige ins Auge springende Befunde. Generell (Palermo und Molfese, 1972; O'Donnell et al., 1967; M. v. Ierland, 1980; Van der Geest, 1978; Van der Geest und Heckhausen, 1979) wird bestätigt, daß kaum noch neue linguistische Strukturen erworben werden, sondern daß es in diesem Alter hauptsächlich um ein stetig zunehmendes Vermögen geht, linguistische Elemente, die das Kind bereits zur Verfügung hat, flexibel miteinander zu kombinieren und anzuwenden. Außerdem findet in dieser Periode eine fortschreitende Abnahme der sogenannten ›Analogiefehler‹ wie ›schwimmte‹ statt ›schwamm‹ statt, und zwar in erster Linie im morphologischen Bereich. Auch gibt es einige Belege dafür, daß Kinder in diesem Alter expliziter und kontextunabhängiger, d. h. weniger elliptisch und linguistisch formal-korrekt, kommunizieren lernen. Unter anderem sind sie dadurch auch in der Lage, über recht viele Äußerungen hinweg das Thema, den Gesprächsgegenstand beizubehalten (kognitiv gesehen sind die Kinder jetzt auch darauf vorbereitet). Es ist fraglich, ob einige recht komplexe Strukturen in der Sprachproduktion auftauchen, da die Häufigkeit, mit der diese Strukturen überhaupt auftauchen, recht gering ist; z. B. ein- oder zweimal auf 1000 Äußerungen. Dies gilt beispielsweise für den vollständigen Passivsatz.

Kommunikativ gesehen sind 7jährige in der Lage, (a) in Kleingruppen zu kommunizieren; (b) ohne das Gegenüber anzuschauen, zu kommunizieren, (c) über nicht vorhandene Sachverhalte zu sprechen, während sie sich mit anderen Sachverhalten beschäftigen und diese Sachverhalte für beide Partner nicht identisch zu sein brauchen (A malt, B spielt mit Knete; A und B reden miteinander über einen Film, der im Fernsehen gezeigt wurde), (d) ihre Kommunikation den Möglichkeiten des Gegenübers flexibel anzupassen, so daß eine optimale Interaktion zwischen 7jährigem und z. B. Kleinkind so wie zwischen Erwachsenem und Kind möglich ist; (e) sie entwickeln eine geschlechtsspezifische Rolle in der Kommunikation, z. B. im Klassenzimmer.

B. Sprachperzeption

Die meisten Befunde, die zur Zeit über diese Periode vorliegen, sind Sprachperzeptionsdaten der Kinder. Die bereits erwähnte Schwierigkeit ist hier, daß die Perzeption wahrscheinlich ein diffuser, nicht unilateraler Prozeß ist, da kontextuelle, emotionale und Persönlichkeitsbeurteilungen in der endgültigen Interpretation mit einhergehen. Da im Test solche Beeinflussungsaspekte weitgehend ausgeschlossen werden, dürfen wir hoffen, daß ein Zusammenhang zwischen Testergebnissen und Lateralisierung vorliegen wird, jedenfalls sicherlich dann, wenn man sich auf sprachformale Aspekte beschränkt. Über diese sprachformalen Aspekte gibt es im Deutschen eine ganze Menge von Befunden, und zwar aus den Untersuchungen von Grimm et al. (1975).

Bei den 4 untersuchten Gruppen ließ sich folgendes feststellen:

1. Passivstruktur ist in der Gruppe 7;2 endgültig erworben (siehe dazu später auch andere Befunde) worden.
2. Die 7;2-Gruppe ist in der Lage, Sätze ohne grammatische Fehler zu imitieren. Außerdem ließ sich feststellen, daß von 5;5 bis 7;2 für fehlerfreies Imitieren der größte fortschrittliche Entwicklungssprung aufgezeigt werden konnte und daß somit in dieser Periode diese Fähigkeit im wesentlichen entwickelt wird. Es liegt nahe anzunehmen, daß es hier nicht um einen bloßen Gedächtniseffekt geht, sondern um ein durch Sprachstrukturen geregeltes Rekonstruktionsverhalten (siehe dazu auch Menyuk, 1969).
3. Nur die 7;2-Gruppe ist in der Lage, die Aktiv-Passiv-Transformation und Passiv-Aktiv-Transformation als Testaufgabe durchzuführen. Dies zeigt, daß diese Kinder nachweisbar in der Lage sind, mit sprachstrukturellen Regeln zu operieren. Auch hier haben wir es mit einer ziemlich sprunghaften Entwicklung zwischen 5;5 und 7;2 zu tun.
4. Die Beurteilung und korrekte Verwendung der temporalen Konjunktionen (zuerst, bevor, nachdem, während usf.) entwickelt sich beim Kind sprunghaft von 5;5 bis 7;2 von etwa 50 auf 90% korrekt.

5. Aus den Testaufgaben mit Verneinung (Prädikats-, Subjekts- und Objekts-Verneinung) läßt sich schließen, daß die größten Leistungsunterschiede zwischen 5;5 und 7;2 lagen.

Aus den sämtlichen Ergebnissen kann man schlußfolgern, daß die Kompetenz der Kinder in bezug auf die Entwicklung sprachlicher Strukturformen von 5 bis 7 eine bestimmte Leistungsgrenze, ein gewisses Optimum erreicht und daß wir somit von einer sprachformalen Stufe sprechen könnten. Die hier erwähnte Entwicklung tritt offenbar nicht nur im Deutschen auf. So berichten Turner und Rommetveit (1967), daß Kinder im 2. Schuljahr entscheidend weniger Fehler im freien Gebrauch der Passivformen und der Imitationsaufgabe im Vergleich zu Erstkläßlern machen. Drittkläßler sind etwa mit den Zweitkläßlern gleichzusetzen; Kindergartenkinder jedoch waren bedeutend schlechter (siehe Tabelle 1).

	Sprachproduktion	Imitation
Kindergarten	66	14
1. Klasse	36	10
2. Klasse	15	2
3. Klasse	15	0

Tabelle 1: Turner und Rommetveit (1967): Ergebnisse der Passivuntersuchung (Fehler in Prozent)

	korrekt	inkorrekt
5– 7	8	29
7–10	64	19

Tabelle 2: Chomsky (1967): Ergebnisse in bezug auf das Alter

Berko (1958) fand bei der Erforschung der Morphologieentwicklung, daß diese Entwicklung mit 5;0 keineswegs abgeschlossen ist und daß gerade die 5–7jährigen dabei sind, die morphologischen Regeln in neuen Fällen mit Nonsense-Wörtern operationell richtig einzusetzen.

Carol Chomsky (1969) stellt schließlich bei der syntaktischen Überprüfung von Komplementstrukturen (ask/tell; promise; easy to see) und Pronominalisierung fest, daß 7jährige Kinder in den 4 Testbereichen im wesentlichen in der Lage sind, die gestellten Aufgaben richtig zu lösen (Tab. 2.).

C. Syntaktische vs. andere Verarbeitungsstrategien

Bei meinem Bemühen, Sprachentwicklungsphänomene aufzulisten, die möglicherweise auch für die Lateralisierungsproblematik relevant sein könnten, habe ich auch ein paar Studien gefunden, die unabhängige Belege dafür sind, daß sich das Kind in der vorliegenden Periode im wesentlichen um die formellen, strukturellen, eher digitalen (Watzlawick et al., 1967) Aspekte der Sprache kümmert.

Erstens betrifft es hier eine Reihe von Untersuchungen von Bohannon und Friedlander (1973) über selektives Zuhören. Ihre Untersuchungen brachten drei interessante Ergebnisse: Erstens wurde gefunden, daß die Kinder bis zum zweiten Schuljahr keine Zuhörerpräferenz für eine der beiden gleichzeitig über das linke und rechte Ohr vorgespielten Versionen derselben Erzählung hatten, zwischen denen die Kinder auswählen konnten, wobei die eine Version eine normale Wortfolge und die andere eine nach einer Zufallsreihenfolge hergestellte Syntax hatte. Zweitens stellte sich heraus, daß, wenn eine Version mit flacher Intonation und richtiger Wortfolge und eine mit schwungvoller Intonation und falscher Wortfolge verglichen wurden, die syntaktisch korrekte Version mit einer Spitzenfrequenz von 60 Prozent gegenüber der anderen Version bevorzugt wurde. Dies bedeutet nach Auffassung der Autoren, daß die Verschiedenheit zwischen der Intonation als Hinweis fungierte, um die syntaktisch richtige Erzählung zu entdecken. Sonst müßte man erwarten, daß die Kinder die schwungvolle Version auswählen, was aber nicht der Fall ist. Drittens fand man, daß die älteren Kinder (2.–5. Schuljahr) hochsignifikant die monotone, bedeutungsvolle und syntaktisch korrekte Erzählung bevorzugten.

Man fand also heraus, daß korrekte Syntax (linke Hemisphäre: LH) allmählich vor lebhafter Intonation (RH) bevorzugt wurde (hoffentlich hat man das linke und rechte Ohr als mögliche Störvariable kontrolliert).

Auch in anderen Untersuchungen fand man, daß Syntax in dieser Lebensphase für die Satzverarbeitung entscheidend wird und daß andere Sprachverständnismerkmale (nach Poeck, 1980, pragmatische Merkmale), wie kontextuelle und situationelle Beurteilung, Alltagswissen, Ereigniswahrscheinlichkeit und möglicherweise auch die semantische Struktur (alle gelegentlich mit der rechten Gehirnhälfte in Zusammenhang gebracht), ihre Wirkung in der Satzverarbeitung verlieren oder verloren haben (Strohner und Nelson, 1974; Maratsos, 1974; Balfour, 1975).

Wir können also in diesen Fällen feststellen, daß es hier um einen allmählichen Abbau von Verarbeitungsstrategien geht, die im Alltagsleben der Erwachsenen eine ziemlich entscheidende Rolle spielen und, wie auch aus der Aphasieforschung bekannt ist, eine dominante, oft noch intakte Rolle in der Verarbeitung bei Aphasikern spielen.

Balfour (1975) belegt außerdem, daß diese syntaktische Strategie nur ein paar Jahre wirkt und daß ältere (9–10jährige) Kinder wieder entscheidend ihre ›pragmatischen‹ Techniken für die Verarbeitung einsetzen.

Dies könnte darauf hinweisen, daß wir es hier mit einem Entwicklungsphänomen zu tun haben. Es wird nämlich oft beobachtet, daß bei den Erscheinungen neuer Strategien ihre Anwendungen auf übertriebene Art und Weise durchgeführt werden. Beispielhaft für solches übertriebenes Verhalten ist eine Beobachtung auch für das Alter 5 bis 7. Es handelt sich hier um die Abnahme des Egozentrismus oder um die sich entwickelnde Berücksichtigung des Standpunktes des Gegenübers. Mein Sohn sagte, als er mich auf ein merkwürdiges Auto auf einem Parkplatz aufmerksam machen wollte: »Vati, ich zeige mal ein bißchen höher, da du so viel größer bist als ich«, und er zeigte etwa 40 Grad in die Luft, um eine Linie zwischen meinem Auge, seinem Finger und dem Auto herzustellen. In unserem Fall geht es um die vorläufige und ausschließlich syntaktische (sprachformelle) Strategie. Es gibt mehrere Befunde, die die Annahme dieser entwicklungsbezogenen Übertreibung weiter belegen.

Schöler (1979) untersuchte, welche Wahl Kinder treffen, wenn widersprüchliche Informationen (das, was auf der verbalen Ebene gesagt wird: LH vs. das, was über affektive Intonation [RH] vermittelt wird) in einem Sprechakt vorliegen. Auch Schöler fand, daß das, was auf der wortwörtlichen Ebene gesagt wird, für Kinder zwischen 5 und 8 Jahren für die Sprachverarbeitung entscheidend ist und daß die im normalen kommunikativen Verkehr für die Verarbeitung entscheidenden paralinguistischen Merkmale bei der Beurteilung weitgehend außer Betracht gelassen werden. Dies stand alles im Gegensatz zu den Ergebnissen der jüngeren und älteren Kinder, die die nonverbalen Ausdrucksmittel ihrer gerechten Bedeutung zuordneten.

Auch gibt es Hinweise, daß auch für die Gestik (Pechmann, 1979) und für Metaphern (Müller-Abbé, 1979) eine ähnliche Entwicklung abläuft.

Wir haben es also in der Sprachentwicklung zwischen 5 und 8 mit einer plötzlichen Hervorhebung von linksdominanten Merkmalen zu tun. Denn in dieser Lebensspanne werden die Merkmale, die als regelgeleitet (Heeschen, 1980), systematisch (Jakobson, 1963; Poeck, 1980), digital (Jakobson und Waugh, 1979; Watzlawick et al., 1967), linguistisch (Jakobson, Luria, Chomsky, Poeck) (oder wie man sie sonst nennen möchte) qualifiziert werden, ins Zentrum der Sprachentwicklung gerückt; und zwar nicht nur allein in der Verarbeitung, sondern auch, wie gesehen, in der Sprachproduktion. In dieser Zeit schleifen sich

1. die komplexeren, nicht nur auf eine Proposition bezogenen Strukturen, wie Sätze mit Adverbial- oder Nebensätzen,
2. bestimmte attentionale Aspekte, wie die Passivsätze mit *von*, sowie kompliziertere Tempora und
3. die unregelmäßige Morphologie

in der Sprachproduktion endgültig ein.

Als am meisten ins Auge springend muß jedoch die Sprachverarbeitung gewertet werden. Um es noch einmal mit Poeck zu sagen, ist die schwer faßbare Natur des Sprachverständnisses im Gegensatz zu der einseitigen Organisation der Sprachproduktion auf eine diffuse bilaterale Organisation zurückzuführen. Das heißt also, daß gerade die Fähigkeiten, die der rechten Gehirnhälfte zugeordnet werden (die sogenannten pragmatischen, analogen, nonlinguistischen Fähigkeiten, Poeck, 1980; Jakobson und Waugh, 1979; Watzlawick et al. 1967) und für das Sprachverständnis eine entscheidende Rolle spielen, daß gerade diese Fähigkeiten zwischen global dem 6. und 8. Lebensjahr mehr oder weniger ausgeschlossen werden.

Außerdem ist noch einmal zu erwähnen, daß gerade in dieser Periode auch ein Wechsel von der einen kognitiven Entwicklungsphase (der präoperationellen Phase) in die andere (konkret perationelle) Phase stattfindet (Piaget, 1969) und daß dieser Übergang nachweisbar zu großen Änderungen in bezug auf kognitive Lösungen führt.

Es drängt sich also die Frage auf, ob man hier nicht nach Korrelaten in der neurologischen Entwicklung suchen muß, und wenn sich solche Korrelaten finden lassen, ob diese Korrelate nicht zu neuen Perspektiven der Neurolinguistik, beispielsweise in bezug auf das aphasiologische Symptomat, führen könnten. Meines Erachtens kann nicht ausgeschlossen werden, daß der Prozeß der endgültigen, irreversiblen Lateralisierung als eine Mehrstufenrakete aufzufassen ist, die grob gesagt mehr oder weniger mit den Sprach- und kognitiven Entwicklungsstufen zusammenfallen. Die angesprochene Hervorhebung formeller Merkmale scheint mir nur eine übertriebene Schwankung der Lateralisierung nach links zu sein, die nur noch beseitigt werden muß, bevor die erwachsene kognitive Phase, in der die Zusammenarbeit der beiden Gehirnhälften in bezug auf die Verarbeitung automatisch und funktionell verläuft, eintritt.

In einer Untersuchung über die Entwicklung der zerebralen Organisation und der Intelligenzstruktur hat sich gezeigt, daß die Leistungsmängel der 6–7jährigen linkshändigen Kinder in den Sprachtests nach einer Verbesserung der interhemisphärischen Verbindungen bei den 9–10jährigen nicht mehr auftreten (Bindel, 1979).

Als solches müßte eventuell die Lennebergsche Hypothese, die aussagt, daß die Lateralisierung der Sprache nach links ein progredienter Prozeß ist, der erst mit der Pubertät abgeschlossen ist, und daß vor diesem Zeitpunkt die rechte Hemisphäre an der Sprachfunktion noch stark mitbeteiligt ist, abgeändert werden. Wenn man die Belege (Lenneberg, 1967) betrachtet, muß man ohnehin schon feststellen, daß die Gehirnentwicklung um das 6. oder 7. Lebensjahr herum schon weitgehend abgeschlossen ist und sich ab dann eigentlich nur noch asymptomisch verhält.

Sprachentwicklung nach dem 12. Lebensjahr, Plastizität der beiden Gehirnhälften und Irreversibilität der Lateralisierung

Die Pubertät ist für Lenneberg der Moment, in dem die Lateralisierung definitiv und irreversibel wird. Gleichzeitig nimmt er an, daß ab dann die beiden Gehirnhälften nicht mehr oder kaum noch in der Lage sind, Funktionen der anderen Hälfte zu übernehmen.

Damit geht nach Lenneberg einher, daß die Sprachentwicklung aufhört. Im Gegensatz zu dieser neurologischen Sichtweise entwickelt das Kind z. B. das sprachkontemplative Vermögen, über komplexe Sätze korrekte grammatische Beurteilungen abzugeben. Mit dieser analytischen Fähigkeit geht das Vermögen einher, kreativ und mit abnehmender Fehlerzahl hypotaktische Sätze schreiben zu können.

Auch konnte belegt werden (Snow und Hoefnagels, 1978), daß die Fähigkeit zur Zweitsprachentwicklung (L_2) nicht gerade abnimmt. Vielleicht brauchen Kinder für die Zweitsprache abstrakt operationale Strategien nach Piaget, um abstrakte Hypothesen bilden zu können, die für sowohl L_1 als auch L_2 zutreffen. Snow und Hoefnagels untersuchten Altersunterschiede bei der Fähigkeit, eine Zweitsprache erwerben zu können. Die untersuchten Altersgruppen waren 3–5-, 6–7-, 8–10-, 12–15jährige und Erwachsene. Außerdem wurde jede Gruppe in Anfänger und Fortgeschrittene unterteilt. Gemessen wurde die Aussprache (Nachahmung und spontan), auditive Diskriminierung, Morphologie, Vokabular, Satzwiederholung und Übersetzungsfähigkeit.

In der *Aussprache* (Imitation und spontan) sind die Gruppen ab 12 Jahren etwas besser.

Im *Morphologietest* stellte sich heraus, daß diese Fähigkeit mit dem Alter zunimmt, und zwar ab dem 7. Jahr. Dies gilt auch für die ›native speakers‹, die als Kontrollgruppe funktioniert haben. Wir haben es hier also mit einem Alterseffekt zu tun, der auch nach dem 12. Lebensjahr wirksam ist.

Auch in bezug auf die *auditive Diskriminierung* läßt sich in der Zweitsprache dieser Alterseffekt ab 7 Jahren nachweisen; die Gruppe 12–15 war eindeutig besser als die Erwachsenen.

Beim *Vokabular* ergab sich ebenfalls dieser ansteigende Alterseffekt. Die größte Steigerung ergab sich hier zwischen den Altersgruppen 6–7 und 8–10 und auch hier bei den L_1-Sprechern. Dieser Effekt ist nicht auf die Einschulung zurückzuführen, da man bei fast 100% der Kinder, die den Kindergarten besucht haben, diesen Effekt dann eher zwischen den Gruppen 3–5 und 6–7 erwarten würde, und hier sind die Gruppenunterschiede recht klein. Die Ergebnisse sehen für den *Satzwiederholungstest* ähnlich wie beim Vokabulartest aus: Je älter, desto besser; der größte Unterschied liegt zwischen 6–7 und 8–10, und auch hier wieder für die L_1-Sprecher.

Das gleiche gilt auch für den *Übersetzungstest.*

Für alle Tests gilt, daß die Jugendlichen (12–15) im Schnitt fast genauso gut wie die Erwachsenen und manchmal sogar besser waren. Aus diesem guten Abschneiden der Jugendlichen und aus dem immer wieder auftauchenden größeren Leistungsanstieg der 8–10jährigen kann geschlußfolgert werden, daß

1. die konkret operationelle und die formal operationelle Phase gleichsam bedeutsam für die L_2-Entwicklung ist;
2. die Zeit nach dem 12. Lebensjahr ein Optimum für die L_2-Entwicklung darstellt und daß somit die Sprachentwicklungsfähigkeit nach dem 12. Lebensjahr nicht aufhört;
3. die Irreversibilität der Lateralisierung und (oder) die aufhörende Plastizität nicht mit dem Einsetzen der Pubertät gleichgesetzt werden kann.

Auch einer Untersuchung an Gehörlosen und gehörgeschädigten Kindern (Tervoort, 1972) liegt diese letzte Schlußfolgerung nahe, obwohl dies im Falle der Gehörlosenforschung mit einiger Vorsicht in Betracht genommen werden muß, wie uns eine Untersuchung von Neville (1977) klarmacht. Sie fand, daß die kongenitalen Gehörlosen im Gegensatz zu den Hörenden eine Tendenz zur Dominanz in der linken Hemisphäre für visuelle Stimuli aufzeigten. Außerdem zeigten sich Unterschiede zwischen Gehörlosen, die die Zeichensprache oder Mischformen nonverbaler Kommunikation verwenden.

Die ›signers‹ hatten im Gegensatz zu den Hörenden eine linke Hemisphären-Asymmetrie. Die ›nonsigners‹ hatten in dieser Hinsicht keine systematische Asymmetrie. Diese ›nonsigners‹ haben offenbar auch kein System mit feingegliederten internen Strukturen, wie es z. B. bei der Zeichensprache der Fall ist, in der Kommunikation zur Verfügung. Sie haben deswegen keine Gehirnspezialisierung. Man kann sich dies eigentlich nur so vorstellen, daß ein primitives strukturiertes Zeichensystem (links) in Abhängigkeit von analogen nonverbalen Elementen wie Mimik (rechts) operiert, wodurch in der Kommunikation beide Gehirnhälften aktiviert werden. In Tervoorts Untersuchung wurden verbal erzogene Gehörlose getestet; es ist anzunehmen, da sich hier eine strukturierte Sprache entwickelt, daß eine Gehirnspezialisierung stattfindet. Es ist durchaus möglich, daß diese Spezialisierung langsamer verläuft, da der Sprachanfang später als normal liegt und auch das Ausmaß an Strukturiertheit kleiner ist. Eine länger fortdauernde Plastizität und Sprachentwicklungsfähigkeit kann daher nicht nur als generell längere Plastizitätsperiode, sondern auch als gehörlosenspezifisches Phänomen aufgefaßt werden.

Im letzten Fall müßte man sich fragen, ob die Lennebergsche Einheit ›Pupertät-Irreversibilität‹ hier dann verlassen werden muß, da die Pubertät mit ihren psychophysischen Änderungen bei Gehörlosen nicht später auftritt. Tervoort untersuchte die Entwicklung der Passivstruktur in Abhängigkeit von Alter und Maß des Gehörverlustes (Fletcher-Index = Mittelwert des Gehörverlustes in Decibel bei 500, 1000 und 2000 Hertz). Er fand folgende Ergebnisse (korrekte Scores) in Zusammenhang mit Gehörverlust und Alter.

	Alter					
Gehörverlust	10	11	12	13	14	15
86– 95 db.	20	40	65	55	70	75
96–105 db.	38	35	50	40	55	75
106–... db.	20	25	35	30	55	70
	78	100	150	125	180	220

Tabelle 3: Korrekte Scores in Prozent in Abhängigkeit von Alter und Gehörverlust

Aus Tabelle 3 ist zu entnehmen, daß die drei Gruppen mit kaum profitablen Gehörresten hauptsächlich nach dem 13. Lebensjahr zu dem Erwerb des Passivsatzes kommen. Unter Vorbehalt der bereits erwähnten Restriktionen sind auch diese Ergebnisse Belege für die Auffassung, daß mit Anfang der Pubertät die Sprachentwicklungsfähigkeit nicht notwendigerweise zu Ende ist und daß, auch nicht zwangsläufig, die interhemisphäre Plastizität zu Ende und die Irreversibilität noch nicht eingetreten zu sein braucht.

Zusammenfassend:

Alles insgesamt, müßte man vielleicht vorsichtig erstens schließen, daß die Lateralisierung in drei Stufen abläuft und im wesentlichen schon viel früher gelaufen ist, als generell angenommen wird, und zweitens, daß trotz einer früher auftretenden Lateralisierung die Sprachentwicklung weitergeht oder wenigstens weitergehen *kann.* Diese letzte Schlußfolgerung könnte zu einer positiveren und eher optimistischen Sicht auf Heilungschancen sowie Trainings- und Therapiemöglichkeiten führen, insofern es die retardierte Sprachentwicklung oder die Sprachwiederentwicklung betrifft.

Literaturverzeichnis

Balfour, G. (1975), *The interaction of syntactic, semantic, and contextual information in children.* University of Newcastle-upon Tyne (unveröff. Manuskr.).

Berko, J. (1958), »The child's learning of English morphology«, in: *Word,* 14, 158–67.

Bever, Th. (1970), »The cognitive basis for linguistic structures«, in: J. Hayes (Hg.), *Cognition and the development of language,* New York, Wiley.

Bever, Th. (1975), »Cerebral asymmetries in humans are due to the differentation of 2 incompatible processes: holistic and analytic«, in: D. Aaronson und R. Rieber (Hg.), *Developmental psycholinguistics and communication disorders,* New York, Academy of Sciences.

Bindell, R. (1979), *Geschlechtsdifferenzen in der Entwicklung der zerebralen Organisation und der Intelligenzstruktur.* Vortrag: Tagung Entwicklungspsychologie, Berlin.

Bishop (1967): zitiert nach Moscovitch (1977).

Bohannon, J., und Friedlander (1973), »The effect of intonation on syntax recognition in elementary school children«, *Child Development* 44, 675–677.

Bruner, J., R. Olivier und P. Greenfield (1967), *Studies in Cognitive Growth,* New York.

Chomsky, C. (1969), *The acquisition of syntax in children from 5 to 10,* Cambridge (Mass.) MIT.-Press.

Chomsky, N. (1965), *Aspects of the theory of syntax,* Cambridge (Mass.) MIT-Press.

Dennis, M., und H. Whitacker (1977), »Hemispheric equipotentiality and Language acquisition«, in: Segalowitz und Gruber (Hg.).

Entus, A. (1977), »Hemispheric asymmetry in processing of dichotically presented speech«, in: S. Segalowitz und F. Gruber (Hg.).
Geest, T. van der (1978), *Entwicklung der Kommunikation*, Bochum (Kamp Verlag).
Geest, T. van der, und J. Heckhausen (1979), »Kommunikative Anpassung in alters- und erstsprachheterogenen Kinderdyaden«, voraussichtlich in: *Zeitschrift für Entwicklungspsychologie und pädagogische Psychologie*.
Grimm, H., H. Schöler und M. Wintermantel (1975), *Zur Entwicklung sprachlicher Strukturformen bei Kindern*, Weinheim (Beltz).
Hebb, D. (1942), »The effects of early and late brain injury upon test scores«, in: *Proceedings of the American Philosophical Society* 85, 275–292.
Heeschen, C. (1980), *Gegen eine ›Aufwertung‹ der rechten Hemisphäre.* Symposium ›Sprache und Gehirn‹ zu Ehren von Roman Jakobson.
Ierland, M. van (1980), »Tussen vier en acht: ontwikkelingen in taalgebruik«, in: *Toegepaste Aspekten van de Taalpsychologie*, Toegepaste taalwetenschap in artikelen, Amsterdam VU. Boekhandel.
Jakobson, R. (1963), *Linguistic types of aphasia.* Selected writings II, Word and language, The Hague (Mouton) 1971, 307–333.
Jakobson, R., und L. Waugh (1979, *The sound shape of language*, Bloomington/Ld. Indiana U. P.
Kinsbourne, M., und M. Hiscock (1977), *»Does cerebral dominance develop?«*, in: S. Segalowitz und F. Gruber (Hg.).
Krashen, S. (1972), »Language and the left hemisphere«, *UCLA Working Papers in Phonetics* 24, 1–72.
Lansdell, H. (1969), »Verbal and nonverbal factors in right hemisphere speech«, *Journal of comparative and physiological psychology* 69, 734–735.
Lenneberg, E. (1967), *Biologische Grundlagen der Sprache*, Frankfurt, 1972 (Biological foundations of language, New York, 1967).
Luria, A. (1973), »Two basic kinds of aphasic disorders«, *Linguistics* 115, 57–66.
Maratsos, M. (1974), »How preschool children understand missing complement subjects«, *Child Development* 45, 700–706.
Menyuk, P. (1969), *Sentences children use.* Cambridge (Mass.) MIT-Press.
Moscovitch, M. (1977), »The development of lateralization of language functions and its relation to cognitive and linguistic development«, in: S. Segalowitz und F. Gruber (Hg.).
Müller-Abbé, Y. (1979), *Children's comprehension of idioms.* Vortrag: Tagung Entwicklungspsychologie, Berlin.
Neville, H. (1977), »Electroencephalographic testing of cerebral specialization in normal and congenitally deaf children«, in: S. Segalowitz und F. Gruber (Hg.).

O'Donnell, R., W. Griffin und R. Norris (1967) *Syntax of Kindergarten and elementary children.* Champaign (Ill.).

Palermo, D., und D. Molfese (1972), »Language acquisition from age five onward«, *Psychological Bulletin* 78, 409–428.

Pechmann, Th. (1979), *Sprache und Gestik als Mittel der Referenz.* Vortrag: Tagung Entwicklungspsychologie, Berlin.

Piaget, J. (1975), Sprechen und Denken des Kindes, Schwann, Düsseldorf.

Poeck, K. (1980), *Was verstehen wir unter aphasischen Syndromen?* In diesem Band S. 97 f.

Schöler, H. (1979), *Macht der Ton die Musik?* Vortrag: Tagung Entwicklungspsychologie, Berlin.

Segalowitz, S., und F. Gruber (Hg.) (1977), *Language development and neurological theory*, New York, Academic Press.

Snow, C., und J. Hoefnagels (1978), »Age differences in second language acquisition«, in: E. Marcussen Hatch (Hg.), *Second language acquisition*, (Newbury House) Rowley (Mass.).

Strohner, H., und K. Nelson (1974), »The young child's development of sentence comprehension«, *Child Development* 45, 567–576.

Terman, L., und M. Merrill (1937), *Measuring intelligence*, Boston (Houghton Mifflin).

Tervoort, B. (1972), »The understanding of passive sentences by normal, deaf and hard-of-hearing children«, in: J. Quistgard et al. (Hg.), *Applied Linguistics; problems and solutions.* Vol. III, Julius Groos Verlag, Heidelberg, 577–598.

Turner, E., und R. Rommetveit (1967), »The acquisition of sentence voice and reversibility«, in: *Child Development* (1967), 649–660.

Vlugt, H. van der (1975), »Dichotic listening«, in: *Lateralization of brain functions.* Boerhaave Committee, The Netherlands, Leiden, Universiteit van Leiden Press, 183–200.

Watzlawick, P., P. Beavin, H., und D. Jackson (1969), *Menschliche Kommunikation*, Bern (Huber).

Witelson, S. (1977), »Early hemisphere specialization and interhemispheric plasticity«, in: S. Segalowitz und F. Gruber (Hg.).

Detlef Linke
Ganzheit und Teilbarkeit des Gehirns

Aphasie ist keine Störung des Kommunikationsvermögens

»Ulrich betrachtete sie. Er begriff nicht recht. Er mußte etwas überhört haben; einen Vergleich oder irgendein Wiewenn, das ihrer Rede Sinn gab. Es klang sehr sonderbar, sie ohne diesen Sinn so natürlich sprechen zu hören...« R. Musil, *Der Mann ohne Eigenschaften*

»Wenn man aber sagt: »Wie soll ich wissen, was er meint, ich sehe ja nur seine Zeichen«, so sage ich: »Wie soll er wissen, was er meint, er hat ja auch nur seine Zeichen.« L. Wittgenstein, *Philos. Untersuchungen*, 504

1. Die Diskonnektionstheorie

Die Lokalisationslehre nimmt an, daß verschiedene psychische Funktionen in unterschiedlichen Regionen des Gehirns lokalisiert werden können. Diese Lehre setzt jedoch voraus, daß man Teilfunktionen der Psyche isolieren kann. Bereits in der frühesten Phase der Entwicklung der Lokalisationslehre wurde diese Möglichkeit bezweifelt. So äußerte Hitzig im Jahre 1874: »Es ist nicht anzunehmen, daß es in allen Fällen gelingt, das Sprachvermögen aus den psychischen Funktionen in der Weise zu eliminieren, wie wir einen Mauerstein aus einer Wand entfernen können.« (Steinthal, 1874; s. a. List, 1976) Dennoch war die Lokalisationslehre in der Lage, zahlreiche Hinweise für die Isolierbarkeit psychischer Funktionen zu sammeln. Im gleichen Jahr noch veröffentlichte Wernicke seine Schrift über den Aphasischen Symptomencomplex, welche er im Untertitel eine »Psychologische Studie auf anatomischer Basis« nannte. Sie wird als Ausgangspunkt einer von der Assoziationspsychologie beeinflußten Tradition in der Neurologie angesehen. Dieser Einfluß ist noch heute in der anatomischen Terminologie erkennbar: So werden die langen, über mehrere Hirnlappen reichenden Fasern als Assoziationsfasern bezeichnet, obwohl jene psychischen Prozesse, die als assoziativ angesehen werden können, durchaus von anderen Hirnstrukturen getragen sein können. Assoziation, die Verknüpfung zweier Elemente, setzt deren Trennbarkeit und Unterscheidbarkeit voraus. Eben diese Aufgliederung des Phänomens Sprache führte Wernicke bei der Unterscheidung verschiedener Formen der Aphasie durch. Er war von der Entdeckung seines Lehrers Meynert beeindruckt gewesen, welcher nachgewiesen hatte, daß eine Projektion der Hörfasern auf bestimmte Windungen des Schläfenlappens erfolgt. Wernicke nahm nun an, daß diesem Hörareal ein sekundäres Areal der Sprachwahrnehmung zugeordnet sein müsse, ähnlich wie dem motorischen Areal ein motorisches Sprachzentrum beigesellt werden könne. Hier erfolgt eine Aufgliederung des Sprachcorpus nach neurologisch-physiologischen und nicht nach linguistischen Gesichtspunkten, wobei die noch grundlegendere Frage der Abgrenzung sprachlicher gegen nichtsprachliche Funktionen kaum berührt wurde. Auch Finkelburgs (1870) Konzept der Asymbolie zielte nicht auf die Beschreibung einer allgemeinen Sprachfunktion ab, sondern galt der Unterscheidung verschiedener Zeichensysteme (Flaggen, Münzen etc.). In den 20er Jahren dieses Jahrhunderts wurden gegen die assoziationistisch-lokalisationistische Tradition zahlreiche Kritiken gerichtet. H. Head (1926) verspottete die Wernicke-Schüler als »diagram-makers«, welche aus Punkt-(Zentrum) und Strich-(Assoziationsbahn)Zeichnungen die funktionelle Architektur des Gehirns rekonstruieren wollten. Unter den prominenten Kritikern, zu denen auch Cassirer (1954) gehörte, stach insbesondere Goldstein (1948, 1960) hervor, der lange Zeit den Antilokalisationisten als Kronzeuge galt. Goldsteins ganzheitliche gestaltneurologische Vorstellungen waren von großem Einfluß, und es dauerte bis in die 60er Jahre, ehe darauf aufmerksam gemacht wurde (Geschwind, 1964), daß Goldsteins Position gar nicht antilokalisationistisch war, sondern eher einen Lokalisationismus mit ganzheitlicher Einbettung darstellt. Goldstein war der Ansicht, daß eine umschriebene Hirnläsion Veränderungen im gesamten Organismus bewirkt, daß es aber nicht unbedeutsam ist, an welcher Stelle die primäre Läsion liegt. Veranschaulichen läßt sich dies an dem wenig schönen, aber treffenden Beispiel eines Gliedmaßenverlusts. Der Gang nach Verlust eines Beines kann nicht als zweibeiniges Gehen minus 1 Bein beschrieben werden, da der Gang durch Gehhilfen verändert wird, dennoch ist von entscheidender Bedeutung, ob z. B. die obere oder die untere Extremität verlorengeht. Allgemeiner läßt sich formulieren, daß die Isomorphie zwischen Läsion und Funktion durch interferierende Kompensationsmechanismen verzerrt wird, ohne daß deswegen der Ort der Läsion bedeutungslos wäre.

Die entscheidende Wende erfolgte jedoch im Gefolge des Splitbrain-Paradigmas (Sperry et al., 1969; Gazzaniga, 1970), welches demonstrierte, daß die beiden Hirnhälften nach Balkendurchtrennung* höchste kognitive Funktionen unabhängig voneinander durchführen können.

Dieses Experiment sah Geschwind (1965) als Prototyp für eine Reihe von Phänomenen an, die er unter dem Begriff Diskonnektionssyndrom zusammenfaßte, deren Charakteristika jedoch weniger deutlich ausgeprägt sind. Ausgezeichnet ist das Diskonnektionssyndrom durch die Trennung zweier Funktionsbereiche, wobei die Trennung der rechten und der linken Hemisphäre nur den klarsten Sonderfall darstellt, da auch innerhalb einer Hemisphäre Diskonnektionen erfolgen können. Geschwind zählt eine Reihe von Diskonnektionssyndromen auf, bei welchen eine Trennung verschiedener innerhemisphärischer Bereiche vorliegt, so z. B. die Worttaubheit, welche in einer Abtrennung des Wernicke-Areals vom auditorischen System begründet sein soll oder ferner die Isolation des Sprachareals (s. a. Geschwind et al., 1968).

Genau besehen handelt es sich bei dieser Diskonnektionstheorie um eine Wiedereinführung der assoziationistischen Lokalisationslehre mit umgekehrtem Vorzeichen. Die Diskonnektierbarkeit von Funktionen setzt deren Abgrenzbarkeit und Isolierbarkeit voraus. Nun muß man anmerken, daß bei Fällen einer intrahemisphärischen Diskonnektion nicht nur verbindende Fasersysteme, sondern auch informationsverarbeitende Zellen zerstört sind. Dennoch bieten sich einige klinische Phänomene einer Beschreibung als Diskonnektionssyndrome an. Er unterscheidet nicht zwischen einer Diskonnektion innerhalb des Gehirns und solch einer, welche das Gehirn vom äußeren Informationsfluß abtrennt. Es erscheint jedoch sinnvoll, zwischen einer Diskonnektion innerhalb des informationsverarbeitenden Systems und

* Das aus ca. 200 000 Fasern bestehende Verbindungssystem, der sogenannte Balken (Corpus callosum), wird bei einigen Fällen von Epilepsie durchtrennt, um die Krampferregungen auf eine Hirnhälfte einzuschränken.

einer Diskonnektion am Rande des informationsverarbeitenden Systems zu unterscheiden. Der erste Fall ist nämlich von besonderer Eigenart, da sich hierbei partiell selbständige Sub- bzw. Teilsysteme ausbilden können (s. a. Geschwind et al., 1968 a). (Man sollte dabei allgemein von der Ausbildung von Teilsystemen sprechen, um mit dem Präfix »Sub« nicht sogleich eine hierarchische Ordnung des Gesamtsystems zu präsupponieren, denn auch wenn sie vorläge, bräuchte die Diskonnektion nicht diesen Strukturlinien zu folgen.)

Bevor wir einen linguistisch besonders bedeutsamen Fall von Teilsysteme produzierender Diskonnektion darstellen, muß zunächst noch der Status der Hemisphärenbeziehung besprochen werden. Ohne Zweifel besteht eine Asymmetrie der Hemisphärenfunktionen, die nach Geschwind et al. (1968) sogar ein makroanatomisches Pendant darin haben soll, daß der Schläfenlappen (genau: das Planum temporale) links größer als rechts sein soll. Es ist auch sicherlich verführerisch, den Hirnhälften phänomenologisch einfach unterscheidbare Funktionsbereiche zuzuordnen und damit einen – oft sehr unterschiedlichen – Dualismus gleichsam lokalisationistisch zu ontologisieren. Die Dichotomie, denen verschiedene Autoren auf diese Weise mehr Gewicht verleihen wollten, widersprechen einander z. T. erheblich.

Watzlawick (1978) ordnete der linken Hemisphäre die Vernunft, der rechten hingegen die hoch eingeschätzte »dunkle fremde Sprache von Fehlleistungen, Wortsalat, Witz, Dichtung, Traum, Ekstase, Rausch und Wahn« (so der Text des Buchdeckels) zu. Eine unverkennbar von psychoanalytischen Konzepten geprägte Dichotomie, welche sicherlich nicht mit jener von J. C. Eccles (Popper und Eccles, 1977) deckungsgleich ist. Um die durch die Split-brain-Experimente gefährdete Einheit des Bewußtseins zu retten, postulierte Eccles, daß es sich bei der rechten Hemisphäre lediglich um ein Primatenhirn handeln könne, welches der bewußtseinseintragenden linken Hemisphäre untergeordnet sei. Dies ist zweifelsfrei durch jene Beobachtungen widerlegt, welche sprachliche Fähigkeiten in beiden Hemisphären nachweisen ließen (Caplan et al., 1974; Ellis et al., 1974; Gibson et al., 1972; Zaidel, 1978). Darüber hinaus waren Split-brain-Patienten untersucht worden, bei welchen gut ausgebildete sprachliche Fähigkeiten (allerdings unterschiedlichen Ausmaßes) in beiden Hemisphären unabhängig voneinander festgestellt werden konnten (Gazzaniga, 1977). Der betreffende Patient konnte mit der rechten Hemisphäre etwas lesen und durch Lettern-Legen beantworten, ohne daß seine linke, sprech-sprachlich überlegene Hemisphäre davon Kenntnis erhalten konnte. Angesichts solcher Befunde ist es nicht möglich, allein der linken Hemisphäre die höheren sprachlichen kognitiven Leistungen zuzuordnen.

Sieht man einmal von der großen interindividuellen Variation in der hemisphärischen Organisation (s. a. Geschwind et al., 1968) und der Strategie der variablen Hemisphärenbenutzung (Levy und Trevarthen, 1976; Lazarus-Mainka und Hörmann, 1978) ab, so verbleibt eine Asymmetrie, die nicht gänzlich einer bloßen Arbeitsteilung zugeschrieben werden kann, da zahlreiche Informationen im Gehirn mehrfach abgespeichert sind (Longuet-Higgins, 1969; Westlake, 1970; Linke, 1979) und die beiden Hemisphären Kopien ihrer Informationen untereinander austauschen. Erst recht nicht kann die Dualität des Gehirns einer vordergründigen phänomenologischen Dualität zugeordnet werden. Auch wenn man die Hemisphärenbeziehung bis zu einem gewissen Grad als Arbeitsteilung deuten kann, so ist es bisher nicht gelungen, die Kategorien dieser Aufteilung – sei es introspektiv, sei es behavioristisch – deutlich zu gewinnen. Geht man von gängigen phänomenologischen Dichotomien aus, so ist im Gehirn eine andere Zweiteilung als die hemisphärische zu suchen. Dies gilt z. B. auch für die Gegenüberstellung sprachlicher und musischer Leistungen. Das experimentelle Paradigma dichotischen Hörens (Kimura, 1961, 1964) wurde zumeist als Beleg für eine rechtshemisphärische Dominanz musischer Leistungen angesehen (s. a. Jacobson, 1980), es muß jedoch auf die zahlreichen Studien verwiesen werden, welche die Beteiligung der linken Hemisphäre an musischen Leistungen hervorheben und die auf klinischen Erfahrungen aufbauten (Henschen, 1926) oder ein anderes experimentelles Paradigma, wie den Reaktionszeitversuch (Gates et al., 1977), benutzten. Neuropsychologische Untersuchungen beanspruchen stets expressive und rezeptive Leistungen der Patienten. Sie laufen dadurch Gefahr, hemisphärische Leistungen nur in bezug auf diese Mechanismen zu deuten. Vieles weist jedoch darauf hin, daß die von den Eingabe- und Ausgabe-Vorgängen unabhängige Informationsverarbeitung einer großen interhemisphärischen Disponibilität unterworfen ist. Dies findet seine Bestätigung in neueren völlig anders gearteten experimentellen elektrophysiologischen Ansätzen, welche eine entgegengesetzte Polarität hirnelektrischer Vorgänge für sprachliche und nicht-sprachliche kognitive Vorgänge im *ganzen* Gehirn nachweisen ließen (Kutas et al., 1980; Linke et al., 1980).

2. Die Abgrenzung des lexikalisch-syntaktischen Systems gegen das Kommunikationsvermögen (Das Problem der Jargonaphasie)

Bei der Aphasie handelt es sich um eine Störung des lexikalisch-syntaktischen Systems, welche die kognitiven Funktionen weitgehend unberührt lassen kann.

Die Tatsache, daß häufig dennoch kognitive Störungen bei Aphasikern beobachtet werden, wird darauf zurückgeführt, daß die Hirnläsion, welche die Aphasie erzeugt, darüber hinaus auch Hirnstrukturen betrifft, welche kognitive Funktionen tragen.

Uneinigkeit herrscht jedoch noch zu der Frage, ob bei allen Aphasieformen die Patienten Einsicht in ihre Störung besitzen und ob fehlende Einsicht das Erscheinungsbild der Sprachstörung nicht erheblich bestimme. Dies wird für die Jargonaphasie noch behauptet (Alajouanine et al., 1952; Peuser, 1978).

Die Jargonaphasie ist gekennzeichnet durch zahlreiche Paraphasien, bei denen in der Spontansprache oft das Zielwort nicht mehr erkennbar ist, so daß man von Neologismen sprechen muß. Man kann sie als gesteigerte Form einer sensorischen Aphasie ansehen, auch wenn bisweilen andere aphasiologische Störungen (z. B. Nachsprechstörungen) hinzukommen (Leischner, 1979). Die Bezeichnung Jargonaphasie ist etwas irreführend, denn es handelt sich nicht um einen Jargon im Sinne einer Privatsprache, da sich nicht nur eine Abweichung gegenüber der Normalsprache findet, sondern darüber hinaus auch eine Inkonstanz des Jargons. Auch bei gleichen Situationen und Gegenständen findet sich kein konstantes Signum. Ein Bleistift kann kurz hintereinander als »Brillum«, »Putatum« und »Pahlum« bezeichnet werden. Die Beziehung zwischen Signum und Signatum erscheint auseinandergebrochen.

Verständlicherweise läßt solch ein verwirrendes Verhalten nicht nur an eine sprachliche, sondern auch an eine psychische Störung denken. Alajouanine et al. (1952) nahmen daher an, daß die *feh-*

lende Einsicht in die Krankheit eine anosognostische Desorganisation des semantischen Systems bewirke. Damit wäre das Krankheitsbild der Jargonaphasie wesentlich durch Parameter mitbestimmt, welche das lexikalisch-syntaktische System übersteigen. Ohne Zweifel ist die Einsicht in den Zustand der eigenen Kommunikationsmittel ein wesentlicher Bestandteil des Kommunikationsvermögens.

Daher gelangte Peuser (1978) auch zu dem Schluß, daß es sich bei der Jargonaphasie um eine Kommunikationsstörung handele. Dies kann jedoch nicht bestätigt werden. Von fehlender Einsicht und gestörtem Kommunikationsvermögen kann bei Jargonaphasikern keine Rede sein.

In einem Fall (W. L., 66 J., männl.) suchte der Patient während des stationären Aufenthaltes den Arzt in dessen Zimmer auf, um den Sprachübungen unterzogen zu werden, wenn diese einmal ausgefallen waren. In einem anderen Fall (M. Sch., 63 J., weibl.) konnten wir sogar eine ausgeprägte Auseinandersetzung mit der Erkrankung beobachten. Die Patientin versuchte tagelang den Satz »das Oberste ist die Heilung« auszudrücken.

Man könnte versucht sein, eine euphorische Kritiklosigkeit (Bay, 1963) anzunehmen, wenn man sieht, wie die Patienten trotz ständiger Fehlleistungen häufig sehr schnell sprechen und weitersprechen. Welche Folgerung sollten sie aber aus der Einsicht in ihr gestörtes Sprachsystem ziehen? Sollten sie schweigen, nur weil jeder Versuch, gestörte Worte zu korrigieren, wiederum nur gestörte Worte hervorruft? Wohl kaum. Ohnehin zeigen die Jargonaphasiker im Krankheitsverlauf einen Rückgang der Spontanproduktionen. Die ständige Sisyphus-Erfahrung der nicht ausbalancierbaren Worte läßt sie nach einigen Monaten mehr und mehr von den großen Anstrengungen der Sprache Abstand nehmen. Weinstein et al. (1976) haben demonstriert, daß Jargonaphasiker bereits vor der Erkrankung ein besonderes Persönlichkeitsprofil aufwiesen, das durch starken Leistungswillen geprägt ist.

Damit ist in der Tat nicht die Ursache, sondern eine conditio sine qua non nicht nur der Jargonaphasie genannt: Ein Patient, der bei Erkenntnis seiner Sprachstörung sogleich die Flinte ins Korn wirft und verstummt, wird natürlich keine gestörte Sprache produzieren. Ein gewisser Leistungswille wird selbstredend zu einer abundanteren Sprachproduktion führen, ohne daß dadurch die Pathologie der Sprachbildungen im einzelnen geklärt wäre.

Weinsteins Untersuchungen zeigen bestimmte – prämorbid angelegte – psychologische Voraussetzungen der Jargonaphasie, beweisen aber keinesfalls einen psychopathologischen Anteil am Krankheitsgeschehen, wie ihn Bay annimmt.

Für die Ausformung der defekten linguistischen Produktionen erscheint uns ein anderer Aspekt von wesentlicher Bedeutung zu sein, nämlich eine Form von Perseveration, die durch eine teilweise Autonomisierung des lexikalisch-syntaktischen Systems eine große Variationsbreite aufweist: Die sogenannte *permutative Perseveration* (Linke, 1981). Perseverationen sind bei Hirnschädigungen keine Seltenheit und brauchen nicht nur die sprachlichen Produktionen zu betreffen. Beispielsweise mag es einem Patienten durchaus gelingen, nach Aufforderung seine Nase zu zeigen. Bei der weiteren Aufforderung, seine Schulter zu zeigen, wird dann jedoch wiederum auf die Nase hingewiesen. Oder: Nachdem ein Gegenstand richtig als »Blume« bezeichnet wurde, werden alle anderen vorgezeigten Dinge ebenfalls »Blume« genannt. Dem Hirnverletzten fällt es nicht nur schwer, ein richtiges Wort zu finden, sondern auch, von diesem wieder loszukommen. Die Perseveration klingt zumeist nach einigen Minuten wieder ab, nicht selten, um einer anderen Platz zu machen. Bei der Jargonaphasie kann sie jedoch über Stunden und Tage anhalten, allerdings mit einer Besonderheit: Es handelt sich nicht um konstante Wiederholungen, sondern um Variationen um den Focus der Perseveration.

So zeigte die Patientin M. Sch. ständig auftretende Perseverationen, die zweisilbig waren und die Endung »ung« (in einem Fall »ing«) aufwiesen. In einem Gespräch von 45 min Dauer wurden allein 23 Worte dieser Art gezählt (in der Reihenfolge ihres in typische Leerformeln eingebetteten Auftretens): »Hildung, Haltung, Schaltung, Mantung, Malung, Meldung, Platung, Faltung, Steltung, Hakung, Paltung, Fältung, Heldung, Faldung, Matung, Maltung, Schwierung, Parting, Heidung, Pleitung, Heilung, Heitung, Heidung«.

Gegen Ende des Gespräches nannte sie auch das Wort »Heilung«, mit dessen Problemkreis sie sich sehr viel befaßte. Dennoch gestattet dies nicht anzunehmen, alle oben genannten Neologismen seien Paraphrasien dieses einen Zielwortes gewesen. Die Fehlworte traten auch in einem Kontext auf, in welchem das Zielwort keine Rolle spielen konnte. Es muß sich daher um eine

Perseveration handeln, die in stärkerem Maße unmittelbarer Ausdruck morphologischer Mechanismen ist: die *permutative Perseveration* (alias *permutative Repetition*).

Die permutative Perseveration kann sogar mit Hilfe syntaktischer Elemente erfolgen. Die permutative Perseveration kann zu bizarren Gesprächssituationen führen und wird unter Umständen erst bei einem Themenwechsel erkannt, wenn der Patient weiterhin die Worte aus dem vorhergehenden Problemkreis benutzt.

So behauptete der jargonaphasische Patient W. L. (von Beruf Ingenieur) in einem Gespräch mit einem Broca-Aphasiker ständig, daß er selber Monteur sei, obwohl dies der Beruf seines Gegenübers war. Er hatte die Berufsangabe seines Mitpatienten übernommen und war nicht von dieser Angabe abzubringen. Erst beim Themenwechsel (». . . wo sind Sie her?« »Her war ich als Monteur«) wird die Inadäquatheit dieser permutativ perseverierenden Äußerung völlig deutlich.

Nur die teilweise Autonomie des lexikalisch-syntaktischen Systems bei gleichzeitigem Bestehen eines Focus für die permutative Perseveration kann diesen Befund erklären. Die perseverierenden sprachlichen Mechanismen verdecken alle vernünftigen Kategorien. Sogar die Unterscheidung zwischen *Ich* und *anderen* geht durch die Eigenmacht des linguistischen Systems verloren.

Man könnte sich auf den Standpunkt stellen, daß all dieses von dem Patienten gemeint sei. Er habe ähnlich dem Schizophrenen einen komplizierten Code entwickelt, der nicht sogleich einsichtig erscheint. Mit Hilfe eines asemantischen Tests ließ sich jedoch bei dem Fall W. L. deutlich zeigen (Linke, 1980), daß das *lexikalisch-syntaktische System abgekoppelt von der semantischen Dimension aktiv sein kann.* Dies sei an einem Gesprächsbeispiel demonstriert:

Unters.: Ja, ein lekiges Dob rezillte die Ditone nicht?

W. L.: Ja, aber trotzdem ist ist Bilden äh zögen und bild-lodend, nicht wahr.

Unters.: Aber die Glege am Kliege wasten ein seping Taf, nicht?

W. L.: Tja, das will nicht zögern, das hat, hat bildend noch immer gesagt äh bil-zögern. Nicht wahr. Aber im Bilden ist äh Zögern toden dabei nicht wahr und darum würde ich sagen Sie Herr Doktor, daß Sie bei bildend regelrecht zögern sagen, mit Bilden zögern dabei. Sie können können das zögern in zogernd sagen und es ist auch so, daß bei bildend äh dieses Zogern äh mitbringend ist, nicht wahr.

Unters.: Ja, das ist wie do blig die um Flutesten.

W. L.: Ja, da komm ich der Meinung, daß dieses Zögernd bildend ist, bildend ist aber sie muß das zögernd bilden können, nicht wahr.

Unters.: Taf ein tofentlich Diso.

W. L.: Ja, das kann man sagen, ja.

Unters.: Ein lekiger Dob rezillte die Ditone, nicht.

W. L.: Ja, das könnte man sagen, aber wissen Sie, das ist immer noch dieses zögernd und dieses zögernd billernd ist das äh äh zo zögernd äh fooss-foosogen nicht wahr.

Unters.: Jaja, das ist eben dige seping an.

W. L.: Ja, ich bin aber trotzdem der Meinung, daß dieses Kodern und vogern ist nicht wahr, ganz bestimmt, nicht wahr.

Die Autonomie des von der Bedeutungsebene diskonnektierten lexikalisch-syntaktischen Systems kann nun keinesfalls allein durch die Perseveration erklärt werden. Asemantische Stimuli genügen hier, um einen komplexen Kommunikationsmechanismus in Gang zu setzen. Der Klangkörper der Sprache war ausreichend, um kommunikative Reaktionen auszulösen, ohne daß die semantische Ebene erreicht wurde (s. a. die pars-pro-toto-Funktion der Sprache bei R. Jacobson, 1980, dieser Band). Man könnte natürlich postulieren, daß die semantische Dimension nie ganz ausgeschlossen würde, da auch sinnlose Silben sinnhafte Assoziationen evozieren könnten (man denke an die spontane Zuordnung von »maluma« zu runden und von »takete« zu eckigen Figuren). Es erscheint jedoch unwahrscheinlich, daß solch vage semantische Anregungen ein engagiertes Kommunikationsverhalten auslösen könnten, wie wir es bei diesem Patienten beobachten konnten, der seine Rede sogar noch dadurch unterstrich, daß er mit dem Handknöchel auf den Tisch klopfte. Komplexes Kommunikationsverhalten kann also von dem nonverbalen System getragen werden, während das defekte lexikalisch-syntaktische System weitgehend diskonnentiert von den kommunikativen Intentionen und einer bestimmbaren Semantik Strukturen erzeugt, die in der prosodischen Ausformung zwar adäquat sind, lexikalisch-syntaktisch aber nur als Leerformeln mit interferierender permutativer Perseveration aufgefaßt werden können.

Eine derartige Reaktion auf asemantische Stimuli ist sicherlich ungewöhnlich und wird normalerweise nicht beobachtet (Whitacker, 1976; Boller et al., 1972). Sie zeigt jedoch, daß die Abtrennung dieses Funktionsbereiches möglich ist.

Der asemantische Test gestattete nicht nur den Nachweis einer Diskonnektion von Zeichen und Bedeutung im lexikalisch-syntaktischen Bereich, sondern auch den Nachweis der Unversehrtheit des niederen nonverbalen Zeichensystems. Der Patient reagiert angemessen auf die prosodischen Modulationen des Gesprächspartners, allerdings mit disparaten, desemantisierten Äußerungen. Nachdem bekannt war, daß Broca-Aphasiker eine intakte expressive Prosodie besitzen können, ist nun des weiteren nachgewiesen, daß bei sensorischer Aphasie die rezeptive Prosodie nicht beeinträchtigt zu sein braucht. Es ist nicht anzunehmen, daß im semiotisch einfacher strukturierten nonverbalen System eine Diskonnektion von Signum und Signatum überhaupt möglich ist, verfügt das nonverbale System doch nicht einmal über eine Syntax (Scherer, 1970).

Im Modell sieht die Situation folgendermaßen aus:

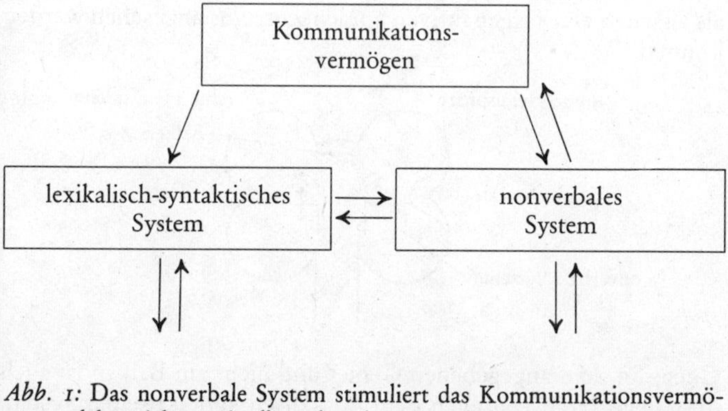

Abb. 1: Das nonverbale System stimuliert das Kommunikationsvermögen, welches sich unmittelbar über das nonverbale System als auch über das lexikalisch-syntaktische System ausdrücken kann. Im Falle einer Diskonnektion des lexikalisch-syntaktischen Systems (die u. U. auch funktionell sein kann) entwickelt dieses eine gewisse Autonomie, die jedoch in Korrespondenz mit dem nonverbalen System bleibt. Rückwirkungen des lexikalisch-syntaktischen Systems auf das Kommunikationsvermögen sollen hier nicht diskutiert werden.

Zunächst zu den anatomischen Grundlagen dieses Geschehens. Die Läsion zieht sich halbmondförmig durch die dominante linke Hemisphäre und trennt die Sprachareale weitgehend von den übrigen Hirnstrukturen ab (dabei reicht die Läsion partiell selber bis in die Sprachzentren hinein).

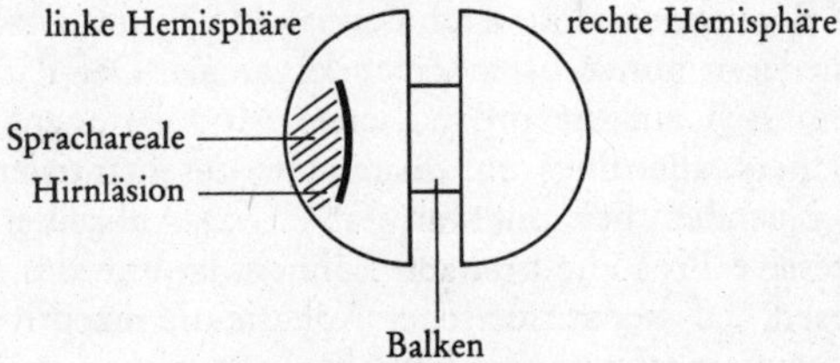

Abb. 2

Der Fall zeigt Ähnlichkeit mit beschriebenen Fällen von Isolation des Sprachareals (Geschwind et al., 1968), die dabei beobachtete Echolalie war bei unserem Fall jedoch gering ausgeprägt. Wir glauben, daß nicht nur Nachsprechen und Ergänzen von Redewendungen (Buckingham, 1977), sondern auch die »Permutationen« und morphologischen Transformationen des Wortmaterials als Zeichen eines eigenaktiven Sprachzentrums angesehen werden können.

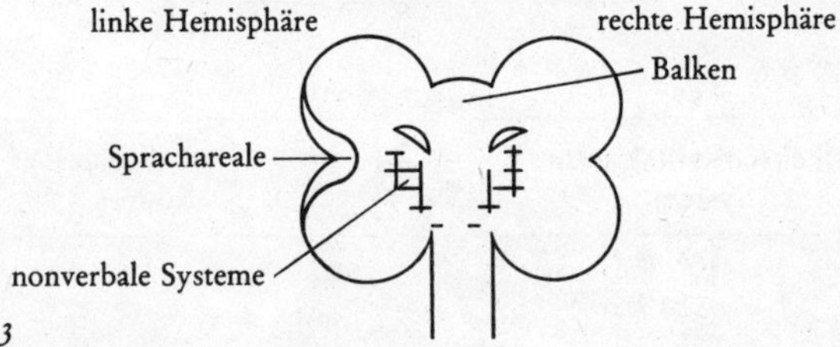

Abb. 3

Genau in dem angegebenen Gebiet und nicht am Balken ist auch die Dichotomie zwischen dem lexikalisch-syntaktischen System und dem Kommunikationsvermögen (sowie dem nonverbalen System), insbesondere der Prosodie, anzunehmen. Vor allem, was die expressive Prosodie angeht, ist eine Zuordnung zur rechten Hemisphäre keinesfalls haltbar. Beobachtungen an Patienten mit Parkinsonscher Erkrankung zeigen, daß ein Verlust der Prosodie auch durch isolierte Schädigung der linken Hemisphäre bewirkt werden kann. Das prosodische System ist dem tiefen subcorticalen Gebiet beider Hemisphären (den sogenannten Stammganglien, s. Abb. 3) zuzuordnen. Selbstverständlich besitzen diese Strukturen wegen der Asymmetrie des Sprachzentrums auch asymmetrische Zugänge zu diesem. Das läßt jedoch nicht auf die Asymmetrie dieser Strukturen selber schließen. Wir möchten daher auch in diesem Punkt einer einfachen phänomenologischen Entsprechung zur zerebralen Rechts-Links-Dichotomie (s. R. Jacobson, dieser Band) entgegentreten.

Das gleiche gilt für die Abgrenzung des linguistischen Systems selber. Das lexikalisch-syntaktische System ist nicht durch den Balken gegen andere Funktionsbereiche abgegrenzt, sondern findet innerhalb des neuronalen Netzwerkes der linken Hemisphäre seine – sicherlich schwer bestimmbare – Grenze. Dies ist das Hirnareal, in welchem Aphasien ausgelöst werden können.

Wir können nun festhalten, daß es sich bei der Aphasie um eine linguistische (lexikalisch-syntaktische) Störung handelt und nicht um eine Störung des Kommunikationsvermögens. Dies gilt, wie die Ausführungen gezeigt haben, auch für die komplexe Situation der Jargonaphasie. Darüber hinaus konnte aber gezeigt werden, daß das gesamte linguistische System vom übrigen psychocerebralen Apparat diskonnektiert werden kann und dabei ausgeprägte (und defekte) Eigenaktivität aufweist.

Wir nehmen an, daß diese Abkopplung auch ohne anatomische Durchtrennung erfolgen kann. Beispiele wie das Sprechen im Schlaf und das automatisierte Sprechen im psychomotorischen epileptischen Anfall deuten darauf hin, daß eine funktionelle Diskonnektion des linguistischen Systems möglich ist.

Beispiele aus dem Normalbereich für (zumindest teilweise) desemantisierte, von der Prosodie beherrschte Sprache stellen die poetischen Leistungen der französischen Symbolisten, die glossolalen Experimente der Surrealisten und nicht zuletzt der in der Kindersprache häufig zu beobachtende zweckfrei spielerische Gebrauch der linguistischen Fähigkeiten in einem Morphologie- und Reim-Möglichkeiten ausprobierenden Singsang dar, der in vielem an das Erscheinungsbild der permutativen Perseveration gemahnt.

Ziehen wir die Parallele jedoch nicht zu weit, gerade die Frage, auf welche verschiedenen Weisen Teilsysteme psychozerebraler Funktion sich konstituieren können, wäre erst noch zu klären.

Sicherlich ist das sprachliche System des Kindes nicht so stabilisiert, daß es ohne den steuernden spielerischen Impuls eigenaktiv sein könnte. Unterstützt wird diese Betrachtungsweise auch durch die Tatsache, daß Jargonaphasien sich nur in höherem Alter ausprägen und daß bei identischer Läsion in jüngerem und mittlerem Alter sich keine derartigen Erscheinungen entwickeln (Brown, 1980).

Ganzheit und Teilbarkeit des Gehirns bleiben ein Problem.

Kehren wir zurück zu dem Bild des Anfangs, so müssen wir sagen, daß sich sehr wohl Steine aus der Mauer des psychozerebralen Systems herausbrechen lassen, jedoch nicht ohne Beschädigung der Steine und der Mauer. Die Fugen zwischen den Ziegeln zu erkennen fällt nicht leicht. Wir sollten uns jedoch hüten, sie nur an den Rissen des verdeckenden Putzes zu suchen.

Literaturverzeichnis

Alajounanine, T., Sabouraud, O. und B. de Ribaucourt (1952), »Le jargon des aphasiques. Désintégration anosognosique des valeurs sémantiques du langage«, *J. Psychol. Norm. Path.* 45, 158–180, 293–330.

Bay, E. (1963), »Aphasia and conceptional thinking«, in: L. Halpern (Ed.), *Problems of Dynamic Neurology,* 88–100.

Boller, F., und E. Green (1972), »Comprehension in severe aphasics«, *Cortex* 8, 382–394.

Brown, J. W. (1977), *Mind, Brain, and Consciousness. The Neuropsychology of Cognition,* New York, Academic Press.

Brown, J. W. (1979), »Language Representation in the Brain«, in: *Neurobiology of Social Communication in Primates,* New York, Academic Press, 133–195.

Buckingham, H. W. (1977), »The Conduction Theory and Neologistic Jargon«, *Language and Speech* 20, 174–184.

Caplan, D., et al. (1974), »Word classes and hemispheric specialization«, *Neuropsychologica* 12, 331–337.

Cassirer, E. (2. Aufl. 1954; 1977), *Philosophie der symbolischen Formen.* Teil 3. Phänomenologie der Erkenntnis. Darmstadt.

Ellis, H. D., et al. (1974), »Recognition of abstract and concrete words presented in left and right visual fields«, *J. Exp.-Psychol.* 103, 1035–1036.

Finkelnburg, F. (1870), »Über Aphasie« Berl. Klin. Wochenschr., S. 449 u. S. 460.

Gates, A., und J. L. Bradshaw (1977), »Music perception and cerebral asymmetries«, *Cortex* 13, 390–401.
Gazzaniga, M. (1970), *The Bisected Brain*, New York, Appleton.
Gazzaniga, M. (1977), Vortrag auf dem Weltkongreß für Neurologie, Amsterdam 1977, *Excerpta Medica* 427.
Geschwind, N. (1964), »The paradoxical position of Kurt Goldstein in the history of aphasia«, *Cortex* 1, 214–224.
Geschwind, N. (1965), »Disconnection syndromes in animals and man«, *Brain* 88, 237–294, 585–644.
Geschwind, N., F. A. Quadfasel und J. M. Segarra (1968), »Isolation of the speech area«, *Neuropsychologia* 6, 4.
Geschwind, N. und W. Levitzsky (1968 a), »Human brain: left-right asymmetries in temporal speech region«, *Science* 161.
Geschwind, N., F. A. Quadfasel und J. M. Segarra (1968 b), »Isolation of the speech area«, *Neuropsychologia* 6, 327–340.
Gibson, A. R., et al. (1972), »Left field superiority for word matching«, *Neuropsychologia* 10, 463–466.
Goldstein, K. (1948), *Language and Language Disturbances*, Grune and Stratton, New York.
Goldstein, K. (1960), »Thingking and Speaking«, *Annals of the New York Academy of Sciences*, Vol 91, Article 1, 38–51.
Head, H. (1926), *Aphasia and Kindred Disorders of Speech*, New York.
Henschen, S. E. (1926), »On the function of the right hemisphere of the brain in relation to the left hemisphere in speech, music and calculation«, *Brain* 49, 110–123.
Jakobson, R. (dieser Band).
Kimura, D. (1961), »Cerebral dominance and the perception of verbal stimuli«, *Canadian J. of Psychology* 15, 166–171.
Kimura, D. (1964), »Left-right differences in the perception of melodies«, *Quart. J. of Exp. Psychol.* 16, 355–358.
Kutas, M., und S. A. Hillyard (1980), »Reading senseless sentences: Brain potentials reflect semantic incogruity«, *Science* 207, 203–205.
Lazarus-Mainka, G., und H. Hörmann (1978), »Strategic selection (metacontrol) of hemisphere dominance in normal human subjects«, *Psychol. Res.* 40, 15–25.
Leischner, A. (1979), *Aphasien und Sprachentwicklungsstörungen*, G. Thieme Verlag, Stuttgart.
Levy, J., und C. Trevarthen (1976), »Metacontrol of hemispheric function in human splitbrain patients«, *J. exp. Psychol.*: Human Perception and Performance 2, 299–312.
Linke, D. (1979), »Zur Therapie polyglotter Aphasiker«, in: *Studien zur Sprachtherapie*, G. Peuser (Hg.) München.
Linke, D. (1981, im Druck), *Neuropsychologie der Kommunikation.* – H. Buske Verlag, Hamburg.

Linke, D., Y. Shikata und A. Shikata (Febr. 1980, im Druck), *Semantikkorrelierte cerebrale Potentiale bei der Sprachwahrnehmung*. Vortrag auf dem Nervenärzt. Kolloquium, Bonn.

List, G. (1976), »Aus der Forschungsgeschichte der Aphasie: zum Begriff der ›Inneren Sprache‹«, in: *Interdisziplinäre Aspekte der Aphasieforschung*, G. Peuser (Hg.) Köln.

Longnet-Higgins, H. C. (1969), »The Non-Local Storage and Associative Retrieval of Spatio-Temporal Patterns«, in: K. N. Leibovic (Hg.): *Information Processing in the Nervous System*, Springer Verlag, Berlin etc.

Peuser, G. (1978), *Aphasie. Eine Einführung in die Patholinguistik*, Wilhelm Fink Verlag, München.

Popper, K. R., und J. C. Eccles (1977), *The Self and Its Brain*, Springer Verlag, Berlin etc.

Scherer, K. R. (1970), *Non-verbale Kommunikation. Ansätze zur Beobachtung und Analyse der außersprachlichen Aspekte von Interaktionsverhalten*, Buske Verlag, Hamburg.

Sperry, R. W., und M. S. Gazzaniga (1967), »Language following surgical disconnection of the hemispheres«, in: *Brain Mechanisms underlying Speech and Language*, Millikan und F. Darley (Hg.), Grune and Stratton, New York, 108–115.

Steinthal, H. (1874), »Verhandlungen der Berliner Gesellschaft für Anthropologie, Ethnologie und Urgeschichte«, *Beilage zur Zeitschr. f. Ethnologie* 6, 130–140.

Watzlawick, P. (1978), *Die Möglichkeit des Andersseins. Zur Technik der therapeutischen Kommunikation*, Huber, Bern-Stuttgart-Wien.

Weinstein, E. A., und O. G. Lyerly (1976), »Personality factors in jargon aphasia«, *Cortex* 12, 122–133.

Westlake, P. R. (1970), »The possibilities of neural holographic processes within the brain«, *Kybernetik* 7, 130–153.

Whitacker, H. (1976), »A case of the isolation of the language function«, in: *Studies in Neurolonguistics*, Vol 2, H. Whitacker und H. A. Whitacker (Hg.), Academic Press, New York.

Zaidel, E. (1976), »Lexical organization in the right hemisphere«, in: *Cerebral Correlates of Conscious Experience*. INSERM Symp. No 6, hg. v. Buser und Rogeul-Buser, Elsevier North-Holland Biomedical Press.

Klaus Poeck
Was verstehen wir unter aphasischen Syndromen?

Interdisziplinäre Forschung, wie sie sich in der Auswahl der Teilnehmer an diesem Kolloquium manifestiert, ist für wenige Gebiete mehr angemessen als für das Studium von Sprachstörungen, die bei Erkrankungen im Sprachzentrum des Menschen auftreten. Diese Sprachstörungen nennen wir Aphasien. Aphasien haben neurologische Aspekte, weil sie Funktionsstörungen durch umschriebene Läsionen in bestimmten Arealen des Großhirns anzeigen, sie haben psychologische Aspekte, weil jede Hirnschädigung zu einer Minderung der intellektuellen Leistungsfähigkeit führt, und sie haben, last not least, linguistische Aspekte, weil bei ihnen bestimmte Komponenten des Sprachsystems spezifisch gestört sind.

Jeder, der sich mit Aphasien mehr als nur anekdotisch befaßt, muß bestrebt sein, nicht nur Einzelphänomene an einzelnen, ihm als besonders charakteristisch erscheinenden Patienten zu erkennen, sondern er muß das Ziel haben, größere Gruppen von Patienten zu untersuchen, um festzustellen, welche Phänomene vielen Aphasikern gemeinsam sind. Der alte Streit: Einzelfallstudien gegen Gruppenuntersuchungen wird dadurch aufgehoben, daß man aus der Beobachtung von einzelnen Patienten Anregungen und Hinweise gewinnt, die an größeren Gruppen von Patienten überprüft werden müssen. Bei einem solchen Vorgehen stellen sich drei Fragen:

1. Wie ist die Sprache im menschlichen Gehirn global organisiert? Diese Frage ist meiner Ansicht nach prinzipiell beantwortbar.

2. Wie und wo sind die Komponenten des Sprachsystems im Gehirn organisiert? Hier bin ich, was die Möglichkeiten der experimentellen Nachweise betrifft, vorerst noch pessimistisch.

3. Können linguistische Theorien durch das Studium aphasischer Patienten bestätigt, angeregt oder variiert werden? Auch in dieser Hinsicht habe ich keinen besonderen Optimismus: ich glaube, daß die allgemeine Linguistik die Neurolinguistik be-

fruchten kann, daß sie aber von dort nur wenige Impulse empfangen wird.

Konzentrieren wir uns deshalb auf die erste Frage.

Wenn man das Sprachverhalten einer unausgelesenen Gruppe von Patienten beobachtet – und beobachten heißt in erster Linie: der spontanen Sprachproduktion zuhören –, so zeigt sich, daß diese Patienten sich in natürliche Gruppen ordnen. Diese Gruppen, die wir aphasische Syndrome nennen, sind nicht, wie manchmal behauptet wird, nur durch grobe Verhaltenskriterien und linguistisch irrelevante Symptome charakterisiert. Im Gegenteil: Patienten einer Gruppe haben viele Eigenschaften des Sprachverhaltens gemeinsam, die sich zu einer linguistischen Analyse anbieten. Tabelle 1 (aus Poeck, 1978) gibt eine Zusammenstellung der Klassifikation in die vier großen aphasischen Syndrome und in die Leitsymptome, die man bereits ohne Testuntersuchung, allein durch beobachtende Analyse der spontanen Sprachproduktion in einem gelenkten Interview feststellen kann.

	amnestische Aphasie	Wernicke-Aphasie	Broca-Aphasie	globale Aphasie
Sprachproduktion	meist flüssig	flüssig	erheblich verlangsamt	Spärlich bis Ø, auch Sprachautomatismen
Artikulation	meist nicht gestört	meist nicht gestört	oft dysarthrisch	meist dysarthrisch
Prosodie (Sprachmelodie-rhythmus)	meist gut erhalten	meist gut erhalten	oft nivelliert, auch skandierend	oft nivelliert, bei Automatismen meist gut erhalten
Satzbau	kaum gestört	Paragrammatismus (Verdoppelungen und Verschränkungen von Sätzen und Satzteilen)	Agrammatismus (nur einfache Satzstrukturen, Fehlen von Funktionswörtern)	nur Einzelwörter. Floskeln, Sprachautomatismen
Wortwahl	Ersatzstrategien bei Wortfindungsstörungen, einige semantische Paraphasien	viele semantische Paraphasien, oft grob vom Zielwort abweichend, semantische Neologismen, in der stärksten Form: semantischer Jargon	relativ eng begrenztes Vokabular, kaum semantische Paraphasien	äußerst begrenztes Vokabular, grob abweichende semantische Paraphasien
Lautstruktur	einige phonematische Paraphasien	viele phonematische Paraphasien bis zu Neologismen, auch phonematischer Jargon	viele phonematische Paraphasien	sehr viele phonematische Paraphasien und Neologismen
Verstehen	Leicht gestört	stark gestört	leicht gestört	stark gestört

Tabelle 1: Klassifikation und Leitsymptome der aphasischen Syndrome

Diese Einteilung und Beschreibung deckt sich mit der, die an anderen großen Aphasiezentren vertreten wird (z. B. Goodglass und Kaplan, 1972). In einer Reihe von Untersuchungen über den Aachener Aphasietest (Huber et al., 1980; Willmes et al., 1980; Weniger et al., 1980) konnte nachgewiesen werden, daß diese klinische Klassifikation aufgrund der Testergebnisse mit großer Sicherheit reproduziert wird.

Eine Einschränkung muß allerdings gemacht werden, die für das Problem der zerebralen Organisation sprachlicher Leistungen von großer Bedeutung ist: In jeder unausgelesenen Serie von aphasischen Patienten finden sich die beschriebenen Syndrome nur in einer Häufigkeit von etwa 80%. Diese 80% sind die Patienten mit zerebralen Gefäßinsulten in umschriebenen Arealen des Gehirns, die von Ästen der A. cerebri media versorgt werden. Neurologisch ausgedrückt: dies sind Patienten mit einer vorübergehenden oder bleibenden Hirnschädigung infolge Mangeldurchblutung. Die übrigen 20% sind Patienten mit intrazerebralen Blutungen, Hirntumoren, Hirnabszessen oder Verletzungen, oder es sind Patienten mit diffusen entzündlichen oder degenerativen Hirnkrankheiten. Es ist bemerkenswert und muß Gegenstand spezieller Untersuchungen sein, daß die aphasischen Sprachstörungen bei Patienten mit diesen Diagnosen sich nicht in das einheitliche Bild von Patienten mit zerebralen Gefäßinsulten im linken Stirn- und Schläfenlappen einfügen.

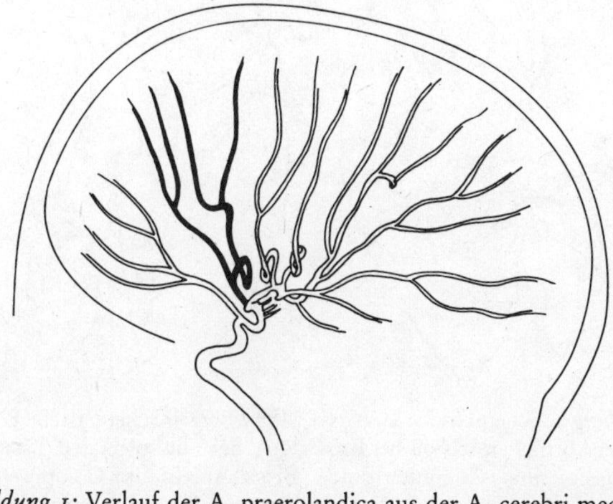

Abbildung 1: Verlauf der A. praerolandica aus der A. cerebri media.

Drei der »klassischen Syndrome« lassen sich Durchblutungsstörungen in umschriebenen Hirnarterien zuordnen: Die Broca-Aphasie tritt ein, wenn die A. praerolandica betroffen ist. Abbildung 1 (aus Kerschensteiner et al., 1978) zeigt diese Arterie schwarz aus einer Seitenansicht der mittleren Hirnarterie mit ihren Verzweigungen hervorgehoben, und Abbildung 2 und 3 (aus Blunk et al., 1980) zeigen schematisch (gepunktet) in zwei übereinander liegenden Schichten des zerebralen Computertomogramms die Ausdehnung der Hirnschädigung infolge einer derartigen Durchblutungsstörung. Die Darstellung ist aus einer größeren Zahl von Einzelbefunden gewonnen und läßt die Lokalisation der Schädigung erkennen, die den untersuchten Patienten mit Broca-Aphasie gemeinsam war. Interessanterweise ist eine Läsion der Brocaschen Region (Fuß der linken 3. Stirnwindung), die in der Literatur immer wieder herausgestellt wird, nicht für Broca-Aphasie charakteristisch, aber das ist heute nur noch eine akademische Frage von untergeordneter Bedeutung.

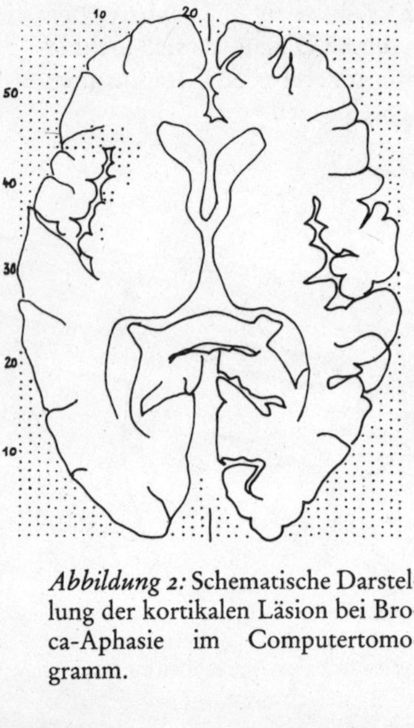

Abbildung 2: Schematische Darstellung der kortikalen Läsion bei Broca-Aphasie im Computertomogramm.

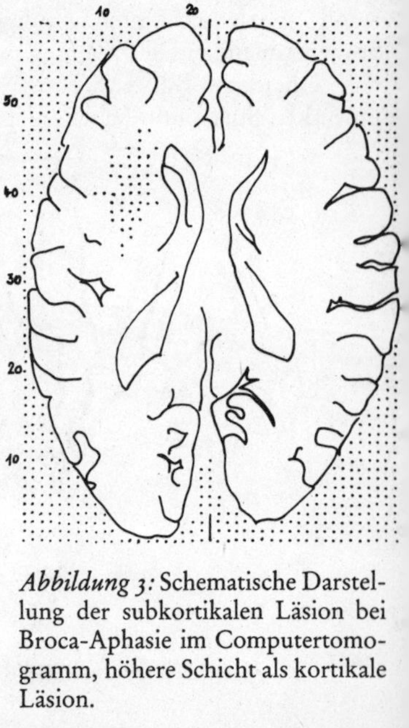

Abbildung 3: Schematische Darstellung der subkortikalen Läsion bei Broca-Aphasie im Computertomogramm, höhere Schicht als kortikale Läsion.

Die Wernicke-Aphasie ist die Folge einer Durchblutungsstörung in der A. temporalis posterior. Diese Arterie ist in Abbildung 4 (aus Huber et al., 1975) dargestellt, und die Hirnschädigung, welche der Wernicke-Aphasie zugrundeliegt, ist in Abbildung 5 (aus Blunk et al., 1980) wiedergegeben. Sie entspricht genau der von Wernicke (1874) postulierten Region im rückwärtigen Abschnitt der linken ersten Schläfenwindung.

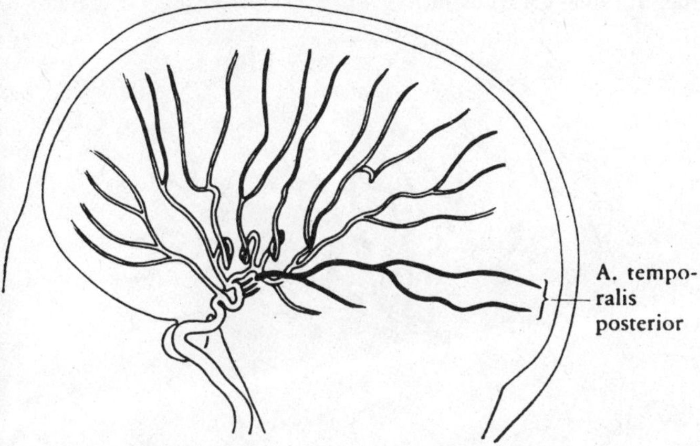

Abbildung 4:
Verlauf der A. temporalis posterior aus der A. cerebri media.

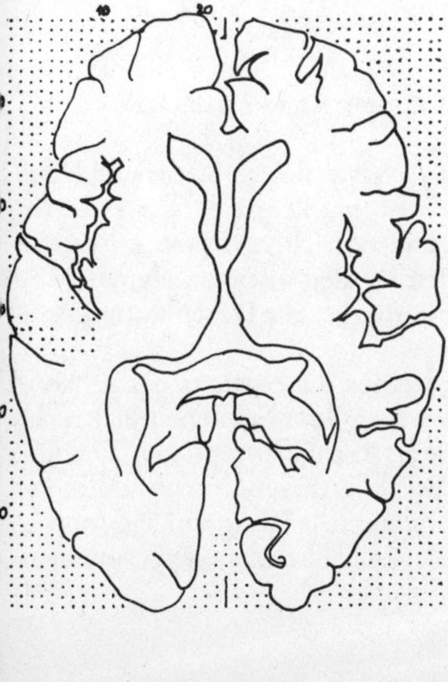

Abbildung 5:
Schematische Darstellung der Hirnläsion bei Wernicke-Aphasie im Computertomogramm.

Das Syndrom der globalen Aphasie zeigt an, daß der Hauptstamm der A. cerebri media verschlossen ist. Diesen Gefäßverschluß illustriert Abbildung 6 (aus Stachowiak et al., 1977). Computertomographisch findet man die gesamte Sprachregion zerstört, allerdings mit etwas variabler Beteiligung der Nachbarstrukturen, z. B. der Stammganglien. Weil deren Bedeutung für das Bild der globalen Aphasie noch umstritten ist, verzichte ich hier auf eine CT-Illustration.

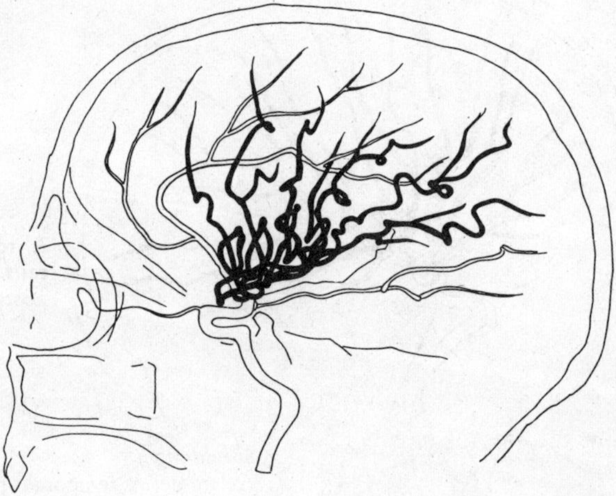

Abbildung 6: Ausfall der gesamten A. cerebri media (schwarz).

Das Syndrom der amnestischen Aphasie, dessen Status und Häufigkeit noch lebhaft diskutiert wird, hat kein Korrelat in einem bestimmten Gefäßterritorium, und bezeichnenderweise ist diese Form der Aphasie am häufigsten bei den oben erwähnten 20% von Hirnkrankheiten, die nicht umschriebene Durchblutungsstörungen sind.

Die meisten Aphasieforscher werden die Existenz der genannten und noch einiger weiterer, wegen ihrer Seltenheit hier nicht erörterter aphasischer Syndrome als Realität akzeptieren. Das klinische und neurolinguistische Bild dieser Syndrome wird in erstaunlich geringem Maß durch individuelle Faktoren, wie Ausbildung, sprachliche Umgebung, Persönlichkeit, Sprachgewohnheiten, beeinflußt.

Dennoch ist es notwendig, sich über die Natur der aphasischen Syndrome Gedanken zu machen. Zeigen sie in der Gesamtheit der Kombination von Symptomen, die sie konstituieren, inhärente Prinzipien der Organisation sprachlicher Fähigkeiten im menschlichen Gehirn an, oder sind sie Artefakte der zerebralen Gefäßversorgung? Könnte es sein, daß wir die Aphasie von Broca oder von Wernicke überhaupt nicht – oder jedenfalls nicht so, wie wir es gewohnt sind – kennen würden, wenn der Verlauf der Äste der mittleren Hirnarterie anders wäre, als er ist? Der Verdacht erscheint begründet, aber die aufgeworfene Frage ist unbeantwortbar.

Die Beobachtung allerdings, daß Aphasien aus nichtvaskulärer Ursache »untypisch« sind, muß uns veranlassen, der Frage nach der Natur, etwas bescheidener ausgedrückt: nach der inneren Struktur der aphasischen Syndrome unter dem Aspekt der neurolinguistischen Verhaltensstörung, nachzugehen.

Die Sprachproduktion von Patienten mit Wernicke-Aphasie ist charakterisiert durch eine flüssige Sprachproduktion mit Überschußphänomenen, phonematischen und/oder semantischen Paraphasien, und die syntaktische Kombination von Wörtern zu Sätzen ist in einer Weise gestört, die von Kleist als Paragrammatismus beschrieben worden ist. Paraphasische Sprachproduktion muß jedoch weder flüssig noch von Überschußphänomenen begleitet sein. Phonematische und selbst semantische Paraphasien kommen auch bei Broca-Aphasie vor. Paragrammatismus hängt in gewisser Weise mit der Flüssigkeit der Sprachproduktion zusammen, weil Wernicke-Aphasiker lange und komplexe Sätze anlegen, die sich dann allerdings ineinander verschachteln. Paragrammatismus ist aber an kein anderes Symptom der Wernicke-Aphasie gebunden.

Das gleiche gilt für Broca-Aphasie: der Agrammatismus hängt weder von der mühsamen Sprechweise ab, noch bringt er sie hervor. Gestörte Artikulation findet man bei den verschiedensten aphasischen und nichtaphasischen Zuständen, und phonematische Paraphasien kommen sowohl bei der mühsamen, in ihrer Prosodie beeinträchtigten Sprechweise von Broca-Aphasikern als auch in der flüssigen, untadelig prosodischen Sprache der Patienten mit Wernicke- und Leitungsaphasie vor.

Nur die fast vollständige Aufhebung der sprachlichen Funktionen bei der globalen Aphasie erlaubt einige sehr vorsichtige

Schlüsse auf die Verarbeitung von Sprache in den verbleibenden Anteilen der linken und in der rechten Hirnhälfte.

Schon dieser kurze Überblick zeigt, daß die Leitsymptome der aphasischen Syndrome nicht zwingend an andere Symptome gebunden sind, die wir gewohnterweise in diesem Kontext ebenfalls antreffen.

Dieser Mangel an Kohärenz wird noch deutlicher, wenn wir den linguistischen Status der Symptome betrachten, welche die aphasischen Syndrome bilden. Man kann eine Liste aufstellen, wie die folgende:

1. Agrammatismus, 2. Paragrammatismus, 3. phonematische Paraphasien, 4. semantische oder verbale Paraphasien, 5. Wortfindungsstörungen mit oder ohne Ersatzstrategien, 6. Dysprosodie in ihren beiden Varianten: Beeinträchtigung des Wortakzentes und der Intonationskonturen von Phrasen, 7. eingeschränkte Flüssigkeit der Sprachproduktion, 8. verstärkte Flüssigkeit der Sprachproduktion mit oder ohne Überschußphänomene, 9. mühsames Sprechen, 10. schlechte Artikulation, 11. Perseveration.

Es ist evident, daß diese Symptome nicht homogen sind. Die ersten vier von ihnen sind unzweifelhaft linguistisch im strikten Sinne des Wortes, und sie zeigen die (gestörte) Tätigkeit der Anteile des Gehirns an, in denen Sprache verarbeitet wird.

Der Status der Symptome Nr. 5, 6 und 7 ist ambig: Wortfindungsstörungen können auch Merkstörungen bei diffusen funktionellen oder organischen Hirnkrankheiten anzeigen. Die prosodischen Qualitäten der Sprache haben natürlich eine linguistische Funktion, die allerdings wenigstens teilweise über die nichtdominante Hemisphäre vermittelt wird. Jedoch kann die Prosodie auch aus rein neurologischen Gründen abgeflacht oder verzerrt sein, z. B. bei Krankheiten der Stammganglien oder des Kleinhirns. Eine eingeschränkte Flüssigkeit der Sprachproduktion kann ein linguistisches Symptom sein (Sprachanstrengung), sie kann aber auch nur eine von vielen Manifestationen der generellen Einschränkung von Antrieb und Reaktivität sein, die für Krankheiten des Stirnhirns charakteristisch ist, besonders dann, wenn diese *beide* Stirnlappen betreffen und mit einem erhöhten Hirndruck verbunden sind. Man kann die Tatsache nicht übersehen, daß viele Patienten, an denen Luria Syndrome beschrieben hat, die andere Aphasieforscher nicht beobachteten, in diese neurologisch-diagnostische Kategorie gehören.

Symptome Nr. 8, 9 und 10 sind sicher nicht linguistisch: Sie sind nicht systematisch, sie sind nicht supramodal, sie zeigen Veränderungen im motorischen Akt des Sprechens an. Perseveration (Nr. 11) ist wiederum eine generelle Verhaltensstörung bei allgemeinen Hirnkrankheiten. Nur in sehr seltenen Fällen, z. B. beim hinteren Diskonnektionssyndrom mit rechtsseitiger Halbseitenblindheit, Alexie mit oder ohne Agraphie und Störung des visuellen Objektbenennens ist die Perseveration eine besondere Weise des Versagens (Stachowiak und Poeck, 1976). Aber auch in diesem Falle kann die Perseveration nicht als die Störung einer linguistischen Funktion aufgefaßt werden. Daraus folgt, daß die zuletzt genannten Symptome, die stets als genuine Konstituenten der aphasischen Syndrome aufgeführt werden, nur Epiphänomene sind, die unabhängig von den »Phänomenen«, d. h. von den systematischen Eigenheiten der Aphasien, variieren.

Störungen im Sprachverständnis tragen differentiell nichts zu der Beschreibung der aphasischen Syndrome bei. Mit einiger Erfahrung kann man die klinische Diagnose des Untertyps von Aphasie bei einem gegebenen Patienten und selbst eine präzise neurolinguistische Beschreibung ausschließlich auf die Sprachproduktion gründen. Im Gegensatz dazu hat ein Jahrzehnt intensiver Forschung auf allen Ebenen zwar gelegentliche Befunde hervorgebracht, daß einzelne Partialfunktionen in der Sprachproduktion und im Sprachverständnis in gleicher Richtung und etwa im gleichen Ausmaß beeinträchtigt sind. Diese Forschung hat aber im ganzen keine Kombination von Symptomen des gestörten Sprachverständnisses aufgezeigt, welche qualitativ die expressiven Syndrome charakterisieren (Poeck, 1979).

Dies hat in meiner Meinung zwei Gründe:

Korrekte Sprachproduktion hängt in sehr starkem Ausmaß von der strikten Realisierung phonematischer, lexikalischer und syntaktisch-semantischer Elemente ab. Die »Epiphänomene« tragen nur in einem sehr geringen Ausmaß zum Verständnis einer Botschaft bei. Auf der anderen Seite wird das Sprachverständnis in sehr starkem Maße durch pragmatische Faktoren vermittelt, wie etwa Kenntnis der Situation oder die Fähigkeit, aus Wörtern und Sätzen Schlußfolgerungen zu ziehen. Die Botschaft kann dann verstanden werden, wenn diese pragmatischen Elemente intakt sind, selbst wenn die formale Struktur der Botschaft (objektiv oder subjektiv, durch Aphasie des Senders, oder subjektiv durch

Sprachverständnisstörung des Empfängers) schwer gestört ist. Eine aphasische Beeinträchtigung in den pragmatischen Aspekten des Sprachverständnisses ist durch die intensiven Untersuchungen auf dem Niveau von Phonemen, Wörtern und Sätzen nicht aufgedeckt worden, selbst nicht in einem Textverständnistest.

Die schwer faßbare Natur des Sprachverständnisses hängt offensichtlich auch davon ab, daß der neuronale »Apparat«, der dem Sprachverständnis zugrunde liegt, eine diffuse und bilaterale Organisation hat, im Gegensatz zu der einseitigen und mehr umschriebenen Organisation des neuronalen »Apparates« für die Sprachproduktion. Dieses Argument sollte jedoch nicht zu stark betont werden, weil die Daten, die für eine Beteiligung der rechten Hemisphäre am Sprachverständnis sprechen, hauptsächlich in höchst artifiziellen Situationen gewonnen wurden, wie beispielsweise nach dominanter Hemisphärenektomie (Entfernung der sprachdominanten Hemisphäre) oder nach Split-brain-Operation (Durchtrennung der Querverbindungen, der Kommissuren, welche die beiden Großhirnhälften miteinander verbinden und über welche die beiden Großhirnhälften Signale austauschen können [Zaidel, 1978]). Selbst Beobachtungen bei Patienten mit globaler Aphasie, die vorübergehend den Rest ihrer Sprachfunktionen nach rechtsseitiger (nicht dominanter) Injektion von Natriumamytal verloren, sind nicht überzeugend (Kinsbourne, 1971; Czopf, 1972). Was in diesen Situationen hervorgerufen wurde, war nicht eine vorübergehende Blockierung von Arealen der rechten Großhirnhälfte, die potentiell mit Sprachfunktionen begabt sind, sondern, unter Berücksichtigung der bereits bestehenden großen linksseitigen Hirnschädigung, eine vorübergehende Dezerebration mit Lähmung aller vier Gliedmaßen und akinetischem Mutismus. Dies ist eine Situation, die mit dem Studium der Aphasien nichts zu tun hat.

Schlußfolgerungen

Ich hoffe, wir sind jetzt in der Lage, die Frage nach der Natur der aphasischen Syndrome etwas besser zu beantworten, als es die Literatur bisher erlaubte.

Die aphasischen Syndrome, wie sie klinisch und neurolinguistisch beschrieben werden, sind *nicht* natürliche Kombinationen von Symptomen, welche Aspekte des Sprachvermögens anzeigen, die natürlicherweise deshalb gemeinsam auftreten, weil bestimmte Partialmechanismen innerhalb des Sprachzentrums in ihrer Funktion gestört sind. Sie sind in der Tat Artefakte, hervorgerufen durch die Verteilung der Gefäßversorgung in der Sprachregion. Sie sind aber nützliche Artefakte, weil die Verteilung der Gefäße sehr geringe interindividuelle Variationen zeigt und weil, wie oben ausgeführt, Patienten mit Aphasie nach (ischämischem) Schlaganfall sich ohne Zwang wohldefinierten Untergruppen zuordnen lassen, die 80 % aller Fälle von Aphasie ausmachen. Es ist deshalb gerechtfertigt, ja sogar unentbehrlich, Aphasieforschung an Patienten mit umschriebenen Durchblutungsstörungen des Gehirns vorzunehmen, es sei denn, ein Untersucher will ein spezielles Problem bearbeiten, wie beispielsweise Aphasie bei Hirntumoren, und es ist auch sinnvoll und nützlich, Patienten mit Aphasie nach Gefäßinsulten entsprechend den aphasischen Symptomen zu klassifizieren.

Das setzt allerdings voraus, daß die Untergruppen sinnvolle Einheiten sind und nicht sinnlose Großkategorien, wie »fluent« (worunter Wernicke, amnestische und Leitungsaphasie subsumiert werden können) und »non fluent« (eine Kategorie, die sowohl Broca- als auch globale Aphasie einschließt, wenn die transkortikalen Aphasien einmal außer Betracht bleiben) (Benson, 1967). Man sollte auch vermeiden, wie es am Boston Veterans Administration Hospital üblich ist, eine gemischt anatomisch-psychologische Nomenklatur zu verwenden, wie »anterior aphasia« oder »posterior aphasia« oder gar »mixed anterior aphasia«, wobei es offenbleibt, ob die Lokalisation oder die Verhaltensstörung der Patienten gemischt ist.

Die aphasischen Syndrome bestehen aus linguistischen und nichtlinguistischen Symptomen (»Phänomene« und »Epiphänomene«), und es erscheint nützlich, diese beiden Kategorien theoretisch voneinander zu trennen, so sehr sie auch im Einzelfall zur klinischen Diagnose beitragen mögen. Ein wichtiger Grund dafür, diese beiden Klassen von Symptomen getrennt zu betrachten, ist die Notwendigkeit, zu untersuchen, ob Kommunikationsstörungen bei Hirnläsionen außerhalb der klassischen Sprachregion, z. B. im linken Thalamus oder in der linken »supplementar motor area« (Penfield und Rasmussen, 1950) linguistisch, d. h. aphasisch, sind oder ob sie eine Beeinträchtigung in den motorischen oder akustischen Aspekten des Sprechens anzeigen. Dieses Problem wird durch die Einführung des nicht gut definierten Begriffes »quasi aphasisch« (Luria, 1977) nicht gelöst.

Die linguistischen Symptome der Aphasien sind supramodal, sie sind also im Sprechen und Schreiben, im Verstehen gesprochener und geschriebener Sprache nachweisbar. Dies ist verständlich, ja es ist zu fordern, weil diese Symptome eine Funktionsstörung im zentralen Sprachsystem anzeigen, unabhängig von dem »Kanal«, der zum Sprachsystem hin oder von dort hinausführt.

Aphasische Syndrome sind expressive Syndrome. Sie haben keine Entsprechung im Sprachverständnis. Man kann aus Tests über das expressive Sprachvermögen die Fähigkeit eines Patienten voraussagen, eine Botschaft zu vermitteln. Dagegen ist es nur in ganz grober Annäherung möglich, aus einem Testprofil vorauszusagen, ob und in welchem Ausmaß ein Patient imstande sein wird, einer Konversation zu folgen. Im Grunde wissen wir nicht, warum bestimmte aphasische Patienten gesprochene oder geschriebene Sprache schlecht verstehen. In welchem Ausmaß oder gar in welcher Weise die rechte Großhirnhemisphäre bei der Verarbeitung von Sprache und speziell beim Sprachverständnis mitwirken, ist noch ungeklärt.

Literaturverzeichnis

Benson, F. D. (1967), »Fluency in aphasia: Correlation with radioactive scan localization«, *Cortex* 3, 373–394.

Blunk, R., R. de Bleser, K. Willmes und H. Zeumer (1980, im Erscheinen), »A new method to relate morphological and functional aspects of aphasia«, *Europ. Neurol.*

Czopf, J. (1972), »Über die Rolle der nicht dominanten Hemisphäre in der Restitution der Sprache der Aphasischen«, *Arch. Psychiat. Nervenkr.* 216, 162–171.

Goodglass, H. und E. Kaplan (1972), *The assessment of aphasia and related disorders.* Lea and Febiger, Philadelphia.

Huber, W., F.-J. Stachowiak, K. Poeck und M. Kerschensteiner (1975), »Die Wernicke-Aphasie«, *J. Neurol.* 210, 77–97.

Huber, W., D. Weniger, K. Poeck und K. Willmes (1980), »Der Aachener Aphasietest. Aufbau und Überprüfung der Konstruktion«, *Nervenarzt* 51, 475–482.

Kerschensteiner, M., K. Poeck, W. Huber, F.-J. Stachowiak und D. Weniger (1978), »Die Broca-Aphasie«, *J. Neurol.* 217, 223–242.
Kinsbourne, M. (1971), »The minor cerebral hemisphere as a source of aphasic speech«, *Arch. Neurol.* 25, 302–306.
Luria, A. R. (1977), »On quasi-aphasic speech disturbances in lesions of the deep structures of the brain«, *Brain Language* 4, 432–459.
Penfield, W., und T. Rasmussen (1950), *The cerebral cortex in man*, MacMillan, New York.
Poeck, K., M. Kerschensteiner, F.-J. Stachowiak und W. Huber (1974), »Die amnestische Aphasie«, *J. Neurol.* 207, 1–17.
Poeck, K. (1978), *Neurologie.* 5. Auflage. Springer, Berlin-Heidelberg-New York.
Poeck, K. (1979), »Studies on language comprehension in hemispherectomy, split brain and aphasic patients. A possible contribution to the knowledge of the physiological mechanisms of speech comprehension«, in: Creutzfeld, O., H. Scheich, Ch. Schreiner (Hg.): *Hearing mechanisms and speech.* Springer, Berlin-Heidelberg-New York.
Stachowiak, F.-J. und K. Poeck (1976), »Functional disconnection in pure alexia and colour naming deficit demonstrated by facilitation methods«, *Brain Language* 3, 135–143.
Stachowiak, F.-J., W. Huber, M. Kerschensteiner, K. Poeck und D. Weniger (1977), »Die globale Aphasie«, *J. Neurol.* 214, 75–87.
Weniger, D., K. Willmes, W. Huber und K. Poeck (1980, im Erscheinen), »Der Aachener Aphasietest. Zuverlässigkeit und Auswertungsobjektivität«, *Nervenarzt.*
Wernicke, C. (1874), *Der aphasische Symptomenkomplex,* Cohn und Weigert, Breslau. Reprint: Springer, Berlin-Heidelberg-New York, 1974.
Willmes, K., K. Poeck, D. Weniger und W. Huber (1980, im Erscheinen), »Der Aachener Aphasietest. Differentielle Validität«, *Nervenarzt.*
Zaidel, E. (1978), »Auditory language comprehension in the right hemisphere following cerebral commissurotomy and hemispherectomy: A comparison with child language and aphasia«, in: Zurif, E. und A. Caramazza (Hg.): *The acquisition and breakdown of language, parallels and divergencies.* Johns Hopkins University Press, Baltimore, 229–277.

Roland Harweg
Aphasie und Linguistik

Zu Roman Jakobsons typologischen Aphasieinterpretationen

1.

In der Beschäftigung Roman Jakobsons mit dem Phänomen der Aphasie lassen sich, grob gesprochen, drei verschiedene Phasen unterscheiden. Von diesen ist die erste markiert durch sein – 1941 erschienenes – Buch *Kindersprache, Aphasie und allgemeine Lautgesetze*[1], die zweite durch seinen 1956 als Bestandteil des Buches *Fundamentals of Language* erschienenen Beitrag »Two Aspects of Language and Two Types of Aphasic Disturbances«[2] und die dritte schließlich durch die aus den sechziger Jahren stammenden Aufsätze »Toward a Linguistic Classification of Aphasic Impairments« und »Linguistic Types of Aphasia«[3].

Die drei Phasen zeigen, unter dem Gesichtspunkt typologisch orientierter Behandlung, eine interessante Entwicklung. Sie führt von einer typologisch nicht spezifizierten, einer im wesentlichen unitären Konzeption von Aphasie in der ersten über eine dichotomische Konzeption dieses Phänomens in der zweiten zu einer geradezu sechs Typen von Aphasie unterscheidenden Konzeption in der dritten Phase. Eigentlich typologische Aphasieinterpretationen bietet Jakobson also nur in der zweiten und der dritten Phase seiner Beschäftigung mit dem Phänomen der Aphasie.

Indem Jakobson in der ersten Phase seiner Beschäftigung mit der Aphasie eine im wesentlichen unitäre Konzeption dieses Phänomens favorisiert[4], sieht er sich zugleich gezwungen, die bekannten Unterscheidungen, die die klassische Aphasieforschung getroffen hat, darunter auch diejenige zwischen der sogenannten motorischen oder Brocaschen und der sogenannten sensorischen oder Wernickeschen Aphasie, gleichsam zu bagatellisieren.[5] Die Triebkraft, die hinter dieser Bagatellisierung und der mit ihr verbundenen Unitarisierung steht, liegt offensichtlich begründet in der Jakobson in dieser Phase beherrschenden Idee jener als Phonologie bezeichneten und von ihm mitbegründeten Form einer neuartigen, nämlich bedeutungsbezogenen Linguistik des Sprachlautes.[6] Worum es ihm in dieser Phase im besonderen geht, ist jedoch die Herausarbeitung und Erklärung der spiegelbildlichen Analogie zwischen dem Erwerb bedeutungsdifferenzierender Lauteinheiten, der sogenannten Phoneme, in der Kindersprache und dem Verlust derselben bei den Aphasikern, und was im Rahmen einer solchen Zielvorstellung not tut, ist offensichtlich weniger eine Unterscheidung verschiedener Aphasietypen als vielmehr eine Abgrenzung der aphasischen Lautstörungen insgesamt von den sogenannten arthrischen Läsionen des bulbären Exekutivapparates, den unmittelbaren Verstümmelungen der Artikulationsorgane und den peripheren Gehördefekten (SW I, 344). Zwar wird die dabei – fast wie von selbst – zum Tragen kommende unitäre Aphasiekonzeption im wesentlichen beschränkt auf den Bereich der sogenannten Lautaphasie, aber der von der klassischen Aphasielehre gemachte Unterschied zwischen motorischer und sensorischer Aphasie findet sich, als Lautstummheit bzw. Lauttaubheit, ja auch im rein lautlichen Bereich der Sprache, so daß Jakobsons Unitaritätskonzeption auch für diesen als ein Produkt seines spezifischen Fokus zu werten ist. Die Opposition, die Jakobsons Denken in dieser Phase beherrscht, ist offensichtlich die zwischen Phonologie und Phonetik, und sein Gedanke der linguistischen Irrelevanz einer Unterscheidung wie derjenigen zwischen Lautstummheit und Lauttaubheit[7] scheint sich in erster Linie seiner Erkenntnis zu verdanken, daß, in ihrer Eigenschaft als aphasische Störungen, sowohl die Lautstummheit als auch die Lauttaubheit keine phonetischen, sondern phonologische Erscheinungen sind und der eigentliche, der nicht nur graduelle, sondern qualitative Unterschied eben nicht derjenige zwischen emissiven und rezeptiven lautlichen Phänomenen, sondern derjenige zwischen lautlichen Phänomenen phonologischer und solchen phonetischer Natur sei.

In der – durch seinen Beitrag von 1956 gekennzeichneten – zweiten Phase seiner Aphasieforschungen gibt Jakobson seine unitäre Konzeption auf und entwickelt eine dichotomische Konzeption der Aphasie. Er unterscheidet, in annähernder Übereinstimmung mit Strukturalisten wie Ferdinand de Saussure oder Louis Hjelmslev, zwei Existenzweisen von Sprache und findet diesen Unterschied in Form zweier Typen von Aphasie in der Sprache der Aphasiker wieder. Er unterscheidet, im wesentlichen Aufzeichnungen des Klinikers Goldstein[8] interpretierend, zwischen Similaritätsstörungen und Kontiguitätsstörungen. Similaritätsstörungen sind für ihn vor allem gekennzeichnet durch die Unfähigkeit des Kranken, kontextunabhängige Wörter zu verwenden und identifizierende Prädikationen zu bilden, Kontiguitätsstörungen durch sein Unvermögen, syntaktische Regeln zu befolgen und Wörter mit rein grammatischen Funktionen, wie z. B. Konjunktionen, Präpositionen, Pronomina und Artikel, zu verwenden – oder mit einem Wort: Sätze zu bilden[9]: Sätze des kontiguitätsgestörten Aphasikers sind »bloße Worthaufen«[10], ihr typisches Merkmal ist das des Telegrammstils.

Die Unterscheidung zwischen Similaritäts- und Kontiguitätsstörungen ist die erste rein linguistisch begründete Aphasie-Dichotomie. Sie ist aufgebaut auf einer Opposition, die, anders als diejenige zwischen Phonologie und Phonetik, die Linguistik im engeren und eigentlichen Sinne nicht transzendiert, innerhalb der Linguistik aber nicht nur den Bereich der Phonologie, sondern auch die übrigen Bereiche der Sprache, unter anderem den der Lexik und den der Syntax, erfaßt. Es ist eine Dichotomie, die Jakobson für »even more suggestive« hält als die klassische Dichotomie zwischen einer motorisch-emissiven und einer sensorisch-rezeptiven Aphasie – eine Dichotomie, die er in jenem Beitrag zwar nicht diskutiert (vgl. SW II, 244), von der er aber – noch – anzunehmen scheint, daß sie nichts mit seiner Unterscheidung zu tun habe.

In der – durch seine beiden Beiträge aus den sechziger Jahren repräsentierten – dritten Phase seiner linguistischen Bemühungen um das Phänomen der Aphasie versucht Jakobson dann, gegen die unitäre und lediglich quantitativ-graduelle Unterschiede zwischen ihren verschiedenen Formen gelten lassende Auffassung von Aphasie mit Nachdruck polemisierend (SW II, 292), statt lediglich zwei geradezu sechs Formen von Aphasie mit linguistischen Kriterien als qualitativ voneinander verschieden zu erweisen. Dabei ist, was seinen Kriterienhaushalt betrifft, zugleich eine gewisse Öffnung der Linguistik auf Semiotik und Psychologie hin zu beobachten, und im Zuge dieser Öffnung findet schließlich, gebührend reinterpretiert und von Phase zu Phase linguistisch aufgewertet[11], sogar eine bestimmte vor- und außerlinguistische aphasiologische Unterscheidung, nämlich die klassische Dichotomie zwischen motorischer und sensorischer Aphasie, in Jakobsons linguistischem Kriterienarsenal ihren Platz. Jakobson interpretiert sie nämlich jetzt als beinahe identisch mit seiner der Linguistik entsprossenen Unterscheidung zwischen Kontiguitäts- und Similaritätsstörungen: die ersteren sind für ihn »encoding disorders«, die letzteren »decoding disorders«.

2.

Jakobson sagt, sowohl in seinem Beitrag von 1956 als auch in seinen beiden Beiträgen aus den sechziger Jahren, daß seine Klassifikationen, seine Typologisierungen von Aphasieformen rein linguistische seien, die Kriterien, die ihnen zugrunde lägen, nur der Linguistik entstammten. Er sei zwar gegen Isolationismus, aber für Autonomie (SW II, 317), und das bedeutet, daß er, wie er sagt, versucht, seine Aphasietypen zunächst autonom, d. h. autonom linguistisch, zu etablieren und Ergebnisse der Gehirnforschung, speziell solche der Gehirntopographie, erst nachträglich, gewissermaßen in Form einer Korrelierung der Befunde der beiden Bereiche, zu berücksichtigen bereit, dann allerdings auch bestrebt ist (SW II, 317). Es ist dies eine Haltung, die zweifellos – man vergleiche dazu nur Jakobsons Bekenntnis »As a mere linguist versed neither in psychology nor in medicine, I shall confine myself strictly to linguistic observations of linguistic facts only« (SW II, 289) – als Ausdruck der – primären – Selbstbeschränkung des Linguisten auf sein Metier zu verstehen ist. Gleichwohl aber erhebt sich die Frage, ob und wenn ja, bis zu welchem Grade man denn – und zwar nicht bloß als Linguist – überhaupt anders vorgehen könnte, als Jakobson vorgegangen ist, ob bzw. inwieweit eine Unterscheidung von Aphasietypen, die sich nichtlinguistischer, etwa psychologischer oder neurologischer, und darunter speziell gehirntopographischer Kriterien bediente, überhaupt möglich wäre.

Mir jedenfalls scheint, der Primat bei der Unterscheidung und Begründung von Aphasietypen kommt jeweils der Linguistik oder zumindest – neutraler gesprochen – der oder einer Wissenschaft von der Sprache zu; denn von verschiedenen Aphasietypen (wie auch von Aphasie überhaupt) zu sprechen hat ja offensichtlich nur dann seine Berechtigung, ja nur dann einen Sinn, wenn die Merkmale, die diese Typen voneinander (bzw. von der Normalsprache) unterscheiden sollen, sprachliche sind. Gehirntopographische Unterschiede, Unterschiede der Lokalisierung sind schlechterdings immer erst sekundär feststellbar, und das heißt: erst dann feststellbar, wenn zuvor sprachliche Unterschiede festgestellt worden sind. Oder anders ausgedrückt: Aphasietypen lassen sich zwar allein auf der Basis unterschiedlicher Ausfallerscheinungen des sprachlichen Verhaltens, aber durchaus nicht allein auf der Basis von Läsionen unterschiedlicher Gehirnbereiche etablieren. Schädigungen unterschiedlicher Gehirnzonen, die, vorausgesetzt sie affizieren das Sprachverhalten überhaupt, dasselbe alle in der gleichen Weise affizierten, böten für eine Etablierung unterschiedlicher Aphasietypen keinerlei Handhabe. Aphasietypen sind eben, begrifflich gesehen, keine Formen von Verletzungen, sondern, auch wenn sie auf solchen beruhen, Formen von Sprache.

Das aber bedeutet, daß nicht nur die Jakobsonschen, sondern alle überhaupt etablierten Aphasietypen letztlich und primär auf sprachliche Unterschiede gegründet sind – auf sprachliche Unterschiede gegründet, weil auf sprachliche Unterschiede angewiesen. Auch die von Neurologen, Psychologen und Psychiatern oder allgemeiner: auch die von Nichtlinguisten unterschiedenen und etablierten Aphasietypen bilden dabei keine Ausnahme: sie sind, letztlich und primär, sprachlich definiert, weil sie nur sprachlich definiert sein *können*. Allerdings sind die von Nichtlinguisten erkannten und herausgehobenen sprachlichen Merkmale zum Teil oder gar weitgehend andere als diejenigen, die ein Linguist, und speziell ein Strukturalist unter den Linguisten, heraushebt oder herausheben würde; denn sie sind beschränkt auf solche sprachlichen Merkmale oder gebunden an solche sprachlichen Größen, die auch der Nichtlinguist kennt, und das sind, abgesehen von den – zum Teil nur sehr vage definierten – Größen Laut, Wort und Satz, vor allem *Sprachhandlungen*, etwa das Sprechen, das Hören, das Lesen oder das Schreiben – alles Entitäten, die, zumindest aus der Sicht des Systemlinguisten, des sprachwissenschaftlichen Strukturalisten, die Sprache als solche schon halb transzendieren. Die sprachlichen Merkmale, auf die der Linguist und Strukturalist Jakobson bei seinen Aphasietypologien rekurriert, sind denn auch andere, sie sind allgemeinere, tiefer liegende und verborgenere, und wenn Jakobson schließlich, wie erwähnt, an einer Stelle auch auf eine außerlinguistische Opposition, nämlich die zwischen motorischer und sensorischer Aphasie, und damit letztlich auf die Opposition von Sprechen und Hören zurückgegriffen hat, so doch nicht, ohne sie, in Gestalt der Opposition zwischen ›enkodierend‹ und ›dekodierend‹, gewisser Aspekte ihrer vorlinguistischen Äußerlichkeit und Oberflächlichkeit zu entkleiden (SW II, 309) und sie mit seiner Unterscheidung zwischen Kontiguitäts- und Similaritätsstörungen in eine direkte, ja beinahe identifikative Beziehung zu setzen (SW II, 292 f.).

Obwohl gehirntopographische Befunde bei der Etablierung von Aphasietypen erkenntnistheoretisch, wie erwähnt, nicht die primäre Rolle spielen können, können sie, wiederum erkenntnistheoretisch betrachtet, doch gleichwohl eine sekundäre, genauer: eine subsidiäre Rolle bei der Etablierung von Aphasietypen spielen. Diese ihre subsidiäre Rolle könnte darin bestehen, daß sie Entscheidungshilfen leisteten, und zwar Entscheidungshilfen für die Fälle, wo der Analysator vor der Frage stünde, ob er den sprachlich manifestierten Unterschied zwischen zwei Aphasieformen nur für einen quantitativen oder aber ob er ihn für einen qualitativen halten sollte. In solchen Fällen könnte nämlich die Korrelierbarkeit des sprachlichen Unterschiedes mit einem bestimmten gehirntopographischen Unterschied dafür sprechen, die beiden Aphasieformen für qualitativ verschieden zu halten, wohingegen die Nichtkorrelierbarkeit des sprachlichen Unterschiedes mit einem bestimmten gehirntopographischen Unterschied dafür sprechen könnte, die fraglichen Aphasieformen für lediglich quantitativ verschieden zu halten.

Doch obwohl die Möglichkeit, auf eine derartige subsidiäre Entscheidungshilfe zu rekurrieren, rein erkenntnistheoretisch gesehen besteht, so dürfte doch die Legitimität ihrer Nutzung, im Sinne etwa der Forderung nach Reinheit der Methodologie, nicht unumstritten sein. Es ist also durchaus eine Frage, ob ein Rekurs auf bereichsfremde Kriterien, wie ihn der Rekurs auf gehirntopographische Befunde im Falle der Etablierung – wohl gemerkt der Etablierung und nicht etwa der Beschreibung oder gar der Lokalisierung – von Aphasietypen darstellt, methodologisch gesehen gutgeheißen werden könnte, und was bei sprachseitig uneindeutigen Befunden gilt, gilt bei sprachseitig eindeutigen oder als eindeutig geltenden Befunden erst recht: Gilt bereits, daß ein sprachseitig uneindeutiger Befund gehirnseitig nicht entschieden werden kann, so gilt erst recht, daß ein sprachseitig eindeutiger Befund gehirnseitig nicht korrigiert werden kann.

Jakobson selber hat sich, in seinen beiden Beiträgen aus den sechziger Jahren, explizit zu einer solchen Forderung nach methodologischer Reinheit bei der Aufstellung von Aphasietypen bekannt und ist der Ansicht, sie für sein Teil auch befolgt zu haben; denn er schreibt: »I followed Hughlings Jackson's warning against any mixture of different levels in the investigation of aphasia and outlined my typology of aphasic impairments on a strictly linguistic basis« (SW II, 317). Gleichwohl – schaut man genauer hin, so sind, scheint mir, einige Fragen erlaubt. Zwar dürfte Jakobson zuzugestehen sein, daß die Kriterien, die er, in seinen Beiträgen aus den fünfziger und sechziger Jahren, für seine Aphasieinterpretationen verwendet, durchaus rein linguistische sind; die Frage, die sich stellt, ist jedoch, welchen Status seine Interpretationsobjekte haben – die Frage, ob sie den Status von noch nicht zu Typen klassifiziertem aphasiologischem Rohmaterial oder ob sie den Status von bereits etablierten aphasiologischen Typen haben, und diese Frage scheint teils im Sinne der ersteren, teils im Sinne der letzteren Alternative beantwortet werden zu müssen. Die erstere der beiden Alternativen nämlich trifft, soweit den Ausführungen Jakobsons entnommen werden kann, zu auf seinen aphasiologischen Beitrag von 1956, die letztere hingegen auf seine aphasiologischen Beiträge aus den sechziger Jahren. So basiert die Unterscheidung der beiden Aphasietypen, die er in seinem Beitrag von 1956 vorschlägt, nämlich die Unterscheidung zwischen Kontiguitäts- und Similaritätsstörungen, wie er selber andeutet (SW II, 245), auf einer linguistischen Interpretation der aphasiologischen Daten, und das heißt ja wohl: des aphasiologischen Rohmaterials, Goldsteins, und sie läßt sich auch von der klassischen (und von ihm selber offenbar geschätzten) Dichotomie von motorisch-emissiver und sensorisch-rezeptiver Aphasie noch in keiner Weise beeinflussen oder präjudizieren. Anders aber scheint es in Jakobsons Beiträgen aus den sechziger Jahren zu sein; denn dort rekurriert Jakobson nicht mehr auf aphasiologisches Rohmaterial, sondern bereits auf typologische Vorgaben, nämlich eine sechs Typen von Aphasie unterscheidende Typologie des Moskauer Neurologen und Aphasieforschers A. R. Luria.[12] Er nimmt dabei die sechs Typen Lurias als Ausgangspunkte für linguistische Interpretationen, behandelt sie aber nicht einfach als klassifikatorische Anregungen, die er zwar aufgriffe, dann aber umgestaltete, sondern vielmehr als Vorgaben, die lediglich –

mit linguistischen Mitteln – zu erklären und zu begründen sind. Er übernimmt sowohl die Namen der Typen (diese allerdings mit Reserven) als auch die Typen selber, und die linguistische Interpretation, die er ihnen angedeihen läßt, verfolgt nicht so sehr die Absicht, sie zu überprüfen, als vielmehr die, sie linguistisch zu erhellen und – zu bestätigen. Zwar mögen bereits bei der Etablierung der sechs Aphasietypen durch Luria linguistische Kriterien eine Rolle gespielt haben, das heißt: die sprachlichen Kriterien, auf die letztlich und primär jede Etablierung von Aphasietypen zu rekurrieren hat, mögen zumindest partiell linguistische, ja vielleicht sogar Jakobsonische gewesen sein, doch ist nicht anzunehmen, daß gehirntopographische Befunde bei der Etablierung jener Typen, der Etablierung von Aphasietypen durch einen Neurologen, keine Rolle gespielt haben sollten; denn was speziell die linguistischen Kriterien, auf die Luria sich gestützt haben mag, betrifft, so ist kaum anzunehmen, daß sie für eine Differenzierung von immerhin sechs Typen – vier mehr als in dem Jakobsonschen Beitrag von 1956 – hingereicht haben sollten. All dies aber läßt gewisse Zweifel aufkommen an der Einschätzung Jakobsons, daß die von ihm interpretierten sechs Typen Lurias als autonom linguistische Typen zu betrachten seien.

Freilich kann man argumentieren, Jakobsons rein linguistische Interpretation jener sechs nicht rein linguistisch konstituierten Typen Lurias habe diese Typen eben nachträglich linguistisch bestätigt, und damit seien sie eben doch – gewissermaßen zugleich – linguistische Typen. Doch eine solche Koinzidenz, eine Koinzidenz zwischen zwei so umfangreichen Typologien von – zumindest partiell – unterschiedlicher Provenienz, kann man nicht als besonders wahrscheinlich bezeichnen, und diese Erkenntnis wiederum führt uns schließlich noch auf eine entscheidende weitere Frage, die Frage nämlich, wie es denn um die sprachlichen Merkmale, mit denen Jakobson die Typen-Vorgabe Lurias interpretiert und linguistisiert, ihrerseits bestellt ist. Dieser Frage wenden wir uns nunmehr zu.

3.

Stellen wir die sechs Luriaschen Aphasietypen, die efferente, die sensorische, die dynamische, die semantische, die afferente und die amnestische Aphasie, kurz vor und veranschaulichen wir sie mit Beispielen Roman Jakobsons. Jakobson beschreibt die Typen folgendermaßen:

- die efferente Aphasie als Telegrammstil, d. h. als eine Redeform, bei der der Kranke nur die weitgehend kontextunabhängigen Wörter, hauptsächlich die Substantive, beibehalte, die sogenannten grammatikalischen Wörter, also z. B. Konjunktionen, Präpositionen und Pronomina hingegen vermissen lasse,
- die sensorische Aphasie, das Gegenstück zur efferenten, als eine Redeform, in der der Kranke, umgekehrt, Konjunktionen, Präpositionen und Pronomina beibehalte, in der Adverbien und Adjektive sich länger hielten als Verben und Nomina, das Prädikat länger erhalten bleibe als das Subjekt, und in der der Kranke schließlich die größten Schwierigkeiten mit satzinitialen Subjektwörtern habe,
- die dynamische Aphasie als eine Redeform, bei der es dem Kranken, vor allem in monologischer Rede, schwerfalle, Sätze miteinander zu verbinden, bei der er aber auch Schwierigkeiten habe, von sprachlichen Äußerungen auf nichtsprachliche »umzusteigen«, also z. B. eine sprachliche Äußerung nichtverbal zu beantworten,
- die semantische Aphasie als eine Form von Aphasie, bei der der Kranke beispielsweise die syntaktische Funktion von Nomina mehr nach ihrer Stellung im Satz als nach ihrer Kasusendung beurteile und Nomina in adnominaler Funktion, also z. B. Fügungen wie *Vaters Mutter* oder *Mutters Vater*, gar nicht verstehe,
- die afferente Aphasie als eine Redeform, bei der der Kranke nicht mehr über die Fähigkeit verfüge, die ein Phonem ausmachenden sogenannten distinktiven phonologischen Merkmale in korrekter Weise zu bündeln, d. h. simultan zusammenzusetzen,
- und schließlich die amnestische Aphasie als eine Form von Aphasie, bei der der Kranke Schwierigkeiten habe, Koordinationen, also z. B. *und*-Verbindungen, zu verstehen.

Soweit, etwas verkürzt wiedergegeben, die Jakobsonsche Beschreibung der sechs von Luria unterschiedenen Typen. Aber Jakobson begnügt sich nicht mit einer solchen Beschreibung, er versucht die Typen auch linguistisch zu deuten, sie, und zwar als Typen, zu erklären, und die Methode, die er dazu einschlägt, besteht darin, sie als Manifestationen einiger fundamentaler, ihnen zugrunde liegender Dichotomien zu erweisen. Die Dichotomien, auf die er die sechs Typen zurückführt, sind die folgenden drei:

- die zwischen Kombination oder Kontiguität und Selektion oder Similarität
- die zwischen Limitation und Desintegration
- und die zwischen Sequenz oder Sukzessivität und Konkurrenz oder Simultaneität,

und was die Zuordnung dieser drei Dichotomien zu den sechs Luriaschen Typen angeht, so ergibt sie folgendes Bild:

- die efferente Aphasie wird als eine Kombinations- oder Kontiguitätsstörung mit desintegrativen Ausmaßen,
- die sensorische Aphasie als eine Selektions- oder Similaritätsstörung mit desintegrativen Ausmaßen,
- die dynamische Aphasie als eine abgeschwächte, in ihren Ausmaßen beschränkte Form der efferenten Aphasie,
- die semantische Aphasie als eine abgeschwächte, in ihren Ausmaßen beschränkte Form der sensorischen Aphasie,
- die afferente Aphasie als eine Kombinations- oder Kontiguitätsstörung im Bereich der Konkurrenz oder Simultaneität
- und die amnestische Aphasie schließlich als eine Selektions- oder Similaritätsstörung auf der Achse der Sequenz oder Sukzessivität beschrieben.

Auf diese Weise ist es Jakobson gelungen, die sechs Typen Lurias zurückzuführen auf drei – zum Teil miteinander verflochtene, d. h. einander spezifizierende – Dichotomien. Die Frage aber ist, welchen Wert und Rang diese Dichotomien, linguistisch gesehen, haben, steht doch zu erwarten, daß, obwohl sie alle drei um eine einzige Grunddichotomie, nämlich die sprachliche Fundamentaldichotomie von Kode oder Langue und Nachricht oder Parole kreisen (und damit in der Anwartschaft stehen, selbst eine Fundamentaldichotomie zu bilden), bestenfalls eine von ihnen in der Lage sein dürfte, den Unterschied zwischen Kode und Nachricht oder Langue und Parole auch mit hinreichender Eindeutigkeit zu erfassen und wiederzugeben. Es scheint indes unklar, welche. Jedenfalls scheinen, wenn auch nicht alle drei, so doch immerhin zwei der drei Dichotomien, nämlich diejenige zwischen Selektion oder Similarität und Kombination oder Kontiguität und diejenige zwischen Konkurrenz oder Simultaneität und Sequenz oder Sukzessivität – auf die wir uns denn auch vorerst beschränken wollen – als engere Anwärterinnen auf den Rang einer Kode und Nachricht unterscheidenden Dichotomie in Frage zu kommen. Sie erscheinen, zumindest von weitem, lediglich als unterschiedliche Spielarten jener Dichotomie, der man diesen Rang normalerweise zuerkennt, nämlich derjenigen von Paradigmatizität und Syntagmatizität.[13]

Noch in seinem Beitrag von 1956 verbindet auch Jakobson die Dichotomie von Kode und Nachricht mit nur einer Beziehungsdichotomie, nämlich derjenigen zwischen Selektion oder Similarität und Kombination oder Kontiguität, doch in seinen Beiträgen aus den sechziger Jahren ist diese Korrelation durch die Hinzunahme der Dichotomie zwischen Konkurrenz oder Simultaneität und Sequenz oder Sukzessivität – die in seinem Beitrag von 1956 noch eine ziemlich nach- und untergeordnete Rolle gespielt hat – mehr oder weniger verdunkelt. Daran ändert auch die Tatsache nichts, daß Jakobson die Dichotomie von Selektion (oder Similarität) versus Kombination (oder Kontiguität) immer noch, zumindest tendenziell, als die fundamentalere auszeichnet; denn letztendlich dürfte es nicht diese, sondern die andere der beiden Dichotomien sein, die sich, im Sinne einer Erfassung des Unterschiedes zwischen Kode und Nachricht, als die fundamentalere, jedenfalls aber als die eindeutigere erweist.

Natürlich ist auch die Abgrenzung von Kode und Nachricht selber umstritten, und was den Kode betrifft, so scheint Jakobson seinerseits eine vergleichsweise enge, eine ungefähr dem Saussureschen Langueverständnis entsprechende Konzeption dieses Phänomens zu haben. In den Kode gehören für ihn zwar noch Wörter und syntaktische Regeln, aber schon keine Sätze mehr (vgl. SW II, 251, 301), und zu dieser Auffassung scheint auch seine Dichotomie von Selektion und Kombination zu stimmen: Aus den Klassen von in Similaritätsbeziehung zueinander stehenden Wörtern, die der Kode in Gestalt des Lexikons bereithält, werden jeweils einzelne Wörter selektiert und danach, nach bestimmten syntaktischen Regeln[14], in der Nachricht miteinander kombiniert (SW II, 241). Auf den ersten Blick mag es scheinen, als könnten die Begriffe Selektion und Kombination, so verwendet, sogar als psycholinguistische verstanden werden, aber schon ein zweiter Blick lehrt uns, daß dies so eindeutig doch wohl nicht ist, daß es zwar auf den Schüler, der einen deutschen Text ins Lateinische (oder auch umgekehrt) übersetzt, nicht unbedingt aber auf jemanden, der sich, in seiner Muttersprache, fließend unterhält, zutreffen mag und daß es, vor diesem Hintergrund, sicher klug ist, wenn Jakobson den Begriff der Selektion so weit versteht, daß er bereit ist, auch unbewußte Selektionen unter ihn zu subsumieren (SW II, 308). Dies wiederum aber hat es ihm dann sogar ermöglicht, selbst mit Bezug auf seine distinktiven phonologischen Merkmale von Selektionen (und Kombinationen) zu sprechen (vgl. SW II, 299, 316), und es ermöglicht uns – über Jakobson hinausgehend – schließlich auch, von Einheiten, die größer sind als Wörter, sagen wir von Sätzen und selbst – horribile dictu – von Texten als Selegaten zu sprechen – von Selegaten, die im Falle der Texte dann sogar nur noch selektiert, nicht aber auch noch kombiniert würden. Selegate können Texte freilich nur dann sein, wenn sie auch Bestandteile des Kode sind, doch sich dies vorzustellen und zu akzeptieren dürfte, vorausgesetzt nur, auch der Kode-Begriff erfährt eine Entpsychologisierung, nicht unmöglich sein, ja es könnte sich, unter bestimmten Voraussetzungen, sogar als zwingend erweisen: dann nämlich, wenn man, was angesichts des Begriffes der Nachricht gar nicht so fern läge, die Definition der Dichotomie Kode versus Nachricht auf die Opposition Nichtkommunikativität versus Kommunikativität gründete und die Nachricht dann als eine kommunikative, den Kode aber als eine Menge von nichtkommunikativen sprachlichen Einheiten definierte. Nichtkommunikativ nämlich können, sofern beispielsweise zu Zwecken des Sprachunterrichts erstellt oder benutzt, selbst Texte sein – von Sätzen ganz zu schweigen.[15]

Aber auch, wenn man eine derartige Ausdehnung des Kode-Begriffes nicht mitzumachen bereit ist, auch dann ist die Dichotomie Selektion (oder Similarität) versus Kombination (oder Kontiguität) nicht geeignet, der Dichotomie von Kode und Nachricht gerecht zu werden. Ist es denn – um mit der Variante ›Selektion versus Kombination‹ zu beginnen – tatsächlich so, daß man erst zwei Ausdrücke aus dem Kode selektiert und sie dann, mit Hilfe einer bestimmten Regel, kombiniert, oder ist es nicht vielleicht eher so, daß man zunächst eine – syntagmatische – Relation mit zwei Leerstellen und dann, als Füller der Leerstellen, zwei spezifische Ausdrücke selektiert? Und wenn es nicht so sein sollte, nun – dann gilt zumindest, daß Kombinationen und Selektionen, nimmt man die beiden Begriffe nur in ihrer zum Teil schon von Jakobson ins Auge gefaßten entpsychologisierten Bedeutung, nicht allein Relationen innerhalb der jeweiligen Nachricht bzw. zwischen Kode und jeweiliger Nachricht, sondern auch solche sind, die völlig kode-intern, völlig innerhalb des Kode angesiedelt sind[16]: Ein Wort in seiner Eigenschaft als Bestandteil des Kode beispielsweise ist eine Kombination aus Phonemen, und will man diese Kombinationen von Phonemen ihrerseits wieder auf den Kode oder besser: den Subkode der Phoneme beziehen, so müßte man, der üblichen Vorstellung vom Verhältnis von Selektion und Kombination folgend, sicherlich sagen, die Phoneme der Wörter im Subkode des Lexikons seien selektiert aus dem Subkode der Phoneme und kombiniert im Rahmen der Wörter.

Was den Begriff der Selektion betrifft, so wird er allerdings, konzipiert als Verbindungsrelation zwischen Kode und Nachricht, dem Kode als solchen, seiner immanenten Struktur, nicht gerecht, selbst in entpsychologisierter Form nicht, und möglicherweise um diesem Manko abzuhelfen, hat Jakobson ihm denn auch den Begriff der Similarität an die Seite gestellt: die Ausdrükke des Kode, aus denen selektiert wird, stehen, so Jakobson (SW II, 308), im Verhältnis der Similarität zueinander. Aber Similaritätsbeziehungen finden sich auch im Rahmen einer Nachricht – so z. B. in Definitionen, in der Umgebung von *das-heißt*-Formulierungen, syntagmatischen Substitutionen[17] und, last not least, zwischen den Gliedern von Koordinationen, und auf einige dieser Vorkommenstypen von Similaritätsbeziehungen weist Jakobson, bei seiner Interpretation der Luriaschen Aphasietypen, sogar selber hin[18], ja der koordinative[19] definiert für ihn, wie angedeutet, sogar die Domäne eines bestimmten, nämlich des amnestischen Aphasietyps. Gleichwohl aber scheint Jakobson für den eigentlichen Ort der Similaritätsbeziehungen den Kode zu halten, ihr Vorkommen in der Nachricht scheint für ihn – wie auch seine berühmte Poetizitätsdefinition[20] zeigt – lediglich das Produkt einer Projektion, einer Projektion aus dem Kode auf die Achse der Nachricht und somit in dieser nicht genuin zu sein; denn die für die Nachricht genuine Relation ist für Jakobson eben die der Kontiguität. Eine derartige Prioritätensetzung ist jedoch, wie mir scheint, nicht gerechtfertigt, und zwar nicht nur für die Relation der Similarität nicht, sondern auch nicht für die der Kontiguität. Kontiguitätsrelationen finden sich ebensogut im Kode, und dies nicht nur, wie bereits anläßlich des Parallelbegriffs der Kombination vermerkt, zwischen den Phonemen eines im Kode angesiedelten Wortes (der Fall, an den Jakobson gedacht haben mag, als auch er dem Kode Kombinationsrelationen konzedierte[21]), sondern auch zwischen bestimmten Wörtern im Lexikon, so beispielsweise zwischen den Zahlwörtern. Die Zahlwörter manifestieren sogar sowohl eine Kontiguitäts- als auch eine Similaritätsreihe und zeigen damit mit ganz besonderer Eindringlichkeit, von wie geringer Trennschärfe die Dichotomie Similarität versus Kontiguität im Hinblick auf die Dichotomie zwischen Kode und Nachricht letztlich ist.

Aber läßt sich die Dichotomie Kode versus Nachricht mit der Dichotomie Simultaneität versus Sukzessivität besser erfassen? Vorderhand sicherlich nicht. Wir finden die Dichotomie Simultaneität versus Sukzessivität sowohl innerhalb des Kode – die Wörter des Lexikons stehen in einer Simultaneitäts-, die Phoneme eines einzelnen Wortes innerhalb des Lexikons aber in einer Sukzessivitätsbeziehung zueinander – als auch innerhalb der Nachricht: die einzelnen Wörter oder Phoneme stehen dort in Sukzessivitäts-, die einzelnen distinktiven Merkmale eines Phonems – dies Jakobsons Beispiel, ein Beispiel, mit dem er übrigens wiederum die Domäne eines besonderen Aphasietyps definiert – hingegen in Simultaneitätsbeziehung zueinander. Aber dieses Beispiel ist – vorausgesetzt, man läßt es gelten – keineswegs das einzige für Simultaneitätsbeziehungen im Rahmen der Nachricht. Auch die distinktiven semantischen Merkmale eines Semems, also z. B. die Merkmale ›menschlich‹ und ›weiblich‹, die die Bedeutung des Wortes *Frau* aufweist, stehen in einem solchen Verhältnis zueinander, und eine Simultaneitätsbeziehung ist schließlich auch die Beziehung zwischen dem Wort *Frau* und seiner Bedeutung als solcher, die Beziehung zwischen Ausdrücken und ihren Bedeutungen ganz allgemein. Bezieht man den letztgenannten Typus von Simultaneitätsbeziehung in die Betrachtung mit ein, so lassen sich sogar, und zwar nicht nur für den Kode, sondern auch für die Nachricht, Beispiele für jede Variante einer Kreuzklassifikation der beiden erwähnten Dichotomien anführen: es gibt, und zwar sowohl für den Kode als auch für die Nachricht, Beispiele für
a) simultane Similaritätsbeziehungen
b) simultane Kontiguitätsbeziehungen
c) sukzessive Similaritätsbeziehungen und
d) sukzessive Kontiguitätsbeziehungen

Beispiele für die vier Typen im Kode sind, der Reihe nach: a)

Klassen von synonymen Substantiven im gleichen Kasus, b) Flexionsparadigmen oder die Reihe der Zahlwörter, c) Kopulativkomposita[22] und d) Determinativkomposita, und was die Beispiele für die vier Typen im Bereich der Nachricht betrifft, so lassen sich, der Reihe nach, nennen: a) ikonische Relationen zwischen (syntagmatischen Verbindungen von) Bezeichnenden und (syntagmatischen Verbindungen von) Bezeichneten, also z. B. die Relation zwischen numerisch »regulären« *und*-Koordinationen[23] und dem, was sie bezeichnen, b) nichtikonische Relationen zwischen (syntagmatischen Verbindungen von) Bezeichnenden und (syntagmatischen Verbindungen von) Bezeichneten, also z. B. die Relation zwischen numerisch »irregulären« *und*-Koordinationen[24] und dem, was sie bezeichnen, sowie – dies Jakobsons Beispiel – die Beziehungen zwischen den distinktiven Merkmalen eines Phonems, c) – auch dies ein Beispiel Jakobsons – die Beziehungen zwischen den – sukzessiven – Gliedern einer Koordination und schließlich d) die Mehrzahl der übrigen Beziehungen zwischen Wörtern im Rahmen der Syntax.

Nachdem sich gezeigt hat, daß auch die Dichotomie Simultaneität versus Sukzessivität der Dichotomie Kode versus Nachricht – jedenfalls, wenn man den beiden Gliedern derselben alle vier der erwähnten Relationstypen zuzugestehen bereit ist – nicht gerecht zu werden vermag, bleibt noch die klassische – von Jakobson allerdings nur selten verwendete – Dichotomie Paradigmatizität versus Syntagmatizität auf ihre Fähigkeit, den Unterschied zwischen Kode und Nachricht abzubilden, hin zu befragen. Aber auch sie hat – vorausgesetzt, man versteht die Phänomene Kode und Nachricht so, wie wir es, zum Teil in Anlehnung an Jakobson, skizziert haben – diese Fähigkeit nicht: Im Kode finden wir neben Paradigmatizitäten auch Syntagmatizitäten, und was die Nachricht betrifft, so vermag die in Rede stehende Dichotomie – wenigstens so, wie sie gemeinhin verstanden wird – gewisse Relationen, nämlich die erwähnten simultanen, gar nicht zu erfassen: Die Beziehungen zwischen den distinktiven Merkmalen eines Phonems oder Semems sowie die Beziehungen zwischen Bezeichnenden und Bezeichneten gelten weder als syntagmatische noch als paradigmatische.

Damit aber sieht es so aus, als habe keine der besprochenen Dichotomien, also weder die zwischen Selektion und Kombination (oder Similarität und Kontiguität) noch die zwischen Simultaneität und Sukzessivität, noch die zwischen Paradigmatizität und Syntagmatizität jenen Status, der ihnen gemeinhin – und nicht zuletzt eben auch von Jakobson – zugeschrieben wird: nämlich den einer sprachlichen Fundamentalopposition. Sprachliche Fundamentaloppositionen aber scheinen sie insofern nicht zu sein, als man von einer sprachlichen Fundamentalopposition verlangt, daß sie korreliert ist mit der Opposition von Langue und Parole oder – wie Jakobson sagt – der Opposition von Kode und Nachricht und eine solche Korrelation, bei genauerer Analyse, nicht zu bestehen scheint.

4.

Ich habe gesagt, eine solche Korrelation scheine nicht zu bestehen, aber vielleicht trügt dieser Schein, oder aber er ist lediglich das Produkt einer besonderen Sehweise, einer besonderen Sehweise speziell des Phänomens der Nachricht, und eben dies scheint denn auch tatsächlich der Fall zu sein. Die spezifische Art und Weise, dieses Phänomen zu sehen, aber ist diejenige Jakobsons. Sie besteht darin, daß Jakobson, im Bereich der Nachricht, auch Relationen – ich meine die zwischen den sogenannten distinktiven phonologischen Merkmalen – in den Blick nimmt und herausstellt, die dazu zwingen, für die Charakterisierung der Nachricht außer auf die Relation der Sukzessivität auch auf die der Simultaneität zu rekurrieren. Die Herausstellung und Berücksichtigung dieser Relationen aber ist, ganz abgesehen davon, daß sie, typologisch gesehen, unvollständig ist – geht sie doch beispielsweise nicht einher mit einer Herausstellung und Berücksichtigung der Simultaneitätsrelationen zwischen den semantischen Merkmalen eines Semems oder dem Zeichenträger und dem Zeicheninhalt als Bestandteilen eines Zeichens –, nicht unbedingt zwingend, ja es ist sogar fraglich, ob sie, vor dem Hintergrund der Phänomenologie der übrigen Relationen, der Sukzessivitätsrelationen im Bereich der Nachricht und der Sukzessivitäts- sowohl als auch der Simultaneitätsrelationen im Bereich des Kode, überhaupt legitim ist, suggeriert sie doch ein relationstypologisches Einerlei, welches nicht besteht; denn während diese letzteren Relationen sämtlich Relationen zwischen Einheiten, d. h. zwischen zitier- und damit isolier- und präsentierbaren Größen[25] sind, sind jene ersteren Relationen sämtlich Relationen zwischen Merkmalen, d. h. zwischen nicht zitier- und damit auch nicht isolier- oder präsentierbaren Größen. Ein Wort oder Satz z. B. kann zitiert und damit präsentiert werden, phonologische oder semantische Merkmale wie Stimmhaftigkeit oder Nasalität auf der einen und Belebtheit oder Unbelebtheit auf der anderen Seite, aber können dies, jeweils für sich genommen, nicht.

In Anbetracht des nicht zitier- und präsentierbaren Status der phonologischen und semantischen Merkmale scheint es mir gerechtfertigt, ja geboten, die Relationen zwischen solchen Merkmalen – oder allgemeiner: die Relationen zwischen nicht zitier- und präsentierbaren Entitäten allgemein – anders zu behandeln als diejenigen zwischen Entitäten, die zitier- und präsentierbar sind, und das bedeutet, sie, wenn es darum geht, einen relationstypologischen Unterschied zwischen Kode und Nachricht zu eruieren, unberücksichtigt zu lassen. Sie unberücksichtigt zu lassen aber eröffnet die Möglichkeit, das Phänomen der Nachricht und seine internen Relationen durchgehend als sukzessiv zu charakterisieren[26] und somit den Boden zu bereiten für eine relationstypologische Unterscheidung der Dichotomie von Kode und Nachricht mit Hilfe der Opposition von Simultaneität und Sukzessivität.

Die Nichtberücksichtigung der Relationen zwischen Merkmalen erlaubt uns zwar, das Phänomen der Nachricht, der Parole als durchgängig sukzessiv zu charakterisieren, sie erlaubt uns jedoch nicht, das Phänomen des Kode als durchgängig und ausschließlich simultan organisiert zu beschreiben; denn neben der Simultaneität beispielsweise der Phoneme in ihrer Eigenschaft als Bestandteile des Phonemsystems finden sich bekanntlich die zahlreichen Sukzessivitäten von Phonemen im Rahmen der einzelnen Wörter, und neben der Simultaneität beispielsweise der Wörter im Lexikon begegnen bekanntlich die zahllosen Sukzessivitäten von Wörtern im Rahmen von Sätzen. Indes – wie viele Sukzessivitäten der Kode, neben seinen Simultaneitäten, auch aufweisen mag, die Simultaneitäten sind und bleiben immer der dominierende Relationstyp in ihm. Die Simultaneität ist der eigentliche Relationstyp des Kode, die Sukzessivität ist gewissermaßen diejenige Relation, die von der Simultaneität der Einheiten einer bestimmten hierarchischen Stufe jeweils hinabführt zu der Simultaneität der Einheiten der nächsttieferen hierarchischen Stufe, die, der Simultaneität nach- und untergeordnet, deren verschiedene Stufen miteinander verbindet. Denn nehmen wir einmal an, die höchste hierarchische Stufe im Kode der Sprache wäre die des Satzes – eine Hierarchisierung, die, das sei vermerkt, für viele zu hoch, nach meinem Kode- und Langue-Verständnis jedoch noch zu niedrig greift –, so ist offensichtlich, daß das, was den Kode auf dieser Stufe ausmacht, nicht der Einzelsatz und seine sukzessiv organisierte Binnenstruktur, sondern vielmehr das Satzinventar, die Menge aller Sätze und damit die Simultaneität von deren wechselseitiger Beziehung ist. Die sukzessive Binnenstruktur der einzelnen Sätze ist lediglich die Stufe, über die wir hinabgelangen zu einer tieferen Simultaneität, nämlich derjenigen der satzbildenden Syntagmen.

Vermöge dieser Abgestuftheit im Verhältnis ihrer beiden Glieder erweist sich die Dichotomie Simultaneität versus Sukzessivität schließlich doch noch als jene Grunddichotomie der Sprache, als die sie manchen bisher schon gegolten hat: Simultaneität ist die – zwar nicht ausschließliche, aber doch dominierende – Relation des Kode und Sukzessivität die – sogar ausschließliche – Relation der Nachricht. Nur – was die Nachricht betrifft, so verdankt sie diese ihre Charakterisierbarkeit eben der einschneidenden Tatsache, daß wir gerade diejenigen Relationen, die Jakobson gegenüber seinen Vorgängern, unter anderem de Saussure (SW II, 243), neu in die Betrachtung und Charakterisierung derselben eingeführt hatte, nämlich diejenigen zwischen distinktiven Merkmalen, wieder aus dieser verbannt haben.

Was für die Dichotomie von Simultaneität und Sukzessivität gilt, gilt auch für die Dichotomie von Paradigmatizität und Syntagmatizität, ja man kann sagen, daß diese, nach der Verbannung von Relationen zwischen Merkmalen aus der Betrachtung, geradezu mit jener zusammenfällt.[27] Anders demgegenüber steht es mit der Dichotomie zwischen Selektion oder Similarität und Kombination oder Kontiguität, Jakobsons Hauptdichotomie. Sie ist, im Hinblick auf die Unterscheidung von Kode und Nachricht, auch weiterhin von recht geringer Trennschärfe, und es ist pikanterweise gerade dieser Mangel an Trennschärfe, aus dem Jakobson, ihn gleichsam ins Positive wendend, bei seiner Aphasietypologie (aber auch anderswo[28]) Gewinn zu ziehen, den er, in scheinbar erkenntnisvertiefender Umdeutung, für unsere strukturalistischen Einsichten fruchtbar zu machen versucht.

In bezug auf Jakobsons – auch Relationen zwischen Merkmalen berücksichtigende – Konzeption von Kode und Nachricht, jene Konzeption, auf die Jakobson auch seine aphasietypologischen Interpretationen bezieht, aber versagt nicht nur diese Jakobsonsche Hauptdichotomie, in bezug auf diese Konzeption versagen, wie gezeigt, auch die beiden anderen Dichotomien, darunter speziell die von Jakobson für seine Interpretation der sechs Luriaschen Aphasietypen mitherangezogene Dichotomie Simultaneität versus Sukzessivität. Das aber bedeutet, daß sie, als Instrumente einer linguistischen Interpretation, die auf den Hintergrund jener Jakobsonischen Konzeption von Kode und Nachricht bezogen ist, nicht über jenen Grad der Trennschärfe zu verfügen imstande sind, den Jakobson ihnen zuzuschreiben scheint.

Diese Trennschärfe fehlt auch der dritten – in Jakobsons Zählung der zweiten – der drei Dichotomien, mit deren Hilfe Jakobson die sechs Luriaschen Aphasietypen linguistisch zu interpretieren versucht, nämlich der Dichotomie zwischen Limitation und Desintegration. Auf den ersten Blick eine – speziell zur Interpretation der Luriaschen Typen der dynamischen und der semantischen Aphasie bemühte – rein gradualistische, d. h. mehr auf quantitative als auf qualitative Unterschiede abhebende Dichotomie (Jakobson selber bezeichnet die dynamische Aphasie als eine abgeschwächte efferente und die semantische als eine abgeschwächte sensorische), scheint sie jedoch bei genauerem Hinsehen auch an einer qualitativen Scheide orientiert zu sein, und diese qualitative Scheide ihrerseits scheint zusammenzuhängen mit der Dichotomie zwischen Kode und Nachricht, ja, sie scheint nichts anderes als die Grenze zwischen Kode und Nachricht zu sein.[29] Die Frage ist jedoch, wo diese Grenze liegt. Für Jakobson liegt sie, entgegen seiner Einsicht, daß es auch grammatikalische Beziehungen zwischen Sätzen gibt (vgl. SW II, 299), bestenfalls[30] unmittelbar jenseits des Satzes, an der Grenze zwischen Satz und Text, und man kann – um einen seiner Aussprüche über de Saussure abgewandelt auf ihn selber anzuwenden – mit einem gewissen Recht sagen: Despite his own insight into »the grammatical connection between sentences« (vgl. SW II, 299) (in an utterance or text), the scholar succumbs to the traditional belief in the sentence as the largest ultimate construction entirely organized on the basis of compulsory grammatical rules (vgl. SW II, 297).[31]

Dieser traditionelle »Glaube« an den Satz als die größte grammatikalische Konstruktion – ein Glaube, der seine klassische Formulierung bekanntlich durch Leonard Bloomfield[32] erfahren hat – aber ist (dies wenigstens ist das Credo der jungen Disziplin der Textgrammatik[33]) falsch[34], und will man auch nicht so weit gehen, Texte selber als Bestandteile des Kode, der Langue zu interpretieren, die Regeln für die Konstitution von Texten, darin eingeschlossen diejenigen für die Verbindung von Sätzen, wird man wohl kaum umhin können als Bestandteile des Kode zu deklarieren. Damit aber wäre der Kode-Begriff zumindest auf das Phänomen des Textes hin geöffnet – etwa so, wie der satzorientierte Kode-Begriff Jakobsons, angenommen, er umfaßt – was mehr als wahrscheinlich ist[35] – nicht die Menge aller Sätze, sondern nur die Regeln zu ihrer Bildung, auf das Phänomen des Satzes hin geöffnet ist.

In Anbetracht des Mangels an Trennschärfe oder genauer: des Mangels an trennscharfer Korrelierbarkeit mit der sprachlichen Fundamentaldichotomie von Kode und Nachricht oder Langue und Parole, den alle drei der von Jakobson für seine linguistische Interpretation der sechs Luriaschen Aphasietypen herangezogenen Dichotomien aufweisen – die Dichotomie Limitation versus Desintegration in bezug auf diejenige Konzeption von Kode und Nachricht, bei der, korrekterweise, der Kode-Begriff auf den Text hin geöffnet ist, die Dichotomie Simultaneität versus Sukzessivität in bezug auf diejenige Konzeption von Kode und Nachricht, bei der, im Rahmen der Nachricht, unnötigerweise auch Beziehungen zwischen Merkmalen berücksichtigt werden, und die Dichotomie Selektion oder Similarität versus Kombination oder Kontiguität schließlich in bezug auf beide (oder sogar alle möglichen) Konzeptionen von Kode und Nachricht –, in Anbetracht jenes Mangels also erscheint es mehr als fraglich, ob der geistreiche und ingeniöse Versuch Jakobsons, die sechs Luriaschen Aphasietypen linguistisch zu bestätigen, als geglückt bezeichnet werden kann, ja, ob einem solchen Versuch der gewünschte Erfolg überhaupt hat beschieden sein können. Die einzige der drei von Jakobson für diesen Versuch bemühten Dichotomien, die – auch sie allerdings nur in bezug auf eine von Relationen zwischen Merkmalen absehende Konzeption von Kode und Nachricht – den Rang einer mit der Opposition von Kode und Nachricht vergleichsweise eindeutig korrelierbaren Dichotomie und eben damit den Rang einer trennscharfen sprachlichen Fundamentaldichotomie beanspruchen kann, ist, wie gezeigt, die zwischen Simultaneität und Sukzessivität. Was, im Sinne von sowohl eindeutiger als auch fundamentaler Unterscheidbarkeit, linguistischerseits möglich scheint, ist somit nicht mehr als eine Unterscheidung von lediglich zwei Aphasietypen, und auch eine solche eben nur dann, wenn man Relationen zwischen Merkmalen aus der Betrachtung ausklammert. Genau dies aber hat Jakobson, als er, statt mit den klassifikatorischen Vorgaben Lurias, lediglich mit dem Rohmaterial Goldsteins konfrontiert war, also im Rahmen der ersten seiner beiden Aphasietypologien, selber getan: hingewiesen auf die (simultanen) Relationen zwischen (distinktiven phonologischen) Merkmalen hat er zwar auch dort (SW II, 242 f.), bei seiner Aphasietypologie berücksichtigt aber hat er sie dort nicht, und diese Aphasietypologie selber, sie enthält keine sechs, sondern lediglich zwei Typen, und damit eben genauso viele, wie, wenn unsere Analyse richtig ist, der Linguist als sprachtheoretisch unterscheidbare oder besser: eindeutig unterscheidbare Fundamentaltypen eruieren kann. Gleichwohl – die Charakterisierung der beiden Typen, die Jakobson gibt, die Dichotomie, auf die er sie gründet, die Dichotomie nämlich zwischen Similarität und Kontiguität, ist problematisch, und man sollte versuchen, sie durch eine andere, nämlich die zwischen Simultaneität und Sukzessivität oder – was in diesem Falle auf dasselbe hinauskommt – Paradigmatizität und Syntagmatizität, zu ersetzen.[36]

Es könnte allerdings sein, daß auch dieser Versuch keinen Erfolg hätte, daß auch mit seinen Dichotomien keine befriedigende Aphasiedichotomie möglich wäre. Dann aber erhebt sich eine Frage, die selbst den Hintergrund, den gemeinsamen Flucht- und Bezugspunkt der Jakobsonschen Aphasietypologien hinterfragt und in Frage stellt, die Frage nämlich, ob oder in welchem Maße mit einer Dichotomie, die in so eindeutiger Weise wie die zwischen Simultaneität und Sukzessivität bezogen ist auf die Dichotomie von Kode und Nachricht, überhaupt eine Aphasiedichotomie erstellt werden kann; denn letzten Endes, so müssen wir uns sagen, ist eine Aphasiedichotomie ja keine Rekapitulation der Dichotomie von Kode und Nachricht, gehört nicht das eine ihrer Glieder auf die Ebene der Nachricht und das andere auf die Ebene des Kode, gehören vielmehr beide sowohl auf die Ebene der

Nachricht als auch auf die des Kode: ihre Erscheinungen sind unterschiedliche Formen gestörter Nachricht, was diesen zugrunde liegt, aber sind unterschiedliche Störungen des Kode.

5.

Jakobsons an der strukturalen Linguistik orientiertes aphasietypologisches Denken kreist, wie wir versucht haben darzulegen, in all seinen Klassifikationen um die sprachliche Grunddichotomie von Kode und Nachricht, glaubt die erwähnten Aphasietypen letztlich auf diese beziehen und, wenn auch in unterschiedlicher Direktheit, auf sie zurückführen zu können. Wir sind dieser seiner Grund- und Hintergrundkonzeption, bis wir sie, zum Abschluß unserer Interpretationen und Überlegungen, letztendlich noch in Frage gestellt haben, über viele Etappen gefolgt und dabei, wie erwähnt, zu dem Ergebnis gekommen, daß als Basis einer sowohl fundamentalen als auch trennscharfen Aphasietypologie nur eine der drei Jakobsonschen Klassifikationsdichotomien in Frage kommen kann, und diese Dichotomie nicht Jakobsons Primärdichotomie, die zwischen Similarität und Kontiguität, sondern vielmehr eine seiner Sekundärdichotomien, nämlich diejenige zwischen Simultaneität und Sukzessivität ist, und auch diese nur dann, wenn man von bestimmten Detailgesichtspunkten Jakobsons abstrahiert.

Dieses Ergebnis ist jedoch, wenn – wie wir zum Abschluß unserer Überlegungen erwogen haben – bereits die Jakobsonsche Grund- und Hintergrundkonzeption fragwürdig ist, wenn es stimmt, daß Aphasietypen, wie ich gesagt habe, keine Rekapitulation der Dichotomie von Kode und Nachricht sind, hinfällig, und was im besonderen die inkriminierte Klassifikationsdichotomie zwischen Similarität und Kontiguität betrifft, so erscheint sie dann sogar in einem vergleichsweise positiven Licht. Merkwürdig ironisches Wechselspiel der Konsequenzen – aber in dem Maße, wie Jakobsons Grund- und Hintergrundkonzeption fragwürdig sein sollte, gewinnt seine Dichotomie Similarität versus Kontiguität, seine primäre Klassifikationsdichotomie, an Applikabilität und Bedeutung – an Applikabilität und Bedeutung insofern, als sie mit der Dichotomie von Kode und Nachricht ebensowenig korrelierbar ist, wie es, in diesem Falle, beliebige Aphasietypen sind. Nur – und dieses Ergebnis können wir wohl in jedem Falle verbuchen – sie ist, auch in diesem Falle, nicht jene fundamentale und trennscharfe Dichotomie, die sie wäre, wenn sie tatsächlich eine Rekapitulation der Dichotomie von Kode und Nachricht wäre. Aber eine solche Dichotomie, eine Dichotomie von solcher Fundamentalität und Trennschärfe, bilden eben, wenn sie denn keine Rekapitulationen der Dichotomie Kode versus Nachricht sind, auch Aphasietypenpaare selber nicht.

Anmerkungen

1 Im folgenden zitiert nach dem Wiederabdruck in: R. Jakobson, *Selected Writings* (abgekürzt als: SW) I: *Phonological Studies,* 's-Gravenhage: Mouton 1962, 328–401.

2 Im folgenden zitiert nach dem Wiederabdruck in: R. Jakobson, *Selected Writings* (abgekürzt als: SW) II: *Word and Language*, The Hague: Mouton 1971, 239–259.

3 Im folgenden zitiert nach dem Wiederabdruck in R. Jakobson, *Selected Writings* (abgekürzt als: SW), II: *Word and Language,* The Hague: Mouton 1971, 289–306 bzw. 307–333.

4 So spricht Jakobson z. B. in Jakobson, SW I, 347, von einer »wesentlich einheitlichen Aphasie«.

5 In SW I, 354, z. B. charakterisiert Jakobson den Unterschied zwischen Lautstummheit und Lauttaubheit als lediglich »graduell«.

6 Vgl. Jakobson, SW I, 345: »Die berüchtigten Schwierigkeiten, die bei der zusammenfassenden Schilderung der sog. ›reinen Aphasien‹ [...] oder bei der Feststellung und Einteilung ihrer verschiedenen Formen und Grade [...] gewöhnlich entstehen, verschwinden von selbst, insofern man an erster Stelle die Frage zu beantworten sucht: welche Veränderungen erfährt beim Aphasischen das Phonemsystem, oder, in anderen Worten, das System der bedeutungsunterscheidenden Lautwerte?«

7 Vgl. Anm. 5.

8 Kurt Goldstein, *Language and Language Disturbances,* New York 1948.

9 Hughlings Jackson (den Jakobson SW II, 250, zitiert) spricht bereits 1879 von dem »loss of power to propositionize«.

10 So schon Hughlings Jackson 1866. Vgl. Jakobson SW II, 251.

11 Während die in Rede stehende Unterscheidung in Jakobsons erster aphasiologischer Phase, in Gestalt der – restriktiven – Unterscheidung zwischen Lautstummheit und Lauttaubheit, eher als einen lediglich

graduellen Unterschied abbildend gesehen wird (vgl. SW I, 354), erscheint sie in seiner zweiten aphasiologischen Phase bereits so weit aufgewertet, daß sie, zumindest in ihrer allgemeineren Form als emissive bzw. rezeptive Aphasie, als der (in dieser Phase von Jakobson allein favorisierten) linguistischen Dichotomie von Similaritäts- und Kontiguitätsstörungen an Bedeutung nur noch wenig nachstehend begriffen wird (vgl. SW II, 244).

12 Jakobson bezieht sich in diesem Zusammenhang besonders auf A. R. Luria, *Vysšie korkovye funkcii čeloveka i ix narušenie pri lokal'nyx poraženijax mozga,* Moskau 1962, und ders., »Factors and forms of aphasia«, in: A. V. S. de Reuck und M. O'Connor (Hg.), *Disorders of Language,* London 1964, 143–167. Vgl. dazu SW II, 309. Weitere Werke Lurias, die Jakobson in diesem Zusammenhang häufiger zitiert, sind: A. R. Luria, *Travmatičeskaja afazija,* Moskau 1947; ders., »Brain disorders and language analysis«, *Language and Speech* 1 (1958), 14–34, und ders., »The directive function of speech in development and dissolution«, *Word* 15 (1959), 341–352 und 453–464.

13 So dürften sie, zumindest bisweilen, auch Jakobson selber erschienen sein; denn gelegentlich bezeichnet er, Hjelmslevschen Sprachgebrauch evozierend, sowohl die Glieder der Dichotomie Selektion versus Kombination als auch die Glieder der Dichotomie Simultaneität versus Sukzessivität, als auch die der Dichotomie Paradigmatizität versus Syntagmatizität als Achsen und meint dabei offensichtlich ein und dasselbe Paar von Achsen. Vgl. dazu SW II, 298, 301, 317 und die in Anm. 20 zitierte Poetizitätsdefinition. Mehr oder weniger identifiziert werden die drei Dichotomien übrigens auch von Elmar Holenstein. Vgl. dazu E. Holenstein, *Roman Jakobsons phänomenologischer Strukturalismus* (suhrkamp taschenbuch wissenschaft 116), Frankfurt am Main 1975, 142 ff. Holenstein spricht dort auch explizit von einer Zweiachsentheorie der Sprache.

14 Von diesen Regeln (die für ihn ja ebenfalls dem Kode angehören [vgl. SW II, 301]) sagt Jakobson merkwürdigerweise nicht, daß der Sprecher sie selektiere.

15 Für Sätze habe ich dies zu zeigen versucht in R. Harweg, »Metasprache und Objektsprache als Langue und Parole«, *Acta Linguistica Academiae Scientiarum Hungaricae* (im Druck).

16 Für die Relation der Kombination erwähnt dies Jakobson selber, so wenn er schreibt: »[...] selection [...] deals with entities conjoined in the code but not in the given message, whereas, in the case of combination, the entities are conjoined in both, or only in the actual message« (SW II, 243). (Hervorhebungen von mir.)

17 Unter syntagmatischen Substitutionen verstehe ich – vorwiegend auf das Prinzip der Referenzidentität gegründete – syntagmatische Ersetzungs- oder Wiederaufnahmebeziehungen, wie sie z. B. zwischen den

in einem Text aufeinander folgenden Ausdrücken *jemand* und *er* oder *ein Mann* und *der* (oder: *dieser*) *Mann* bestehen. Genaueres darüber in R. Harweg, *Pronomina und Textkonstitution,* München: Fink ²1979 (¹1968).

18 Auf die syntagmatisch substitutionellen Similaritätsbeziehungen weist Jakobson unter dem Begriff der Anaphora, der »anaphoric rules based on mere similarity relations« hin (SW II, 299), und die Störung dieser Beziehungen ist für ihn ein wesentlicher Aspekt von Lurias sogenannter semantischer Aphasie, einer Aphasie, die er, als abgeschwächte Form von Lurias sensorischer Aphasie, unter die Similaritäts- und Dekodierstörungen subsumiert, allerdings mit einem Beispiel veranschaulicht, das eher nach einer Störung des Enkodierens als nach einer solchen des Dekodierens aussieht (SW II, 299).

19 Jakobson charakterisiert die Koordinationen dabei unter anderm als »open groups with freely addible and omissible members« (SW II, 300, 317) – eine Charakterisierung, die zwar nahe liegt, sich jedoch bei genauerer Analyse als nicht ganz korrekt erweist. Dies gilt besonders für die *sowohl-als-auch*-Koordinationen. Vgl. dazu R. Harweg, »Funktion und Textologie der *sowohl-als-auch*-Koordinationen«, *Zeitschrift für Phonetik, Sprachwissenschaft und Kommunikationsforschung* 24 (1971), 360–372.

20 Es handelt sich bei dieser Definition um jene strukturale Definition der Poetizität, durch die, Elmar Holenstein zufolge (vgl. E. Holenstein, *op. cit.*, 150), Jakobson »seit den späten 50er Jahren« seine »ursprüngliche phänomenologische Definition, nach der das Wesen der Poesie in der Einstellung auf die Botschaft als solche liegt«, »ergänzt«. In ihrer wohl bekanntesten, als Charakterisierung der poetischen Funktion der Sprache formulierten Fassung lautet die Definition folgendermaßen: »The poetic function projects the principle of equivalence from the axis of selection into the axis of combination.« Vgl. Jakobson, »Closing Statement: Linguistics and Poetics«, in: Th. A. Sebeok (Hg.), *Style in Language,* New York 1960, 350–377, hier: 358.

21 Vgl. Anm. 16.

22 Kopulativkomposita, sogenannte Dvandvas, sind Komposita, deren Konstituenten in einem koordinativen Verhältnis zueinander stehen. Reine, d. h. »exozentrisch« koordinative Kopulativkomposita finden sich besonders im Altindischen. Neuhochdeutsche Kopulativkomposita demgegenüber sind in der Regel endozentrisch koordinativ. Das heißt, das neuhochdeutsche Kopulativkompositum *ein Dichterkomponist* bedeutet nicht, exozentrisch, *›ein Dichter und ein Komponist‹, sondern, endozentrisch, ›jemand, der Dichter und Komponist ist‹.

23 Solche *und*-Koordinationen sind Koordinationen vom Typus *Karl*

und Peter, d. h. Koordinationen, bei denen die Anzahl der koordinierten Glieder auf der Ebene der Signifikanten und der Ebene der Signifikate identisch ist. Es handelt sich bei dieser – von mir als ikonisch bezeichneten – Identitätsbeziehung übrigens um eine Relation von der Art, wie sie Jakobson für das Verhältnis zwischen Signifikanten und Signifikaten – Jakobson sagt: signantia und signata – im Bereich der Steigerung der Adjektive herausgestellt und, Peirce folgend, ebenfalls als ikonisch bezeichnet hat (vgl. dazu E. Holenstein, *op. cit.*, 161 f.): In beiden Fällen handelt es sich um relationale Ähnlichkeiten zwischen den beiden Zeichenebenen.

24 Numerisch »irreguläre« *und*-Koordinationen liegen zum Beispiel vor in dem eine einzige Person bezeichnenden Ausdruck *der und der* auf der einen und dem mehr als zwei Personen bezeichnenden Ausdruck *dieser und jener* auf der anderen Seite. Zu den Ausdrücken des ersteren Typus vgl. R. Harweg, »Reduzierte Rede«, *Linguistics* 80 (1972), 44–55.

25 Die strukturale Linguistik kennt allerdings auch Einheiten, die nicht zitier- und damit präsentierbar sind, so zum Beispiel bestimmte Konsonanten und Morpheme. Aber das ist kein prinzipielles Phänomen, und zur Not könnte man auf solche Größen als »Einheiten« verzichten.

26 Indem wir von dieser Möglichkeit Gebrauch machen, legitimieren wir gewissermaßen nachträglich jene Intuition, die Ferdinand de Saussure trotz seiner Einsicht, daß ein Phonem aus simultanen Merkmalen zusammengesetzt ist, die These vom linearen Charakter der Sprache – gemeint ist: der Sprache als Parole, als Nachricht – vertreten ließ – eine Intuition, die Jakobson kritisiert, indem er von Saussure sagt: »Despite his own insight into the phoneme as a set of concurrent distinctive features *(éléments différentiels des phonèmes)*, the scholar succumbed to the traditional belief in the linear character of language ›*qui exclut la possibilité de prononcer deux éléments à la fois*‹« (SW II, 243).

27 Wie schon in Anm. 13 betont, scheinen diese beiden Dichotomien, zumindest unterschwellig, auch im Jakobsonschen Denken eng miteinander verwandt, wenn nicht identisch zu sein; denn er charakterisiert, Hjelmslevschen Sprachgebrauch evozierend, die Glieder beider Dichotomien als Achsen (SW II, 298, 301, 317) oder Dimensionen (SW II, 300).

28 So z. B. in seiner strukturalen Poetizitätsdefinition. Vgl. dazu Anm. 20.

29 Ich sehe, wenn ich dies sage, zwar ab von der – für die Interpretation (der »limitierten« Störungen) speziell der dynamischen Aphasie von Jakobson ebenfalls herangezogenen (SW II, 297 f., 314 f.) – Schwelle zwischen verschiedenen, nämlich sprachlichen und nichtsprachlichen

Kodes, doch dürfte die enge Parallelisierung, die Jakobson zwischen ihr und der von ihm konzipierten Grenze zwischen Kode und Nachricht vornimmt und mit der er Lurias dynamische Aphasie linguistischerseits als ein einheitliches Syndrom zu bestätigen versucht, ohnehin problematisch sein.

30 Diese Einschränkung soll besagen, daß für Jakobson höchstwahrscheinlich nur die Regeln, die einen Satz – aus Wörtern – zu konstruieren erlauben, nicht aber die einzelnen Sätze selber Bestandteile des Kode sind. Vgl. dazu SW II, 251, 301, 314. Vgl. auch die Zitate in Anm. 35.

31 Der (hier abgewandelte) Ausspruch Jakobsons über de Saussure findet sich SW II, 243, und ist zitiert in Anm. 26.

32 Vgl. L. Bloomfield, *Language*, New York 1933, 170.

33 Vgl. dazu unter anderm R. Harweg, *Pronomina und Textkonstitution*, München: Fink [2]1979 ([1]1968); E. Gülich & W. Raible, *Linguistische Textmodelle* (Uni-Taschenbücher. 130), München: Fink 1977 und W. U. Dressler (Hg.), *Current Trends in Textlinguistics* (Research in Text Theory. 2), Berlin und New York: de Gruyter 1978.

34 Zwar könnte man, was Jakobson betrifft, diesem zugute halten wollen, daß er die entscheidende Differenzqualität des Satzes gegenüber dem Text in dem Merkmal seiner völligen (er spricht ja von »entirely organized«) Organisiertheit durch grammatische Regeln sehe, aber dem ist entgegenzuhalten, daß von einer völligen Organisiertheit durch grammatische Regeln wohl auch auf der Stufe des Satzes keine Rede sein kann: Die immer für den Text postulierte Freiheit des Ausdrucks besteht, unbeschadet der hier wie dort geltenden grammatikalischen Restriktionen, auch auf der Stufe des Satzes; der Unterschied zwischen Satz und Text dürfte, in dieser Hinsicht, lediglich ein gradueller sein. Die genannte Spezifikation erscheint übrigens auch nicht in allen Charakterisierungen des Satzes, die Jakobson gibt, so z. B. nicht in der in Anm. 35 zitierten.

35 Dafür sprechen z. B. folgende Formulierungen Jakobsons: »[...] the word, which can be defined as the highest among the linguistic units compulsorily coded, i. e., we compose our own sentences and utterances out of the word stock supplied by the code« (SW II, 251); »The sentence is the maximum context, structured on the basis of coded rules« (SW II, 301) und »[...] partly (only grammatically) coded units as sentences [...]« (SW II, 314). (Hervorhebungen im zweiten Zitat von mir.)

36 Auf die Dichotomie Paradigmatizität versus Syntagmatizität, und nur auf diese, rekurriert, in seinem späten Aufsatz »Two Basic Kinds of Aphasic Disorders«, *Linguistics* 115 (1973), 57–66, merkwürdigerweise auch Luria, und wenn hinter dieser Wahl und Beschränkung auch sicherlich keine den unseren vergleichbaren Überlegungen stehen

dürften, so ist die Koinzidenz doch gleichwohl bemerkenswert. Übrigens bezieht sich Luria bei seinem Rekurs auf diese Dichotomie (auf die er, allerdings im einzelnen vergleichsweise undeutlich, seine sechs Aphasietypen in jenem Aufsatz reduziert) auch explizit auf Jakobson, macht dabei aber bezeichnenderweise keinen Unterschied zwischen dessen zweiter und dritter aphasiologischer Phase.

Christian Sappok
Sprechtätigkeit und Bewegungsaufbau

0. Das Problem

Sprechen und sich Bewegen sind zwei verschiedene Dinge, werden von zwei selbständigen Wissenschaftsdisziplinen (der Linguistik bzw. der Physiologie) beschrieben, und diese Beschreibung resultiert in zwei ganz unterschiedlichen Modellbildungen. Wenn also im folgenden der Versuch unternommen wird, die Modellbildung der Linguistik mit derjenigen, die Bewegungsabläufe abbildet, zu konfrontieren, so nicht mit dem Ziel, das Sprechen und das Hören als Bewegungen zu interpretieren. Das ist zwar möglich, es führt z. B. zu interessanten Einblicken, wenn etwa Henri Weil »la marche syntaxique« und »la marche des idées« vergleicht (L'ordre des Mots, Paris 1879[2]). Mein Ziel ist ein anderes: es soll beobachtet werden, wie die Bewegungsphysiologie die Arbeitsweise des Gehirns in ihre Modellbildung einbezieht; es soll darauf geachtet werden, unter welchem Blickwinkel das Gehirn dabei gesehen wird (besonders im Rahmen der Arbeit des sowjetischen Physiologen N. A. Bernštejn); es soll gefragt werden, ob dieser Blickwinkel für die Linguistik in Betracht kommt bzw. in traditionellen linguistischen Ansätzen, auch ohne daß diese eine zerebrale Organisationsform in ihren Problembereich einschlossen, bereits Bewährung gefunden hat und nach dem Vorbild der Bewegungsanalyse weiter ausgebaut werden kann. Nach einer kurzen Charakteristik dieses Blickwinkels und der daraus resultierenden Konsequenz für die Methodik der Analyse konzentriere ich mich auf einige Fälle von Bewegungsabläufen und Sprechtätigkeiten, die in irgendeinem Sinne etwas mit Wiederholung zu tun haben.

1. Der Blickwinkel der Neuropsychologie

Es ist eine Aufgabe der Linguistik, ein Modell zu konstruieren, das das an sprachlichen Kommunikationsprozessen beteiligte Individuum abbildet. Eine gezielte Miteinbeziehung des Gehirns in diese Modellbildung hat dann Sinn, wenn sich nachweisen läßt, daß die Eigengesetzlichkeit des Gehirns im zur Debatte stehenden Verhalten des Individuums expliziten Niederschlag findet. Baudouin de Courtenay rückt in diesem Sinne die Gehirne der Sprecher in das Zentrum linguistischer Beobachtung; er interpretiert dabei z. B. die Analogie nicht mehr als ein auf Irrtum beruhendes Nebenprodukt eines autonomen Regelwerks, sondern als legitimes und produktives Vorgehen des Sprechers, gesteuert von derjenigen Schicht des Gehirns, die er ›myślenie językowe (Sprechdenken)‹ nennt. Welche Blickwinkel auf das Gehirn sind für die angestrebte Miteinbeziehung möglich bzw. erfolgversprechend? Ich nenne nur die Namen der jeweils zuständigen Wissenschaftsdisziplinen und einige repräsentative Gegenstände, die jeweils bei der Modellbildung eine Rolle spielen bzw. den Inhalt von Modellkomponenten darstellen.

- Physiologie: Neuronen, Axone, Synapsen, Afferenz, Efferenz ...
- Psychologie: Wissen, Symbole, Kognition, Assoziation, Emotion ...
- Neuropsychologie: Operationen, Akte, Tätigkeiten ...; Hauptvertreter N. A. Bernštejn, P. K. Anochin, A. R. Lurija.

Das Gehirn wird betrachtet als ein Organ, das, wie Leber und Lunge, eine bestimmte Arbeit verrichtet, das für bestimmte Aufgaben geeignet ist und seine Arbeitsweise der Natur dieser Aufgaben angepaßt hat. Ein solcher Aufgabenkomplex, so Lurija (1973, 7) ist die Gewährleistung von Programmierung, Regulation und Kontrolle bei komplexen Formen der Aktivität, die auf die Erreichung von Zielen, die Verwirklichung von Absichten und die Realisation von Plänen gerichtet ist. Eine Einrichtung dieser Art heißt in dieser Disziplin funktionelles System, diskrete physiologische Einheiten wirken dabei zusammen und sind separat störungsanfällig. Dieses System soll im folgenden im Hinblick auf das Sprechen untersucht werden. Wir werden natürlich auch weiterhin sagen: Der Sprecher möchte etwas mitteilen, dabei die räumlichen, sozialen, wissensmäßigen Voraussetzungen berücksichtigen, das passende Wort auswählen, die Reaktion des Hörers miteinbeziehen usw.; es könnte sich jedoch herausstellen, daß bei jeder dieser Komponenten eine diskrete Funktionseinheit des Systems in Kraft tritt und daß die Formen der Gesamtorganisation kommunikativer Prozesse Spuren der Besonderheiten dieses Gehirnorganes aufweisen.

Welche Gegenstände bilden den Objektbereich dieser Wissenschaftsdisziplin? In der angedeuteten dreifachen Staffelung nimmt die Neuropsychologie eine intermediäre Position ein: das Modell soll beschreiben, was passiert, wenn die Hand eine kreisförmige Bewegung durchführt oder eine Schrittfolge auf unebenem Grund ausgeführt werden muß. Was die entsprechende Einheitenbildung beim Sprechen betrifft, so kann eine Klärung erst erfolgen, wenn die Komponenten des Modells umrissen sind. Eine negative Abgrenzung dieses Gegenstandsbereichs wird aber jetzt schon sichtbar: Das Gehirn und Besonderheiten seiner Funktionsweise werden nicht erst dann relevant, wenn die sprachliche Äußerung möglichst fein zerlegt und untergliedert wird. Seine Operationen erstrecken sich nicht nur auf den Mikrobereich artikulatorischer Impulse oder semantischer Grundbausteine, vielmehr auf die Elemente, die für die Lösung einer kommunikativen Aufgabe im Einzelfall erforderlich sind.

2. Die Komponenten des Tätigkeitsmodells

Das gesuchte Modell betrifft die Arbeit des Gehirns bei der Organisation von Tätigkeiten, also von Prozessen, in deren Verlauf eine konkrete Lokomotion, eine auf motorischen Impuls zurückgehende Bewegung eines Körperteils im Raum, stattfindet, bzw. von Prozessen, die eine konkrete Äußerung einschließen.

Der Begriff des Einschließens wirft einige Probleme auf: Wie ist zu entscheiden, ob die im Verlauf einer solchen Tätigkeit initiierte sprachliche Äußerung nicht schon vor dieser Initiierung konkrete Formen angenommen hat? Wann kann eine Bewegungskomponente als abgeschlossen betrachtet werden, wenn die Lokomotion im oben definierten Sinne weitergeht? Anfangs- und Endpunkt dürfen nicht nach externen Gesichtspunkten festgelegt werden, sondern nach internen, d. h. nach dem Maßstab, den das handelnde Individuum anlegt, mit dem dieses Anfang und Ende bestimmt. Anfang bedeutet in diesem Sinne, daß alle Möglichkeiten, die das Individuum in einer bestimmten Situation besitzt, reduziert und ausgeschaltet werden bis auf eine, die dann tatsächlich initiiert wird. Bernštejn benennt diese Beseitigung überflüssiger Freiheitsgrade mit dem Terminus Bewegungskoordination (1966, 156 f.). Ende bedeutet in diesem Sinne, daß der Zustand, der auf die konkreten Tätigkeitskomponenten hin eingetreten ist, von diesen verursacht wurde, mit der ursprünglichen Möglichkeit, dem Plan, verglichen wird und daß dieser Vergleich positiv ausgeht.

Eine Tätigkeit, ob sie nun Bewegungs- oder Sprechvorgänge einschließt, mag viele Zustände enthalten; und wenn man diese repräsentieren will, muß man über Zeichen für afferente und efferente Informationsmengen, Handlungsprogramme und Effektoren usw. verfügen. Auf das Sprechen übertragen: Man braucht Repräsentationsmittel für grammatische Kategorien, für lexikalische Einheiten, Artikulationsanweisungen und Interpretationsvorschriften. Doch muß aus der Menge der möglichen Zustände, die eine Tätigkeit durchläuft und die mit den angeführten Mitteln repräsentierbar sind, derjenige ausgewählt werden, der Gegenstand der Planung ist, d. h. aus der Menge der ebenfalls möglichen ausgewählt wurde, und der am Ende Gegenstand des Vergleichs ist und so über Erfolg oder Mißerfolg einer Tätigkeit entscheidet. Das Modell muß also eine Komponente enthalten, die unter der Bezeichnung Komparator, Handlungsrezeptor oder Kontrollinstanz in der neuropsychologischen Literatur auftaucht.

Wir setzen voraus, daß eine solche Instanz auch beim Sprechen vorhanden ist, daß also auch dabei ein Zustand zugrundeliegt, der mit dem wünschenswerten Zustand am Ende einer Sprechtätigkeit und mit ausgewählten Zuständen während dieser Tätigkeit vergleichbar ist. Die Frage ist: Was sind das für Zustände?

Hier ist ein erster Punkt erreicht, an dem die physiologischen Besonderheiten der Komponente anfangen, eine Rolle zu spielen. Das zeigt der Vergleich der Konzeptionen von Istwert (Iw) und Sollwert (Sw) bei N. Wiener (1948) und N. A. Bernštejn (1957). Beide betrachten die Bewegung der Hand, die einen auf dem Tisch sichtbaren Gegenstand erreichen will. Bei Wiener ist der Sw die Position der Hand am Gegenstand, Iw die augenblickliche Lage der Hand, Messung und Steuerung beziehen sich auf den Vergleich dieser beiden Zustände. Der Sw bei Bernštejn ist dagegen der gesamte, ununterbrochene, geplante Weg oder Bewegungsprozeß des Organs, den Iw bilden die tatsächlich vorbeifließenden Koordinaten des letzteren. Korrektur bedeutet dabei nicht wie bei Wiener Abbau der Distanz (Sw – Iw), vielmehr Korrektur von Abweichungen im Gang der Bewegung vom geplanten Bewegungsprozeß (1957, 81 bzw. 1966, 159).

Die Gegenüberstellung dieser beiden Konzeptionen läßt sich in vorläufiger Form auf die Tätigkeit der Textproduktion übertragen. Als Zustände im plan- und bewertbaren Sinne könnte man dabei Informationsmengen ansetzen, die in das Kenntnissystem eines Hörers eingeordnet bzw. dort verlagert, verändert, aufgebaut, abgebaut werden sollen. Dieses Kenntnissystem und sein Zustand vor und nach der entsprechenden Kommunikation ist im Sinne Wieners der Ist- bzw. der Sollwert, wobei letzterer als Textstruktur zu repräsentieren ist und jeder Satz oder jedes Wort (vgl. Anochin 1967, 80) einen Schritt der Annäherung vom Iw an den Sw darstellt. Bernštejns Ansatz dagegen sieht ein Gesamtschema der Textkonstitution vor, das die Koordinaten des Vorgehens enthält, und die Kontrolle bezieht sich auf die Abweichungen, die beim weiteren Vorgehen ausgeglichen und berichtigt werden müssen. Wie diese Koordinaten aussehen, welche Abweichungen möglich sind, ist nicht bekannt. Wenn im folgenden eine Richtung angedeutet wird, in der die Suche sich als sinnvoll erweisen könnte, so kann wohl eine Möglichkeit zumindest für den Normalfall ausgeschlossen werden: daß nämlich der Sw die Summe aller linguistischen Repräsentationen des Textes darstellt und daß Abweichungen die Form von Verstößen gegen grammatische Regeln annehmen.

3. Die Ebenenhierarchie der Tätigkeit

Schließt man das Vorhandensein von Fehlern vorerst aus der Betrachtung aus (diese sind freilich für den Aufbau der Tätigkeit sehr aufschlußreich, besonders bezüglich der Betrachtung, daß sie meistens von der Kontrollinstanz gar nicht registriert werden), so muß man davon ausgehen, daß alle Bestandteile einer Bewegung oder einer Sprechtätigkeit geplant sind und der Kontrolle unterliegen. Das soll im Modell nicht in der Form seinen Niederschlag finden, daß sie auch in ihrer Gesamtheit den Inhalt der gesuchten Modellkomponente, der Kontrollinstanz, darstellen. Vielmehr ist die Menge der tatsächlich ausgeführten Komponenten auf ein hierarchisch angeordnetes System von Ebenen verteilt. Wie diese Hierarchie und die entsprechenden Ebenen beim Bewegungsaufbau aussehen, bildet den Inhalt des grundlegenden Werkes von Bernštejn, *Über den Aufbau von Bewegungen*, Moskau 1947.

Grundlage des hier entwickelten Modells ist die Tatsache, daß es eine Hierarchie von Ebenen des Gehirns gibt, die sich als phylogenetische Entwicklungsstufen mit zunehmend komplexem Funktionsbereich empirisch nachweisen lassen. Ihr Zusammenspiel bei Bewegungen, bei der Lösung einer Bewegungsaufgabe, läßt sich vereinfacht folgendermaßen darstellen.

- »Jede Bewegungsaufgabe findet für sich in Abhängigkeit von ihrem Inhalt und ihrer Sinnstruktur eine bestimmte adäquate Ebene ... Diese Ebene spielt dann bei dieser Bewegung die Rolle der führenden Ebene (veduščij uroven'), führend in bezug auf die Realisation der wichtigsten sensorischen Korrekturen.« (1947, 35)
- »Jedes technische Detail einer komplexen Bewegung findet für sich unter den tiefer liegenden Ebenen eine solche, deren Eingang für dieses Detail am adäquatesten ist ... Unter der Leitung (pod dirižirovaniem) der führenden Ebene nimmt eine Reihe von untergeordneten Ebenen teil an der Durchführung der Handlung.« (1947, 37)
- Das Umschalten einer technischen Komponente auf eine tiefere Ebene nennt man gewöhnlich Automatisierung. Das Umschalten hat zur Folge, daß das betreffende Element, die betreffende Bewegungskomponente aus dem Bewußtseinsfeld verschwindet. Von jeder Bewegung, ganz gleich wie ihr tatsächlicher Komplexitätsgrad ist, wird nur das bewußt gemacht, was sich auf der führenden Ebene abspielt.
- Ein negatives Kontrollergebnis mit dem Ergebnis der Nichtübereinstimmung des Sw (= Bewegungsplan) mit dem Iw (= Bewegungskoordinaten) hat eine Desautomatisierung zur Folge. Das bedeutet einen Umschaltvorgang im umgekehrten Sinn: Die führende Ebene delegiert nicht Komponenten an tieferliegende Ebenen; sie begibt sich vielmehr selbst auf die nächsttiefere Ebene, bzw. die Vorgänge auf der nächsttieferen Ebene werden ins Bewußtsein gerückt und damit einer bewußten Kontrolle zugänglich gemacht.

Die Idee einer Gliederung, Hierarchisierung und Morphologisierung ist natürlich keineswegs neu, sie bildet die Grundlage jeder System- oder Modellbildung. Ebenso sind die hier angesprochenen Relationen von Führung und Delegation ganz offensichtlich Grundbestandteil jeder Vorstellung von selbstregulierenden Systemen. Dennoch taucht etwas Neues auf. Die führende

Ebene ist nicht diejenige, die mehr weiß, über mehr Fakten verfügt, einen höheren Generalisierungs- oder Abstraktionsgrad besitzt. Sie konstituiert sich vielmehr dadurch, daß sie genau die Details ausschaltet, die die untergeordneten Ebenen übernehmen können.

Welche Konsequenzen hat dieses Prinzip für die Suche nach der Modellkomponente der Kontrollinstanz? Sie kann nicht über alle Merkmale der Tätigkeit verfügen, wenn sie ihre Arbeit sinnvoll erfüllen soll; welche Abstriche jedoch zu machen sind, um ihren Inhalt zu bestimmen, das darf nicht einem universalen Maßstab von technisch vs. sinnbezogen, von allgemein vs. speziell, von komplex vs. einfach entnommen werden, sondern hängt von der jeweils der Art der Aufgabe entspringenden Auswahl der Ebene ab. Prinzipiell gibt es keine Komponente der Tätigkeit, die davon ausgeschlossen wäre, Gegenstand der bewußten Planung und Kontrolle zu sein.

Die Kernfrage der vorliegenden Untersuchung, die die Funktionsweise des Gehirns nach dem Vorbild der Bewegungsphysiologie in die Modellbildung des Sprecherverhaltens einzubeziehen versucht, ist die folgende: Lassen sich beim Sprechen eine Ebenenhierarchie bzw. Ebenen nachweisen, die zueinander im beschriebenen Verhältnis der Dominanz und der Delegation, der Bewußtheit und der Automatisation stehen? Es können hier nur einige Hinweise gegeben werden, wie die Antwort auf diese Grundfrage empirisch, durch die Analyse konkreter Äußerungen zu suchen ist.

Richten wir uns dabei nach Bernštejns Methode, so ergibt sich folgendes: Wählt man aus einem konkreten Bewegungsablauf eine Komponente aus, etwa die Durchführung einer kreisförmigen Bewegung mit der Hand, so zeigt sich, daß der Status dieser Komponente im Bewegungsaufbau unterschiedlich beurteilt werden muß. Dieser Status ist ein anderer, wenn die Aufgabe zugrunde liegt, einen Kreis jeweils in der Luft zu beschreiben oder einen vorgeschriebenen Kreis nachzuzeichnen oder ein Zeichen zu malen, das den Symbolwert Null vertritt.

Versucht man in analoger Weise, eine Komponente aus einem Äußerungsprozeß zu untersuchen, so sollte auch diese unterschiedlichen Status – gemessen an der Aufgabe – einnehmen können. Nehmen wir an, es handle sich um ein Wort, so muß die Repräsentation dieses Wortes im Tätigkeitsmodell – je nach dem

Status – unterschiedliche Gestalt annehmen. Hier wird schon deutlich, daß diese Modellbildung nicht vergleichbar ist mit der grammatikorientierten; diese wird daran interessiert sein, dieses Wort, wenn es nicht mehrdeutig ist, in stets identischer Form zu repräsentieren. Das ist nicht nur ein linguistisches Interesse. Auch in dem Funktionsbereich des Gehirns, der für das Lexikon zuständig ist, wird diese Identität eine zentrale Rolle spielen, denn anders ist ein störungsfreier Abruf, ja eine störungsfreie Kommunikation nicht denkbar. In jenem Funktionsbereich jedoch, der für die Lösung einer konkreten Aufgabe und deren bewertbare Lösung zuständig ist, ist die Repräsentation dieser Einheit abhängig von der Gesamtorganisation; und es ist möglich, daß die Adäquatheit der semantischen, stilistischen und prosodischen Parameter gerade dieses Wortes einer bewußten Kontrolle unterliegen und eine diesbezügliche Korrektur den weiteren Verlauf der Äußerung steuert oder – im umgekehrten Fall – aus der Kontrolle ausgeschlossen ist.

Auf welchem Wege ist es möglich, den Stellenwert einer Komponente im Äußerungsprozeß hinsichtlich der kritischen Ebenenzugehörigkeit zu testen? Wie ist es möglich, diesen Stellenwert – bei gleichbleibendem linguistischem Status dieser Komponente – zu verändern? Die Bewegungsphysiologie kennt eine Reihe von diesbezüglichen Experimenten: Wiederholung eines Bewegungsablaufs bei gleichen oder veränderten Bedingungen, die künstliche Ausschaltung der Rückmeldung, Einführung künstlicher Erschwerungen usw. Eine besonders wichtige Rolle spielt in der Argumentation Bernštejns die Wiederholung. Nach einer kurzen Darstellung der hier gemachten Beobachtungen sollen im Ansatz die Möglichkeiten untersucht werden, wie diese Methode auf den Sektor der sprachlichen Tätigkeit übertragbar ist.

4. Der Wiederholungsfall

Das Wesen des Wiederholungsexperiments beruht darauf, daß hier – zumindest anscheinend – eine einfache Instruktion und entsprechend eine einfache Aufgabe vorliegt. Die Instruktion legt nahe, eine identifizierbare Aktion in unveränderter Form nochmals zu realisieren. Es wird keine neue Aufgabe gestellt, es wird auch nicht die Aufgabe, die der vorhergehenden Realisation voranging, nochmals gestellt, sondern es wird durch die Instruktion »Wiederholen!« der ganze Komplex aus Aufgabe und Lösung nochmals ausgelöst.

Und doch zeigen die hierbei evozierten Wiederholungsfälle eine sehr auffällige und generell gültige Erscheinung, nämlich ein prinzipelles Abweichen der Wiederholungskomponente gegenüber der vorausgehenden. Die Abweichungsparameter können sehr geringfügiger Natur sein, doch gibt es keine völlig identischen Wiederholungsfälle. Bernštejn spricht von »povtorenie bez povtorenija« (1957, 84), von »Wiederholung ohne Wiederholen« (1971, 163). Diese Variabilität ist auch bei ausgesprochen stereotypen Bewegungskomponenten vorhanden und wird beim Übergang zu komplexeren Bewegungen und Bewegungsverknüpfungen zum »allgemeinen Gesetz« (1971, 162). Das Vorhandensein dieses Variationsspielraums ist ein zentraler Faktor in der Argumentation zugunsten der postulierten Ebenenhierarchie, und aus der Art des jeweiligen Variationsspielraumes können Schlüsse gezogen werden hinsichtlich der Zugehörigkeit einer Komponente zu einer der gesuchten Ebenen sowie über die Natur der diesbezüglichen führenden Ebene.

Was die prinzipielle Charakteristik dieses Unterschieds angeht, so schließt Bernštejn zunächst zwei mögliche Quellen aus. Die Variation ist zum einen nicht zurückzuführen auf Veränderungen innerhalb der Realisationsbedingungen; sie findet statt auch bei »optimaler Konstanz der äußeren Bedingungen«, sie hat keinen »Anpassungssinn« (1971, 34). Sie ist zum anderen auch nicht auf Unwägbarkeiten der Ausführungsorgane zurückzuführen, eine Offenheit bei der Planung, einen Mangel an Präzision bei der Realisation. Wäre das der Fall, so müßten Art, Richtung und Grad der Abweichung dem Zufall überlassen sein, während gerade eine Gerichtetheit bei der Abweichung das Auffallende ist; sonst müßte ja, dem Zufall zuzuschreiben, auch mit Fällen zu rechnen sein, in denen Erst- und Zweitsetzung tatsächlich identisch sind; und gerade dem widersetzt sich der ausführende Organismus offensichtlich. »Der Versuch, diese Abweichungen mit der Gausschen Normalverteilung abzutun, ist unzulässig.« (1971, 34)

Bernštejn stützt sich bei seinem Versuch, die Ursache für diese Variabilität aufzudecken, auf die Gegenüberstellung von wesentlichen und unwesentlichen Parametern der Bewegung. Die Variation bezieht sich, so faßt er sein Ergebnis zusammen, nur auf unwesentliche Charakteristika. Was ist aber der Maßstab dieser Bewertung? Kann der Beobachter von sich aus diese Trennung durchführen? Natürlich nicht. Man muß auf die Ebenenhierarchie zurückgreifen, in der die sich wiederholenden Komponenten eingeordnet sind, muß ihr Verhältnis zur führenden Ebene kennen, und von dieser aus gesehen ergibt sich die Bewertung eines Merkmals als wesentlich bzw. unwesentlich. Die Verteilung der identischen und der nichtidentischen Merkmale, die für die Konstituierung eines Wiederholungsfalls notwendig ist, wird in diesem Sinne auf die Perspektiven der beteiligten Ebenen zurückgeführt: Was Erst- und Zweitsetzung zu identischen Komponenten macht, geht auf die übergeordnete Ebene zurück; was den Unterschied ausmacht, geht auf die untergeordnete Ebene und ihre Entscheidungskomponente zurück. Bernštejn interpretiert diesen Unterschied als »suchende Abweichung« (1971, 36); obwohl die bei der ersten Komponente ausgewählte kinematische Zusammensetzung zu einem positiven Ergebnis geführt hat, sich bewährt hat, wird bei der zweiten die Suche nach einer adäquaten Lösung nochmals initiiert und führt zu einem – im Rahmen der Leitvorstellung zulässigen – etwas veränderten Ergebnis.

5. Der Wiederholungsfall in der Sprechtätigkeit

Die physiologische Interpretation von Wiederholungsfällen, die bei Bewegungen eine typische Variabilität aufweisen, sieht also so aus: Die Instruktion, eine bestimmte Bewegungskomponente zu wiederholen (Wiederhole X!), löst nicht eine möglichst identische Kopie von X aus, sondern eine Wiederholung der gesamten Tätigkeitskomponente, mit der Aufgabe, deren Lösung das erste X darstellt. Die übergeordnete Ebene, aus der diese Instruktion kommt, die nur diese kennt, kann diese suchenden Abweichungen nicht registrieren; sie sind in deren Instruktion nicht enthalten, und die Kontrolle überwacht nur die Übereinstimmung des Ergebnisses mit der Kopie der Instruktion, und diese kann nur die Faktoren berücksichtigen, die in dieser enthalten sind.

Das Wesen der gesuchten Ebenenhierarchie, d. h. die Grenzen zwischen Ebenen und die Adressierungsrichtungen, wird durch diese Beobachtungen in zweifacher Weise untersuchbar.

Zum einen manifestiert sich im Variationsspielraum, der dabei – offensichtlich generell – zutage tritt, die Eigenkompetenz der Ebene, die mit der wiederholten Realisation betraut ist. Zum anderen wird dadurch überprüfbar, wie offen, unausgeprägt die zu wiederholende Komponente auf der führenden Ebene repräsentiert ist. Selbst wenn die Instruktion heißt: Wiederhole eine kreisförmige Bewegung mit der Hand, dann ist hier das Element *eine kreisförmige Bewegung mit der Hand* als eine Variable aufzufassen, deren konkrete Parameter in einem bestimmten Rahmen von der Ebene bestimmt werden können, die diese Instruktion erhält. Im folgenden soll der Versuch unternommen werden, dieses Verfahren auf sprachliche Wiederholungsfälle anzuwenden.

5.1 Die wörtliche Wiederholung

Eine mit dem Bewegungsfall am ehesten zu vergleichende Rolle spielen hier Fälle von wörtlicher Wiederholung. Aufschlußreich sind hier eine Vielzahl von Untersuchungen zur Zeitstruktur wiederholter Segmente, wie sie von Koževnikov und Čistovič 1965 beschrieben werden. Als repräsentatives Beispiel sei das Wiederholungsexperiment vom Typ (1) angeführt; außer *Wiederholung* enthielt die Instruktion die Komponente: bei allen Realisationen

(1) Ėj mal'čik # Dima tut guljáet?
Hallo Junge # geht Dima hier spazieren?
Ėj mal'čik # tút guljaet detskij sadik?
Hallo Junge # geht hier der Kindergarten spazieren?
...

ein und dasselbe Tempo beibehalten (1965, 84). Trotzdem ergab sich, wie nach Bernštejn vorherzusagen war, eine Fluktuation im segmentalen Bereich, auffälligerweise eine »kolossale Variation beim Intervall zwischen dem Ende der ersten und dem Beginn der zweiten Phrasierungseinheit«, d. h. an der durch # markierten Stelle. Die Autoren interpretieren dieses Ergebnis nicht so, daß eine Grenze bzw. Pause eben ein im Vergleich mit anderen Segmenten variables Ding sei, sondern so, daß diese Pause eben nicht zum Programm gehört, an der Grenze zwischen zwei Programmen steht. Diese alternativen Analysen sind im Sinne der uns interessierenden Ebenenhierarchie jedoch sich ergänzende Erscheinungen eines Phänomens: Die Länge der Pause ist in der

Wiederholungsinstruktion ebensowenig enthalten wie die Länge irgend eines anderen Segments. Die Instanz, die mit der Realisation bzw. der Programmierung des zu wiederholenden Satzes betraut ist, hat jedoch hinsichtlich der beiden Klassen von Segmenten ganz unterschiedliche Kompetenzen; und sie kann die Stelle # ganz ohne Pause realisieren (in 3 bzw. 9 von 40 Wiederholungsfällen [1965, 84]), oder sie kann eine überlange Pause einfügen, und das alles, ohne daß die Gefahr auftaucht, daß diese beiden extremen Fälle nicht mehr als Wiederholungsfälle akzeptiert werden. Schuld daran ist nicht das Segment #, sondern die Instruktion, die einfach diesbezüglich keine Verbindlichkeiten enthält.

5.2 Die nichtwörtliche Wiederholung

Die experimentell stimulierte Wiederholung zeigt, daß die generell zutage tretende Variationsbreite auch bei hoher Anzahl an Durchgängen und bei konstanten Bedingungen auftaucht. Das Motiv für diese Abweichungen zwischen den beiden Realisationen der zu wiederholenden Komponente, zwischen der Erst- und Zweitsetzung, sieht Bernštejn in der Ebene, die mit der Realisation betraut ist. Diese hat einen bestimmten Spielraum, innerhalb dessen sie in eigener Kompetenz Entscheidungen fällen kann.

Dies ist freilich nicht so zu verstehen, daß diese Ebene sich dabei gegen die in diesem Fall führende Ebene, die die Instruktion *Wiederhole X* ausgibt, entscheidet; vielmehr muß das Verfahren so beurteilt werden, daß bereits die Instruktion in gewissem Sinne ungenau ist. Sie bezieht sich auf eine bestimmte Merkmalsmenge, die X auszeichnet, läßt aber andere Merkmale unspezifiziert, d. h. so, daß bei beliebiger Festlegung beide Realisationen als Wiederholung, d. h. als X im Sinne der Instruktion gewertet werden. Auf intuitiv-introspektiver Basis läßt sich das nicht nachprüfen, weil wir diese Variation nicht wahrnehmen können, wohlgemerkt nicht, weil sie unterhalb einer perzeptiven Schwelle liegt, sondern weil die führende Ebene, d. h. die Bewußtseinsebene, diese Unterschiedswerte nicht erfährt; sie werden gehemmt, weil die Kontrollinstanz nur über die Parameter verfügt, die im Plan, und das ist in diesem Fall die Instruktion, vorhanden sind.

Das Gesagte betrifft die wörtliche Wiederholung, also diejenige Instruktion, die eine ausführliche Kopie der zu wiederholenden Tätigkeitskomponente enthält, wenn diese auch, wie die Daten zeigen, nur aus Variablen besteht. Nun gibt es aber auch Fälle, in denen die Wiederholung nicht auf eine externe Instruktion zurückgeht, sondern auf einen tätigkeitsinternen Plan. Der Sprecher wiederholt ein mehr oder weniger ausgedehntes Segment seiner eigenen Äußerung, und da kein externer Anlaß gegeben ist, muß die entsprechende führende Ebene, d. h. die zugrundeliegende Instruktion *Wiederhole X*, als Bestandteil der Mitteilungsintention betrachtet werden. Charakteristisch sind diese Fälle für die gesprochene Sprache.

Iwanowa-Perczyńska untersucht eine große Zahl von Wiederholungsfällen aus polnischen Dialektaufzeichnungen, und sie versucht sie nach stilistisch-funktionalen Gesichtspunkten zu gruppieren. Es bleiben jedoch genug Fälle übrig, die sich einer solchen Funktion nicht ohne weiteres zuordnen lassen. Im Zusammenhang mit der vorliegenden Problemstellung interessieren besonders diese letzteren Fälle sowie die generell gültige Beobachtung, daß es sich vornehmlich um nichtwörtliche Wiederholungen handelt. Hieraus ergibt sich die Möglichkeit, nicht experimentell stimulierte Wiederholungen zu beobachten und auf die dabei zutage tretende Variation zu achten. Bereits eine orthographische Repräsentation des Wiederholungsfalls gewährleistet genügend Abstand, um die gesuchten Abweichungen sichtbar zu machen. Ich gebrauche den Begriff Abweichung hier in einem eingeschränkten Sinn: Es interessieren nicht die Abweichungen der Zweitsetzung gegenüber der Erstsetzung, sondern die diesen beiden entsprechende Komponente in der Mitteilungsintention. Wie muß sie dort beschaffen sein, daß sowohl die Zweitsetzung als auch die von ihr abweichende Erstsetzung als Realisationen ein und derselben Komponente des Plans entsprechen?

In (2) beziehen sich die Abweichungen auf die Wortstellung, auf

(2) I ten dym mu v usta fpat s tych kf'atkuf
und dieser Rauch ihm in den Mund drang von diesen Blumen
a tyn dym mu fpad do usta
und dieser Rauch ihm drang in den Mund

die Präposition (*v* usta vs. *do* usta) und die phonetische Realisation des Pronomens (ten vs. tyn). Alle drei lassen sich sehr leicht als Fälle von individueller Varianz charakterisieren und somit aus dem Kernbereich der Grammatik ausklammern. Das würde bedeuten, daß die führende Ebene mit abstrakten linguistischen Kategorien operiert, die untergeordneten, mit der Realisation der Äußerung betrauten Ebenen dagegen den Bereich ausnützen, der zwar linguistisch-grammatisch abgegrenzt ist, jedoch Entscheidungen zuläßt, die die Strukturen anderer grammatischer Ebenen nicht tangieren.

Diese Vermutung findet in den folgenden Fällen Bestätigung, wo Erst- und Zweitsetzung auf der Ebene des Sinns (nach Frege) identisch sind, sich aber auf der Ebene der Bedeutung, d. h. das Wie des sprachlichen Ausdrucks betreffend, unterscheiden, während das Was, der Referenzbereich von Erst- und Zweitsetzung

(3) Žeby prynʒy za mąż vysųy, žeby śe prynʒy ųozyńiųy.
damit sie schneller heiraten, damit sie sich schneller verheiraten
(4) i napisaų du n'ego tako karte, list taki napisaų.
und er schrieb ihm so eine Postkarte, einen Brief schrieb er.
(5) ... to jest ptak, ale bes pježi. On wcale p'eža n'e
das ist ein Vogel, aber ohne Federn. Er hat überhaupt
pos'ada.
keine Feder.
(6) Len śeįe śe ųu nas na poųove ... na dvuʒ́estego pįontygo
Flachs sät man bei uns Mitte ... am 25.
kf'etn'a czyli na śf'inty Marek.
April oder am heiligen Markus.

gleich bleibt. In (6) sind, bei gleichbleibendem Zeitpunkt, zwei verschiedene Kalendarien angelegt, in (5) ist ein adverbialer Ausdruck im Rahmen der Zweitsetzung in eine explizite Prädikation übertragen. Postkarte und Brief in (4) sind zwar vom Frankierungsmaßstab aus gesehen verschiedene Kategorien, doch im vorliegenden Fall ist die führende Ebene hinsichtlich dieser Festlegung indifferent.

5.3 *Die Nichtwiederholung*

Die Motive für die nichtwörtliche Wiederholung können unterschiedlicher Natur sein; vielleicht trifft Iwanowa-Perczyńska den Kern der Sache am genauesten, wenn sie von »wyjaśnienie dla wyjaśnienia«, von Erklärung um des Erklärens willen (1958, 120) spricht. Im Rahmen des hier angestrebten Tätigkeitsmodells lassen sich alle Fälle so erklären, daß die führende Ebene, die der Mitteilungsintention, im Bereich eines bestimmten Segments den Weg vom Gedanken zum Wort noch nicht bis zum Ende durchschritten hat. Es sind für dieses Segment bereits diejenigen Kategorien festgelegt, die für die Sinnstruktur der Mitteilung relevant sind, doch gibt es auf der Ausdrucksebene noch mehrere Möglichkeiten, für diese Kategorien eine adäquate Entsprechung zu finden.

Es ergibt sich an dieser Stelle die Notwendigkeit, diese Konstruktion von einer anderen abzugrenzen, die ihr sehr ähnlich ist, nämlich die Koordination. Auch diese ist darstellbar als die Wiederholung eines Segments, für das bestimmte kategorielle Zugehörigkeiten in identischer Form festgelegt sind. Die Mitteilungsintention besteht aber nicht aus diesen Festlegungen, während die Unterschiede irrelevant sind und von einer untergeordneten Instanz in freier Entscheidung getroffen werden können. Die Mitteilungsintention besteht im Falle der Koordination genau aus den Elementen, die über die kategoriellen Gemeinsamkeiten der konjugierten Elemente hinausgehen.

Beim oben angeführten Beispiel (6) ist nicht ohne weiteres zu entscheiden, ob es sich um eine nichtwörtliche Wiederholung oder um eine Nichtwiederholung im Sinne der Koordination handelt. Im letzteren Fall handelt es sich um zwei Zeitangaben, mit denen alternativ die übliche Zeit zur Flachsaussaat festgelegt wird. Die wiederholte Setzung der Zeitangabe darf aber dann nicht einer untergeordneten Ebene zur Last gelegt werden, vielmehr steuert die führende Ebene die unterschiedliche Besetzung der kategoriell identischen Segmente, um auf diese Weise die Mitteilungsintention zum Ausdruck zu bringen. Daß (6) nicht in diesem Sinne interpretiert werden darf, ist der orthographischen Repräsentation nicht zu entnehmen. Man braucht dazu zusätzliche Informationen entweder prosodischer Natur oder die Kenntnis, daß der hl. Markus tatsächlich am 25. März gefeiert wird.

5.4 Die rhythmisch motivierte Wiederholung

Im folgenden stelle ich diesen umgangssprachlichen Fällen solche aus dem Bereich kunstmäßigen Sprachgebrauchs gegenüber. In bestimmten Gattungen spielen sie eine zentrale Rolle im Bestand an Ausdrucksmitteln, und es ist zu erwarten, daß der Künstler die im Modellfall angelegten Möglichkeiten bis an die Grenzen ausschöpft. Als repräsentatives Beispiel kann hier die Ballade ›Lilije‹ von Adam Mickiewicz gelten, in der das Thema vom Gattenmord und des sich Offenbarens dieser Tat durch auf dem Grab gepflanzte Lilien gestaltet ist. Ich wähle zunächst zwei gegensätzliche Fälle aus.

(7) Rośnij kwiecie wysoko
wachse Blume hoch
Jak pan leży głęboko
wie der Herr liegt tief
Jak pan leży głęboko
wie der Herr liegt tief
Tak ty rośnij wysoko
So wachse Blume hoch

(8) Ha! mąż! Ha! trup!
Hah! der Mann! Hah! eine Leiche!

Der Fall (7) läßt sich durchaus im Sinne der bei Bewegungen beobachteten Variation interpretieren. Die Umstellung betrifft Merkmale, die – vom Standpunkt einer kommunikativen Absicht aus gesehen – unwichtig sind. Es gibt also eine Ebene, von der aus gesehen diese Abweichung irrelevant ist, und es gibt eine andere Ebene, von der aus gesehen eine Variation der Zweitsetzung gegenüber der Erstsetzung möglich ist und durchgeführt wird. Eine solche Analyse ist im Fall (8) vollkommen unmöglich. Hier handelt es sich um die Folge NP! NP!, und der Sinn der sich so manifestierenden Sprechtätigkeit beruht genau auf den Merkmalen, die die Erstsetzung von der Zweitsetzung unterscheiden; es ist dieser Sinn durchaus nicht nur darin zu sehen, daß eine zugrundeliegende Prädikation »mein Mann ist tot« den Sollwert bildet, der auf eine uneigentliche Art und Weise mitgeteilt werden soll. Es handelt sich vielmehr um ein sehr weitreichendes Geständnis, das der Adressat, der Einsiedler, als solches, wie der Kontext zeigt, erkennt.

Die Wiederholung vom Typ (7) geht auf eine untergeordnete Ebene zurück, die ihre Kompetenzen durch eine Art metasprachliche Operation wahrnimmt, wobei der Spielraum auf die Art von Verallgemeinerung schließen läßt, die für die führende Ebene charakteristisch ist. Die Wiederholung vom Typ (8) ist keine Variation, sondern sie entspricht genau in dieser Form der Intention, dem Sollwert der Sprechtätigkeit.

Daß es sich tatsächlich um eine Ebene im oben postulierten Sinn handelt, wird dadurch klar, daß noch eine andere untergeordnete Ebene transparent wird, die, ohne den Inhalt dieser Intention zu kennen, ein metrisch gebundenes Schema enthält, dem sich auch diese Intention unterordnen muß. Die Dominanz dieser rhythmisch orientierten Ebene macht sich nicht nur insofern bemerkbar, als ihre einschränkende Funktion auf der Ausdrucksebene konsequent in Erscheinung tritt. Sie läßt sich auch auf inhaltlicher Ebene insofern nachweisen, als Vorgänge unabhängig von ihrer tatsächlichen Dauer in dieses Schema gepreßt werden. Stellvertretend für die dabei zutage tretende Kompression bzw. Zerdehnung zitiere ich aus derselben Ballade (9) und (10):

(9) Czekają wieczór dzieci
Es warten den Abend die Kinder
Czekają drugi, trzeci,
Sie warten den zweiten, den dritten,
Czekają tydzień cały,
Sie warten die ganze Woche,
Nareszcie zapomniały.
Schließlich vergaßen sie.

(10) Budzę się, widzę, słyszę,
Ich erwache, sehe, höre,
Jak idzie i jak dysze,
Wie er geht und atmet,
Jak dysze i jak tupa,
Wie er atmet und wie tappt,
Ach widzę, słyszę trupa.
Ach ich sehe, höre die Leiche.

Diese beiden vierzeiligen Ausschnitte ähneln sich in ihrer durchgehenden Wiederholungscharakteristik, deren übergeordnete, dominierende, führende Funktion darin zum Ausdruck kommt, daß extrem unterschiedliche Bereiche mitgeteilt werden: ein Ausschnitt aus dem Leben der Kinder in (9), ein momentanes Bild bei schreckhaftem Erwachen in (10).

6. Zusammenfassung

Die Suche nach den für die Organisation der Sprechtätigkeit relevanten Ebenen findet auf dem Sektor der Wiederholungsfälle einen relativ günstigen Einstieg. Das liegt daran, daß diese Fälle mit nichtsprachlichen Tätigkeiten vergleichbar sind; es liegt aber auch daran, daß hier zumindest klar abgegrenzte Segmente vorliegen, die auf Spuren einer untergeordneten oder einer führenden Ebene hin untersucht werden können. Es ist ja keineswegs erforderlich, daß sich die für die Kontrollinstanz relevanten Komponenten, die beim Sprechen mit dem Sollwert zu vergleichenden Istwerte, auf diskrete Segmente der Äußerung erstrecken und somit als von einer einzigen linguistischen Kategorie restfrei dominierte Kette repräsentierbar sind.

Die bei der Beobachtung von Wiederholungsfällen mögliche Differenzierung von diskreten Ebenen kann generalisierend so interpretiert werden: Entweder geht die Zweitsetzung auf Entscheidungen zurück, die innerhalb der Kompetenz einer untergeordneten Ebene der Sprechtätigkeit liegen (etwa im Sinne von Quintilian: »verba geminantur amplificandi gratia«). Oder es ist so, daß die Erst- und Zweitsetzung in genau dieser Form der Intention, dem Sollwert, der führendenEbene entsprechen. Literarische Gattungen, deren grundlegendes Aufbauprinzip auf Wiederholung beruht, enthalten meist beide genannten Typen nebeneinander. W. Steinitz differenziert in diesem Sinne synonymparallele und analogparallele Wiederholung in genau dem oben genannten Sinn, wobei das Zahlenverhältnis bei einem bestimmten finnischen Sänger das von 50 % zu 20 % ist (gegenüber 30 % an nichtparallelen Fällen). Das Übergewicht der Synonymparallelität (wobei zum Terminus zu sagen ist, daß etwa unser Beispiel (7) nicht als synonym im linguistischen Sinne gelten kann) geht auf die Lockerung des bei Analogparallelität verpflichteten Parallelisierungsdrucks zurück. So zeigen viele Verspaare der russischen Byline zwar eine Parallelität im Sinne der untergeordneten Zweitsetzung, ohne daß eine konsequente Parallelität vorläge (Sappok, 1979 b).

Eine sogenannte Zweitsetzung kann also in der führenden Ebene, was deren Kontrollinstanz betrifft, auf unterschiedliche Weise repräsentiert sein. Der Unterschied ist bei Wiederholungsfällen relativ gut beobachtbar und auch immer wieder beobachtet worden; so etwa im Rahmen der Rhetorik (die correctio enthält zwei Komponenten, aber eine voluntas) oder bei Bolingers Wiederholung im Sinne des second instance level. Doch ist diese unterschiedliche Repräsentation natürlich nicht an die wiederholende Zweitsetzung gebunden. Das wird sehr deutlich bei Experimenten, die auf einer Instruktion beruhen, die eine Wiederholung von seiten der Versuchsperson evozieren.

Das zeigt sich in der aphasiologischen Arbeit Lurijas, wo die Wiederholung eine zentrale Rolle spielt. Die nichtadäquate Zweitsetzung von seiten des Patienten ist (wie ich in Sappok 1979 a nachzuweisen versuchte) nicht nur als unvollständiges Erreichen eines vorgegebenen Sollwerts zu interpretieren. In den meisten Fällen zeigt sich vielmehr eine aktive Veränderung gegenüber der in der Instruktion vorgegebenen Erstsetzung, vgl. etwa die Wiederholung des Satzes *mal'čik udaril sobaku* (der Knabe schlug den Hund) durch den Aphatiker mit Telegrammstil als *mal'čik ... palka ... sobaka* (der Knabe ... der Stock ... der Hund) (Lurija, 1975, 80).

Löst man die Suche nach der Repräsentation von Äußerungskomponenten in der Kontrollinstanz von den Wiederholungsfällen, dann zeigt sich die Repräsentation des Inhalts dieser Instanz als ein für alle Beschreibungen von Äußerungen relevanter Schritt. Ein wichtiger Bestand an Indikatoren für diese Zuweisung ist sicher von der Analyse der zeitlichen, prosodischen Struktur zu erwarten, ohne daß damit eine Rückkehr zur von Jakobson zu Recht kritisierten Bewegungsprosodie (1974, 30) programmiert wird. Ein klassischer Ansatz auf dem Gebiet der Suche nach der Instanz, die für die Organisation der Sprechtätigkeit im Gehirn zuständig ist, ist Vygotskijs Konzept der verkürzten und rein prädikativen inneren Rede. Eine Erweiterung dieses Konzepts auf der Grundlage von Beobachtungen aus dem Gebiet der Bewegungen besteht darin, daß diese Verkürzung nicht für alle Äußerungsfälle obligatorisch ist, daß vielmehr auch die entfaltete Rede (razvernutaja reč') Gegenstand der führenden Planungsinstanz sein kann. Die Tatsache, daß der Sprecher, genauer gesagt der Bereich seines Gehirnorgans, der für das Sprechen zuständig ist, von der eigenen Äußerung in gewissem Sinne weniger zu wissen braucht, als eigentlich darin steckt, steht zweifelsfrei fest. Anders ist Organisation und Planung undenkbar. Kleist hat das in anschaulicher Weise in seinem Aufsatz »Über die allmähliche Verfertigung der Gedanken beim Reden« formuliert. Daß ein Schritt bei dieser Arbeit ebenso wie ein Bewegungsablauf nicht wiederholbar ist, wenn sich, gerade wenn sich die oberste Instanz, das Bewußtsein, darum bemüht, ist in seiner Abhandlung über das Marionettentheater eindrucksvoll beschrieben. Es scheint also sinnvoll, bei der sprachbezogenen Modellbildung auf die Ebenen- und Instanzenbildung der bewegungsbezogenen

Modellbildung zurückzugreifen. Bei der Suche nach der Repräsentation der Sprache im Gehirn ist es sicher nicht ganz falsch, nicht mit dem anzufangen, was der Linguist weiß, sondern mit dem, was der Sprecher weiß – nicht wenn er der Introspektion obliegt, sondern wenn er sich an sprachlicher Kommunikation beteiligt.

Literatur

Anochin, P. K. (1967), *Das funktionale System als Grundlage der physiologischen Architektur des Verhaltensaktes*. Jena.

Baudouin de Courtenay, J. (1915), *Charakterystyka psychologiczna języka polskiego*. Język polski, jego historyia. Kraków.

Bernštejn, N. A. (1947), *O postroenii dviženija*, Moskva.

Bernštejn, N. A. (1957), »Nekotorye nazevajuščie problemy reguljacii dvigatel'nych aktov«, *Voprosy psichologii* 6, 70–90.

Bernštejn, N. A. (1965), »Na putjach k biologii aktivnosti«, *Voprosy filosofii* 10, 65–78.

Bernštejn, N. A. (1971–1957), »Bewegungskontrolle«, in: *Biologie und Verhalten*. Hg. von Th. Kussmann und H. Kölling. Bern-Stuttgart – Wien, 146–171.

Bernštejn, N. A. (1971–1965), »Psychophysiologie und psychologische Bionik«, in: *Biologie und Verhalten* ..., 17–37.

Iwanowa-Perczyńska, N. (1958), »Przyczynek do składni gramatycznej i stylistycznej mówionego języka polskiego«, *Biuletyn PTJ*, 111–126.

Jakobson, R. (1974–1923), *Über den tschechischen Vers*, Bremen.

Lurija, A. R. (1973), *Osnovy nejropsichologii*, Moskva.

Lurija, A. R. (1975), *Osnovnye problemy nejrolingvistiki*, Moskva.

Reč. Artikuljacija i vosprijatie. Red. V. A. Koževnikov i L. A. Čistovič. Moskva, 1965.

Sappok, Ch. (1979a), »Denken und Sprechen im neurolinguistischen Modell«, in: *Sprechen – Denken – Praxis*. Hg. von G. Simon und E. Straßner. Weinheim und Basel, 59–85.

Sappok, Ch. (1979b), »Zur linguistischen Struktur der Bylinenzeile«, *Wiener Slawistischer Almanach* 3, 141–166.

Steinitz, W. (1934), *Der Parallelismus in der finnisch-karelischen Volksdichtung*, Helsinki. FF Communications Nr. 115.

Vygotskij, L. S. (1934), *Myšlenie i reč'*, Moskva.

Weil, H. (1879), *L'ordre des mots*, Paris.

Wiener, N. (1948), *Cybernetics, or control and communication in the animal and the machine*, New York.

Walter A. Koch

Evolution des Kreativen: Symmetrie, Asymmetrie, Integration

Hypothesen zum gegenseitigen Verhältnis von Welt, Gehirn und Kreativität

Die eigentliche Philosofie ist Dyadik.
Angewandt ist sie Triadik.
Novalis[1]

Werner Heisenberg (1933, 177) berichtet über seine Reflexionen hinsichtlich der Diracschen Theorien zum Atomkern: »Bis dahin hatten wir immer an die alte Vorstellung des Demokrit geglaubt, die man mit dem Satz umschreiben kann: ›Am Anfang war das Teilchen‹. Man nahm an, die sichtbare Materie sei zusammengesetzt aus kleineren Einheiten, und wenn man immer weiter teile, so komme man schließlich zu den kleinsten Einheiten, die Demokrit ›Atome‹ genannt hatte und die man jetzt etwa ›Elementarteilchen‹, zum Beispiel ›Protonen‹ oder ›Elektronen‹ nennen würde. Aber vielleicht war diese ganze Philosophie falsch. Vielleicht gab es gar keine kleinsten Bausteine, die man nicht mehr teilen kann. Vielleicht konnte man die Materie immer weiter teilen, aber am Schluß ist es eigentlich gar kein Teilen mehr, sondern man verwandelt Energie in Materie, und die Teile sind nicht mehr kleiner als das Geteilte. Aber was war dann am Anfang? Ein Naturgesetz, Mathematik, Symmetrie? ›Am Anfang war die Symmetrie‹. Das klang wie Platons Philosophie im ›Timaios‹ ...«

Die Symmetrie als Verlegenheitslösung? Oder eher als Grundstein eines neuen Strukturkomplexes? – Die Symmetrien im Universum, in der Physiologie von Lebewesen, im Verhalten der Lebewesen, in den Artefakten und Texten des Menschen faszinieren stets aufs neue. Die Phase der Symmetrie gilt – bewußt oder unbewußt – als erste Phase eines Strukturschöpfungszyklus. Die Gleichheit, Harmonie, Ordnung bilden Raster und Hintergrund für das Perzipieren, Zuordnen, Abbilden von Verschiedenheiten, Disharmonien, relativem Chaos.

Symmetriegebilde wie das auf Fig. 1 abgebildete Tetraeder können als optimaler Grundbaustein des Universums gelten (so Buckminster Fullers »Synergetik«; 1975).

Das Tetraeder zählte übrigens seit der Antike zu den fünf Platonischen Körpern.[2]

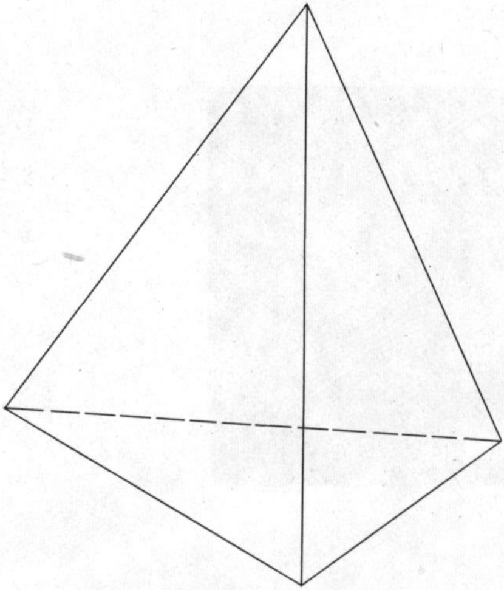

Fig. 1 Symmetrie: Tetraeder als »Prime Structural System« (Fuller, 1975, 321)

Asymmetrie nutzt die primäre Phase der Symmetrie für weitere Ordnungen aus: Spiegelsymmetrien können z. B. verschieden geladen werden: +/− (Ladung von Elementarteilchen), polare Zuordnungen, weiblich/männlich, rechts/links, gut/böse, weiß/schwarz[3]. Die asymmetrische Realisierung einer tieferliegenden Symmetrie schafft Energiegefälle, Spannung, Orientierungspunkte, Ansätze zu neuer Integration. Das Gemälde von Malevič auf Fig. 2 zeigt eine solche Asymmetrie:

Das kleinere rote Quadrat ist nicht etwa ein symmetrisches Echo des größeren schwarzen; durch seine leichte Drehung schafft es einen »Kontrapunkt«, statt der suggerierten Symmetrie entsteht

Fig. 2 »Suprematistische Komposition: Rotes Quadrat und Schwarzes Quadrat« Kasimir Malevič, 1914 (Museum of Modern Art, New York)

die Spannung schaffende Asymmetrie. Ein zweiter Schritt also in der Entwicklung der Struktur. Ähnlich wie der fast gleichaltrige Dadaismus in der Poetizität des Verbalen zieht der Suprematismus und Konstruktivismus in der Malerei[4] die ganze Energie der strukturellen Rezeption unter Vernachlässigung aller anderen Zusatzasymmetrien auf die zentrale Frage der reinen Phasen elementarer Strukturhaftigkeit. Dies Bild ist die Inkarnation der diaphorischen Phase der Poetizität, sie ruht auf der Rekonstruierbarkeit des rein Prosphorischen: der Symmetrie; sie lebt von der Aufforderung zu einer späteren Symphorie, zu einer Integration dieses Perzepts in größere Zusammenhänge. Eine solche Integration scheint in der auf Fig. 3 wiedergegebenen Maske realisiert:

Fig. 3 Integration: Januskköpfige Aufsatzmaske: Ekoi, Nigeria (British Museum)

Dieses janusköpfige Artefakt lebt eigentlich von der gleichzeitigen Realisation aller drei elementaren Phasen der Kreativität. Der Spiegelsymmetrie der Gesichter (gleiches Profil, gleiche Mundstellung usw.) sitzt eine unverkennbare Asymmetrie auf: nämlich diejenige von weiblich/männlich, Frieden/Krieg, hell/dunkel. Diese Asymmetrie wird in einer dritten Phase dadurch integriert, »aufgehoben«, daß beide Partner der Asymmetrie unlöslich miteinander verbunden scheinen. Ähnliches ist uns von der symbolischen Darstellung des altrömischen Gottes Janus oder des altchinesischen Prinzips des *yin* und des *yang* her vertraut. Bestimmte integrale Einheiten, »Holons« oder »Hola«, leben davon, daß widerstrebende Prinzipien ein spannungsgeladenes Feld aufrechterhalten; solche Prinzipien sind etwa im Bereich der Materie die Gravitation und die Fliehkraft, im Bereich des Sozialen die integrativen und die selbstbehauptenden Impulse, Altruismus und Egoismus. Arthur Koestler (zuletzt in Koestler, 1978, 47) hat hierfür den Terminus »Janusprinzip« geprägt. Das »Janusische Denken« ist inzwischen auch in der Psychologie (z. B. Rothenberg, 1971) ein Hauptelement der Kreativitätsforschung geworden. Im allgemeinen werden hier zwei Phasen unterschieden: die Inspiration und die Integration (Martindale, 1978, 125; vgl. ferner Ghiselin, 1952). Ich gehe im folgenden von der Hypothese aus, daß es – ähnlich wie in der Analyse der Poetizität[5] – im Bereich der Kreativität mindestens drei auffällige Stadien der Strukturinnovation gibt: zunächst begegnen wir der Ebnung des strukturellen Terrains, der Phase der Energiekonzentration hinsichtlich einer neuen Aufgabe. Dieses Stadium ist gekennzeichnet durch »Symmetrie«. Es folgt die Phase, in welcher das geebnete Terrain ein Profil vertragen kann, am besten eines, welches zu weiterer Strukturierung anregt; diese Phase ist gekennzeichnet durch das Aufkommen von Gegensätzen, Polaritäten, Unverträglichkeiten usw. Subsumieren wir alles dies unter »Asymmetrie«. Die »Integration« als dritte Phase bringt eine neue Vereinbarkeit der asymmetrischen Partner, ein strukturförderliches Ausnutzen der Gegensätze, ein günstiges strukturelles Steuern in der durch die Markierung der Asymmetrie neu begrenzten Ebene.

Fig. 4 soll die Vergleichbarkeit der Poetizität und der Kreativität noch einmal deutlich machen. Während die Poetizität sich am nachhaltigsten in den Strukturierungen von Artefakten und Texten äußert, berührt die Kreativität vor allem die verschiedenen

Schübe in Verhaltensstrategien[5a], die sich gleichwohl wieder in Strukturen von Artefakten und Texten niederschlagen können. Wenden wir uns im folgenden insbesondere der Frage zu, inwieweit Symmetrien und Asymmetrien im Bereich der psychologi-

Kreativität Prozesse	Welt	Gehirn	Sprache	Poetizität Prozesse
Symmetrie	○ ○	z. B. die beiden Hemisphären	○ ○	Prosphorie
Asymmetrie	○ ●	Hemisphären-dominanz	○ ●	Diaphorie
Integration	☯	*The Integrated Mind* (Gazzaniga und Ledoux)	☯	Symphorie

Fig. 4 Dyaden und Triaden: Welt, Gehirn, Sprache

schen Prozesse der Semiose und solche im Bereich neurologischer Befunde korrelieren. Eine zentrale Rolle in diesem Kontext spielt bekanntlich neuerdings die Frage nach der relativen Dominanz der – meistens – linken (insbesondere sprachbegabten) Hemisphäre des Gehirns[6]. Wir gehen im folgenden davon aus, daß auch hier wiederum drei Phasen von Belang sind: die der Symmetrie von biologischen Organen[7], die der Asymmetrie[8], (welche sich insbesondere dadurch manifestiert, daß bei rechtshändigen Menschen die linke Hemisphäre als Sitz des digitalen, sprachlich-logischen Vermögens dominiert) und die der Integration. Die Asymmetrie wird experimentell besonders deutlich bei bestimmten Gehirnverletzungen, bei sogenannten *Split-brain*-Patienten (Gazzaniga, 1970). Diese und andere pathologische Situationen erlauben in zunehmendem Maße Einsichten in die letztlich *integrative* Leistung der Asymmetrie, Einsichten, welche über das Stadium der bloßen Hypothesenbildung hinausgehen (Gazzaniga und Ledoux, 1978).

Unsere folgenden Überlegungen müssen dagegen weitgehend

im Bereich des rein Hypothetischen verbleiben. Es besteht gleichwohl die Hoffnung, daß eine gegenseitige Plausibilität verschiedener Annahmen einen genügenden Reiz ausübt, um diesen Hypothesen womöglich weiter nachzugehen.

Die bereits angesprochene Asymmetrie zwischen der rechten und der linken Gehirnhälfte, zwischen den »analogen«, holistischen, spatialen, »musischen« und den mehr »digitalen«, temporalen, linguistischen, »logischen« Kompetenzen (d. h. bei Dominanz der linken Hemisphäre, auch: Rechtshändigkeit) soll um weitere mögliche Asymmetrien, die im Gehirn und in der Textbildung eine Rolle spielen, ergänzt werden. Fig. 5 zeichnet ein vorläufig vollständiges Bild dieser Asymmetrien, wobei das Moment der Genese (Onto-, Phylo- und Aktual-Genese) durch die Reihenfolge der Zahlen und Buchstaben: 1A, 1B, 2A usw. gegeben sein soll.

Genetische Ordnung		Asymmetrien in Sprache und Gehirn			
		1	2	3	4
● ⇧ ↑↓	B	Sekundäre Prozesse	Produktion	digital	abstrakt
⬇ ○	A	Primäre Prozesse	Rezeption	analog	konkret

Legende: ○ = Genetisches Primum

● = Genetisches Sekundum

⇨ = Progress der Struktur

➡ = Regress der Struktur

⇄ = Agenetische Wechselwirkung der Integration

Fig. 5 Vier Asymmetrien der Sprache im Gehirn

Zu den »Dichotomien« hier so viel: Asymmetrie 1 spielt bekanntlich u. a. in der Psychoanalyse eine entscheidende Rolle (Martindale, 1978, 122ff.), mögliche Asymmetrien zwischen der Rezeption und Produktion von Sprachstrukturen (2) sind in der Literaturwissenschaft fast zu trivial, als daß sie häufig in gesonderter Weise theoretisiert werden, sie erhalten jedoch in der Linguistik, zumal in der Kindersprachen- und Aphasieforschung einen hohen Stellenwert (Jakobson, 1941, 1963)[8a]. Die Fähigkeiten zur Abstraktion und zur Konkretion (4), sind u. a. zentral für die Beurteilung des ontogenetischen Auf- und Abbaus von intellektuellen Fähigkeiten (Goldstein/Scherer, 1941)[9]. – Fig. 6 transponiert die auf Fig. 5 gemachten Annahmen zur Biogenese der Asymmetrien auf die Ebene ihrer Lokalisierbarkeit in den Bereichen des Gehirns:

Fig. 6 (vgl. Fig. 5) Schema der Lokalisierung der Asymmetriegenese im menschlichen Gehirn

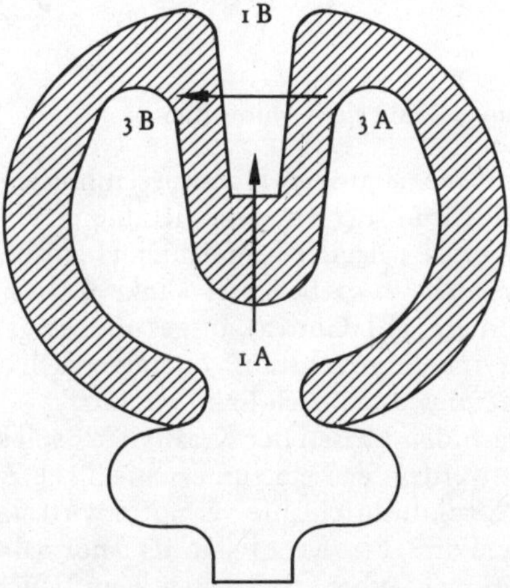

Fig. 6a Hintere Frontansicht des Gehirns

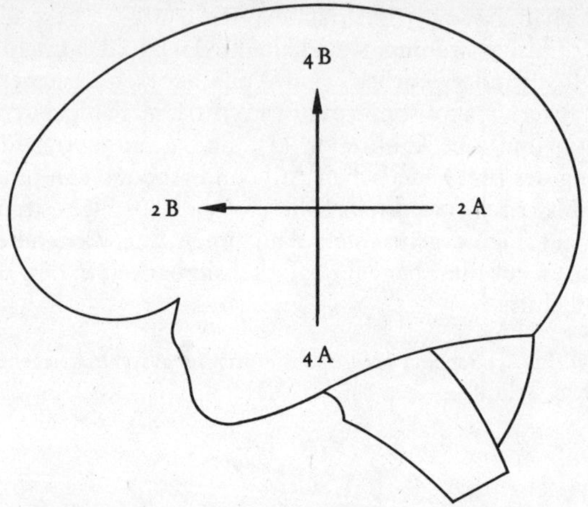

Fig. 6b Seitenquerschnitt des Gehirns (links)

Die Skizze gibt meine groben Hypothesen hinsichtlich der Reihenfolge und Richtung der Asymmetriebildung wieder.[10] Danach findet sich die Frage nach der dominanten Hemisphäre im dritten Schub wieder: »3B« etwa bedeutet »linke Gehirnhälfte« (d. h. obere Teile von ihr [1B], Cortex). Insgesamt besagt die Hypothese, daß das Asymmetriewachstum von unten nach oben, von hinten nach vorn, von rechts nach links verläuft.

Die Frage nach den Phasen der Kreativität[11] soll später[12] in der Weise variiert werden, daß eine unterschiedliche Zyklierung der Phasen- und Strukturdurchläufe vermutet wird, je nachdem ob die besondere Form der Kreativität als »normal«, »pathogen« oder »künstlerisch« (»poetisch«) gelten kann.[13] Während für die normale Kreativität angenommen wird, daß sie auf der Basis des akzeptierten, allgemein internalisierten Strukturniveaus von einem (genetisch) tieferliegenden Strukturpol zu einem höherliegenden Partner (etwa von »Konkretem« zu »Abstraktem« in »4« der Fig. 5) progressiv weiterentwickelt wird, soll die pathogene Kreativität durch die Umkehrung, durch einen *Regreß* charakterisiert sein. Das Besondere des Künstlerischen – so meine Hypothese – liegt in einer spezifischen Kombination des Normalen und Pathogenen, in einer Realisierung der allgemeinen Strukturformel »reculer pour mieux sauter« (Koestler, 1978, 255):

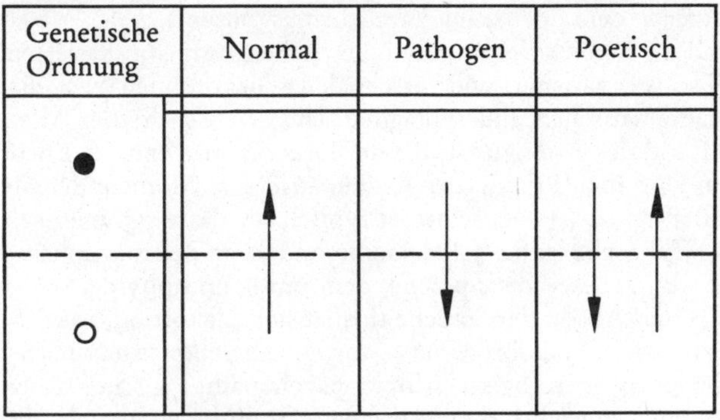

Fig. 7 Schema der Zyklen der Kreativität (vgl. Fig. 5)

In einer genaueren Analyse (Koch, 1981, section 6.7) soll diesen allgemeinen Hypothesen zu den Phasen und Zyklen der Kreativität anhand von Beispielen aus dem Bereich der poetischen Kompetenz nachgegangen werden.

Auch in diesem Kontext dürfte für viele deutlich geworden sein, daß Roman Jakobson entscheidende Fragestellungen vorweggenommen und in der für ihn typischen Vereinigung von umfassenderer Hypothesenbildung und akribischer Beweisführung am sprachlichen Objekt zu Teilen bereits verifiziert hat. Fig. 8 soll in nur grober Weise an die mögliche Parallelität Jakobsonscher Überlegungen erinnern:

»Kreativität«	Sprache	Gehirn
Asymmetrie	Binarismus (+ –)	Neurologische Bestätigung
	Dichotomien (Achsen usw.)	Typen der Aphasie
Zyklus	Biogenese von Sprache und Gedicht	(Pathologie)

Fig. 8 Roman Jakobson und die Kreativität

Entgegen dem poetischen Parallelismus (*povtor*), welcher weitgehend im Bereich des rein Symmetrischen verbleibt, basierten Jakobsons Binarismus und verschiedene Dichotomien (z. B. die der paradigmatischen und syntagmatischen Achse, die der Ähnlichkeit und der Kontiguität, die der Decodierung und der Encodierung) auf dem Prinzip der Asymmetrie. Das Moment der Merkmalhaftigkeit (+ −) selbst ist typisch für das Asymmetrische.[14] Das Zyklische ist bei Jakobson besonders im Zusammenhang mit der »Biogenese« der Sprache, dem onto- und phylogenetischen Auf- und Abbau der Sprache thematisiert (Jakobson, 1941, 1971, 1971c usw.). Jakobson hat – soweit ich sehe – stets nach den möglichen neurologischen bzw. psychopathologischen Korrelaten seiner zunächst »linguistischen« Hypothesen gesucht. Frühe Unterstützung seines biogenetischen Hypothesenrahmens suchte er übrigens (außer bei Haeckel) in den Schriften von Hughlings Jackson, welcher seinerseits auch die Prinzipien des Freudschen Denkens[15] bestimmt hatte. Konkretere Bestätigungen seiner Hypothesen konnte Jakobson in der grundsätzlichen Bipolarität der Neurochemie, in den zunehmenden klinischen Befunden der Aphasieforschung (so Lurias [1973] Bestätigung der Jakobsonschen Dichotomien in der Klassifikation der Aphasien: Jakobson, 1971c) finden. Jakobson selbst wendet sich in letzter Zeit besonders der Kinderliteratur (Jakobson und Waugh 1979: 217ff.) und der Schizophrenendichtung (Jakobson und Lübbe, 1976) zu, um hier womöglich zusätzliche genetische Korrelate zu seinen Grundannahmen bezüglich Asymmetrie und Zyklik zu erhalten.

Ein letztes Wort zur »gezinkten« Dyade, zur Auseinanderhaltbarkeit struktureller Zwillinge, zur Asymmetrie: Die Asymmetrie ist ohne Symmetrie offenbar nicht realisierbar. Gleiches gilt auch für das Verhältnis zwischen Integration und Asymmetrie. Die Integration als Prozeß neu integrierender Steuerungsmöglichkeiten des Kognitiven, ja überhaupt jeglicher Struktur benötigt die Asymmetrie. Die Dyaden der prozessualen Struktur sind andererseits nur Durchgangsstationen der natürlichen Logik. Die »gezinkte« Dyade, die Asymmetrie, ist der erste Schritt zu einer neuen Struktur oder Perzeptionsstufe, wie die einem besonders anschaulichen Aufsatz Geschwinds (1979, 159) entliehene Fig. 9 deutlich macht:

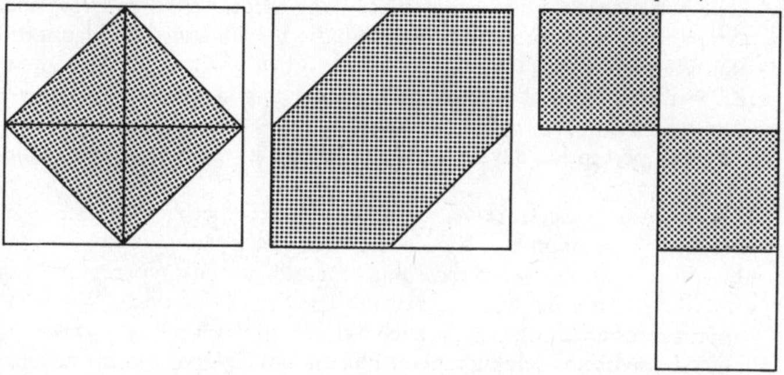

Fig. 9 Die kreative Triade: wechselseitige Steuerung der beiden Hemisphären des Gehirns

Das mittlere Modellbild wird von Gehirnverletzten (mit durchtrenntem *corpus callosum*, welch letzteres normalerweise beide Gehirnhälften verbindet) einmal mit der linken Hand (rechte Hemisphäre) (auf Fig. 9: links vom mittleren Muster), einmal mit der rechten Hand (linke Hemisphäre) neu zusammengesetzt. Es dürfte sichtbar sein, daß nur die integrierte Gegensteuerung beider Hälften zu einem integralen Muster führt. Das *corpus callosum* ist gewissermaßen die Inkarnation des omnipräsenten *tertium datur* der Logik der Natur.[16]

Anmerkungen

1 Novalis 1794–1801, vol. I: 166.
2 Zu den Platonischen Körpern und ihrer Rolle in den Strukturen der Evolution vgl. Eigen/Winkler, 1975, 130ff.
3 Reiches Material für Symmetrie und Asymmetrie im Bereich des Universums, der Lebewesen, der Mathematik und der Kunst bieten Weyl, 1952, und Shubnikov/Koptsik, 1974. Vgl. auch Wigner, 1967.
4 Nash, 1975, 53.
5 Vgl. Koch, 1980a, 1981.
5a Zu der Bedeutung der drei Phasen oder »Prozesse« innerhalb der Theorie des Poetischen vgl. Koch, 1980a, 1981.
6 Vgl. Harnad, 1977; Galaburda *et al.*, 1978; Penfield, 1975.

7 Die primäre Symmetrie der menschlichen Organe ist so auffallend, daß moderne Künstler (so z. B. Gernot Bubenik) daraus neue ästhetische Symmetrien transformieren. Zu den phylogenetischen Ursachen der »späteren« Asymmetrisierung vgl. die tiefsinnigen Überlegungen von Herman Weyl (1952, 25ff.).

8 Zu weiteren kulturellen Implikationen der Digital/Analog-Asymmetrie vgl. McLuhan, 1978.

8a »Speech perception develops prior to speech production« (Jakobson, Waugh 1979, 63).

9 Zur Relation »konkret« vs. »abstrakt« in der Poetizitätstheorie vgl. Koch, 1981: section 3.5. Vgl. ferner Arnheim, 1969.

10 Es soll eine *funktionale* Skizze mit genetischen und topographischen Implikationen sein, wie sie etwa mit ganz anderem Inhalt Wepman 1960 aufzustellen pflegt (vgl. auch Skizzen in Taylor/Fox, 1974).

11 Die Kreativitätsforschung scheint Phasen und Zyklen, wie ich sie hier vorschlage, noch nicht ins Auge gefaßt zu haben. Betont wird dort vor allem das Ausmachen des Gegebenen (also allenfalls »Progress«) durch Suchen von »Gegenstrukturen«: vgl. Kagan, 1967 (41ff., 77ff.).

12 Der vorliegende Aufsatz wurde ursprünglich als Einleitung für ein ausführliches Kapitel zum Thema »Gehirn und Poetizität« in Koch, 1981, (section 6.7) konzipiert.

13 Für C. Lombroso (vgl. Rothenberg, 1971, 195) zumindest war das Künstlerische gleich dem Pathogenen schlechthin. Auch in heutigen, differenzierteren Kontexten bleibt die strikte Trennbarkeit der genannten Trichotomie diskutabel. Ich glaube jedoch, für genauere Analysen verlieren wir nichts, wenn wir an dieser grundsätzlichen Einteilbarkeit festhalten.

14 Vgl. Holenstein, 1975, (134f.) zur Opposition »merkmalhaltig« vs. »merkmallos«. – Vgl. ferner Ivanov, 1974.

15 Vgl. Rapaport, 1960, 27.

16 Dem *tertium non datur* der klassischen Logik (Freytag-Löringhoff, 1955, 18): »Jedes x ist A oder Nicht-A, tertium non datur«) steht so ein *tertium datur* oder besser ein *tertium sine quo non* des Funktionierens der dynamischen Prozesse der Natur gegenüber. Auch die Dreierschaltung der »Transklassischen Wissenschaft« (»Dialektik der Wissenschaftsmodelle«, Hegels »These, Antithese, Synthese«: vgl. Maser, 1971, 29ff.) ist ein Reflex des Triadischen. Zur Bedeutung des Triadischen in der Poetizitätstheorie vgl. Koch, 1980; Koch, 1980a. Zur Ableitung des Triadischen aus der Pentade der Homöostase vgl. Koch, 1981, section 6.6.

Literaturverzeichnis

Arnheim, Rudolf ([1969] 1972), *Anschauliches Denken*, DuMont Schauberg Köln.

Eigen, Manfred, und Ruthild Winkler, (1975), *Das Spiel – Naturgesetze steuern den Zufall*, Piper, München.

von Freytag, gen. Löringhoff, Bruno Baron ([1955] 1957), *Logik*, Kohlhammer, Stuttgart.

Fuller, R. Buckminster (1975), *Synergetics – Explorations in the Geometry of Thinking*, MacMillan, New York.

Galaburda, Albert M., Lemay, Marjorie, Kamper, Thomas L., und Norman Geschwind (1978), »Right-Left Asymmetries in the Brain«, in: *Science* 199, 852–6.

Gazzaniga, Michael S. (1970), *The Bisected Brain*, Appleton-Century-Crofts, New York.

Gazzaniga, Michael S., und Joseph E. Ledoux (1978), *The Integrated Mind*, Plenum Press, New York, London.

Geschwind, Norman (1979), »Specialisations of the Human Brain«, in: *Scientific American* 241/3, 158–71.

Ghiselin, Brewster (Hg.) (1952), *The Creative Process*, New American Library, New York.

Goldstein, Kurt, und Martin Scherer (1941), »Abstract and Concrete Behavior«, in: *Psychological Monographs* 53/2, 1–151.

Harnad, S. (Hg.) (1977), *Lateralization in the Nervous System*, Academic Press, New York.

Heisenberg, Werner (1969), *Der Teil und das Ganze*, Piper, München.

Heisenberg, Werner ([1933] 1969a), »Diskussionen über die Sprache«, in: Heisenberg (1969), 167–86.

Holenstein, Elmar (1975), *Roman Jakobsons phänomenologischer Strukturalismus*, Suhrkamp, Frankfurt.

Ivanov, Vjačeslav Vsevolodovič (1974), »On Antisymmetrical and Asymmetrical Relations in Natural Languages and other Semiotic Systems«, in: *Linguistics* 119, 35–40.

Jakobson, Roman ([1941] 1969), *Kindersprache, Aphasie und allgemeine Lautgesetze*, Suhrkamp, Frankfurt.

Jakobson, Roman ([1953] 1971c), »Aphasia as a Linguistic Topic«, in: Jakobson, Roman (1971c), 229–38.

Jakobson, Roman ([1956] 1971c), »Two Aspects of Language and Two Types of Aphasic Disturbances«, in: Jakobson, Roman (1971c), 239–59.

Jakobson, Roman ([1963] 1971c), »Toward a Linguistic Classification of Aphasic Impairments«, in: Jakobson, Roman (1971c), 289–306.

Jakobson, Roman ([1963a] 1971c). »Linguistic Types of Aphasia«, in: Jakobson, Roman (1971c), 307–33.

Jakobson, Roman (1971), *Studies on Child Language and Aphasia*, Mouton, The Hague.
Jakobson, Roman (1971b), *Selected Writings, vol. I: Phonological Studies*, Mouton, The Hague.
Jakobson, Roman (1971c), *Selected Writings, vol. II, Word and Language*, Mouton, The Hague.
Jakobson, Roman (1976), *Hölderlin, Klee, Brecht*, Suhrkamp, Frankfurt.
Jakobson, Roman, und Grete Lübbe-Grothues, (1976), »Ein Blick auf *Die Aussicht* von Hölderlin«, in: Jakobson (1976), 27–96.
Jakobson, Roman, und Linda Waugh (1979), *The Sound Shape of Language*, Indiana U. P., Bloomington.
Kagan, Jerome (Hg.) (1967), *Creativity and Learning*, Houghton Mifflin Company, Boston.
Koch, Walter A. (1980), *Poetizität – Skizzen zur Semiotik der Dichtung*, Olms, Hildesheim.
Koch, Walter A. (1980a, in Vorb.), »Poetizität: das Triviale des Triadischen«, in: *Poetica*.
Koch, Walter A. (1981, in Vorb.), *Poetry and Science: Towards an Integrated Correspondence Theory of Poetic Structures*, Mouton, The Hague.
Koestler, Arthur (1978), *Janus. A Summing Up*, (dtsch.: *Der Mensch – Irrläufer der Evolution*, Scherz, München), Hutchinson, London.
Luria, A. R. (1973), »Two Basic Kinds of Aphasic Disorders«, in: *Linguistics* 115, 57–66.
Martindale, Colin (1978), »Preface: Psychological Contributions to Poetics«, in: *Poetics* 7, 121–33.
Maser, Siegfried (1971), *Grundlagen der allgemeinen Kommunikationstheorie*, Kohlhammer, Stuttgart.
McLuhan, M. (1978), »The Brain and the Media: The ›Western‹ Hemisphere«, in: *Journal of Communication* 28/4, 54–60.
Nash, J. M. (1975), *Kubismus, Futurismus und Konstruktivismus*, Droemer/Knaur, München.
Novalis, Friedrich von Hardenberg, genannt, ca. 1794 – 1801, *Schriften. Die Werke Friedrich von Hardenbergs*, vol. I–III, hg. v. Paul Kluckhohn und Richard Samuel, Kohlhammer, Stuttgart.
Penfield, Wilder (1975), *The Mystery of the Mind*, Princeton UP, Princeton.
Rapaport, David (1960), *The Structure of Psychoanalytical Theory: A Systematizing Attempt*, International Universities Press, New York.
Rothenberg, Albert (1971), »The Process of Janusian Thinking in Creativity«, in: A. M. A. *Archives of General Psychiatry* 24, 195–205.
Sebeok, Thomas A. (Hg.) (1974), *Current Trends in Linguistics, vol. 12: Linguistics and Adjacent Arts and Sciences*, Mouton, The Hague.
Shubnikov, A. V. und V. A. Koptsik, (1974), *Symmetry in Science and Art*, Plenum Press, New York.

Taylor, O. L., und J. P. Fox, (1974), »Language Behavior and Disorders Associated with Brain Damage«, in: Sebeok (1974), 2595–639.
Wepman, Joseph et al., (1960) »Studies in Aphasia: Background and Theoretical Formulations«, in: *Journal of Speech and Hearing Disorders* 25, 323–32.
Weyl, Hermann, (1952), *Symmetry,* Princeton UP, Princeton, N.J.
Wigner, E. P.([1967] 1970), *Symmetries and Reflections,* The M.I.T. Press, Cambridge, Mass.

Thomas T Ballmer
Neurobiologie und Lexikon

1. Einführung

Eine der bedeutendsten Charakteristika des Menschen ist seine *Sprache*. Ohne seine *Sprache* ist der Mensch als soziale Spezies undenkbar. *Sprache* und *Gesellschaft* bedingen einander. Sprache wird in sozialen Gruppen gelernt, die soziale Gruppe prägt die Sprechweise des Menschen. Aber auch *umgekehrt* konstituieren sprachliche Konventionen soziale Gruppen: die erfolgreiche Etablierung sozio-kultureller Gesellschaften ist typischerweise in der Einführung eines gruppenspezifischen Sprachkodes begründet. Die erfolgreiche Teilnahme eines Menschen an gesellschaftlichen Tätigkeiten setzt demgemäß seine Fähigkeit und Bereitschaft voraus, sprachliches Verhalten zu übernehmen und eventuell auch kreativ zu formen.

Es liegt in der Natur der Sache, daß die menschliche Sprache – und in ähnlicher Weise auch die menschliche Gesellschaft – auf zwei ganz verschiedene Weisen betrachtet und analysiert werden kann: einerseits auf eine *»subjektive«*, vom persönlichen Erlebnis her bestimmte Art und Weise und andererseits auf eine *»objektive«*, von den physischen Tatsachen her bestimmte Art und Weise. Diese beiden idealtypischen Betrachtungsweisen schlagen sich auch in der wissenschaftlichen Methode nieder, die man als Linguist verfolgen kann.

Eine auf der unmittelbaren oder geschulten Intuition des Akzeptierens, Ablehnens und Interpretierens von sprachlichen Äußerungen aufbauende Linguistik geht vom *subjektiven* Erleben aus. Sie gehört damit zu einer Sorte von Wissenschaft, die wir *phänomenologisch-strukturell* nennen wollen. Von dieser Wissenschaftsperspektive her ist es möglich, intern geltende Zusammenhänge der Sprache bis zu einem gewissen Grad aufzuklären, indem man die subjektiven Erlebnisse beschreibend festhält, Ähnlichkeiten, Nachbarschaften und Unterschiede feststellt, und die Phänomene nach bestimmten Prinzipien strukturell ordnet. Man mag der Meinung sein, daß ein solches in der *Subjektivität* begründetes Vorgehen in die Irre führen muß, da es mit erheblichen

Fehlerquellen behaftet sei. Denn menschliche Unzulänglichkeit oder gar fehlgeleitete Willkür könne nicht ausgeschlossen werden. Diese bis zu einem gewissen Grad berechtigte Kritik darf aber nicht darüber hinwegtäuschen, daß der ebengenannte Weg für Psychisches, Soziales und insbesondere für Sprachliches oft als einziger Weg wenigstens erste Aufschlüsse eröffnet. Auch können im Rahmen eines wissenschaftlichen Diskussionsforums im nachhinein eine ganze Reihe von Mängeln ausgeglichen werden, die in einer vorerst rein subjektiven Erkenntnisbasis begründet sind.[1]

Ganz anders präsentiert sich die Sprache, wenn sie als *physischer* Tatbestand gesehen wird. Sprache ist dann als ein besonderes Verhalten des Menschen aufzufassen. Als ein solches steht es parallel zu anderen Verhaltens- und Bewegungsformen des Menschen, aber auch von Tieren, Pflanzen und gar von Gegenständen. Es interessierten bei dieser *objektiv* orientierten Betrachtungsweise zunächst in naheliegender Weise rein physikalisch-technische Aspekte (akustische und nachrichtentechnische Eigenschaften der Sprache), mittlerweile aber *auch* und *vornehmlich* biologische. Auf dem Hintergrund der heutzutage erschlossenen naturwissenschaftlichen Erkenntnisse eröffnet sich dann für den Sprachforscher eine ganze Kette von Fragen. Dieser *biologisch-physikalische* Rahmen wirft Probleme auf, die die Struktur und Funktion der Sprache betreffen, und weiterführend auch Probleme der phylo- und ontogenetischen Entwicklung, der zugrunde liegenden anatomischen Strukturen und physiologischen Mechanismen.

Aus dem dadurch angesprochenen Problemkatalog seien nun einige hervorstechende Themenkreise angedeutet: *homologe* und *analoge* Entwicklungsformen bei Mensch und Tier, Evolutionsstufen der Sprache, dynamische Mechanismen der Sprachevolution, phylogenetische Sprachtypologie, ontogenetische Sprachstufen und deren Entwicklung, Lokalisation sprachlicher Fähigkeiten im Gehirn, hirnphysiologische Untersuchungen zur Sprachverarbeitung im Gehirn. Eine so verstandene Linguistik ist dann eine biologisch-physikalische Wissenschaft.[2]

In diesem Artikel wollen wir uns nun der nicht ganz einfachen Aufgabe widmen, die Linguistik I (*phänomenologisch-struktureller* Art) und die Linguistik II (*biologisch-physikalischer* Art) *zusammenzuführen.* Eine phänomenologisch-strukturelle Analyse führt uns dazu, bezüglich der menschlichen Sprachfähigkeit *drei* Komponenten zu unterscheiden: die Verarbeitungsmechanismen beinhaltende *Grammatik*, das Standardinformationen bereitstellende *Lexikon* und der physisch-soziale *Kontext*, auf dem der handelnde Mensch mit Hilfe seiner (Sprech-)Fähigkeiten (Grammatik und Lexikon) operiert.[3] Wie Grammatik und Gehirn aufeinander bezogen werden, bleibe hier zunächst außer Betracht[4], ebenso die Bezüge zwischen physisch-sozialem Kontext und Gehirn. Wir konzentrieren uns statt dessen auf die Diskussion der Beziehung des Lexikons zur Gehirnstruktur, und zwar im Bereich des Verbwortschatzes.

Ein rein phänomenologisch-strukturelles Verfahren fördert von der Menge aller deutschen Verben ausgehend mit Hilfe eines rein subjektiven Entscheidungsverfahrens eine umfassende semantische Struktur der menschlichen Sprache, eine *Wortschatzstruktur*, zutage. Unabhängig davon sollen die Grundzüge der phylogenetischen Entwicklungsstufen des Zentralorgans dargestellt und dann mit dem Verbwortschatz korreliert werden. Auf dieser Basis wird es dann möglich sein, einige bemerkenswerte Übereinstimmungen zwischen der genannten semantischen *Wortschatzstruktur* und der *Gehirnentwicklung* festzustellen. Die Parallelen zwischen den betreffenden sprachlich-semantischen Strukturen und den Entwicklungsstufen des Gehirns, einem Produkt der physikalisch-biologischen Evolution, kann nicht rein zufällig sein. Neben der *Feststellung* dieser Parallelen wird deswegen im Anschluß daran nach einer begründeten *Erklärung* gesucht. Diese Aufgabe wird uns zu Problemen der *strukturellen Evolutionstheorie* und deren *dynamischer Begründung* führen. Des weiteren soll ausgehend von den Ergebnissen versuchsweise eine – begründete – Hypothese über die Art der Lokalisation von Fähigkeits- und sprachlichen Zentren im Gehirn formuliert werden.

Die These, daß zwischen (Verb-)Wortschatzstruktur und den Stufen der Gehirnentwicklung ein Zusammenhang besteht, mag als etwas *gewagt* erscheinen, wenn nicht sogar als völlig *unbegründbar* abgetan werden. Als *Haupteinwand* wird in diesem Zusammenhang darauf verwiesen, daß es doch unmöglich sei, daß aus einer Sprachuntersuchung an einer Einzelsprache (hier des Deutschen) Rückschlüsse auf Biologisches, Einzelsprachunabhängiges, ja sogar Universelles gemacht werden könnten.

Dazu ist folgendes zu sagen. Erstens werden keine Rückschlüsse gezogen, sondern Parallelen aufgezeigt. Zweitens erstrecken sich diese Parallelen auf verhältnismäßig grobkörnige Aussagen, die einzelsprachliche Feinheiten unberücksichtigt lassen. Soweit wir feststellen konnten, unterscheiden sich Sprachen auf der hier diskutierten Ebene nicht in ihrer Wortschatzstruktur. Drittens, und das scheint uns besonders wesentlich zu sein, läßt sich die hier besprochene Parallele als rein innerlinguistisches Problem formulieren, welches jeden Übergriff auf die Inhalte der Biologie und Neurophysiologie vermeidet.

Statt mit einer Parallele zwischen (Teilen der Verb-)Wortschatzstruktur und (einiger wesentlicher) Stufen der Gehirnentwicklung haben wir es mit folgendem Sachverhalt zu tun: Es liegen zunächst zwei (Teil-)Sprachen innerhalb des deutschen Sprachsystems vor, die natürliche *Umgangssprache* und die *Fachsprache* des Biologen. In ersterer kann das Verhalten von lebenden Organismen aller Arten für Alltagszwecke hinreichend genau beschrieben werden. In letzterer ist es (teilweise) gelungen, das Verhalten von Organismen durch Hinweis auf den entsprechenden Entwicklungsgrad des Zentralorgans zu beschreiben und zu begründen. Ein *rein linguistisches* Problem ist nun die Frage: Welche Verben benutzt ein *Sachbuchautor*, um das in der biologischen *Fachsprache* dargestellte Fachwissen über organismisches Verhalten und dessen Begründung in die *Umgangssprache* zu *übersetzen* und einem weiteren Kreis von Leuten zugänglich zu machen? Mit anderen Worten, welches ist das in den umgangssprachlichen Verben liegende *metaphorische Potential*, um biologisch Fachsprachliches zu erfassen?

Das Problem der Parallele zwischen Verbwortschatzstruktur und Stufen der Gehirnentwicklung ist somit formulierbar als rein linguistisches Problem, als ein Übersetzungsproblem zwischen einer Fachsprache und der Umgangssprache. Ist dieser Standpunkt einmal verstanden, läßt sich die Diskussion auf linguistisch und fachwissenschaftlich sehr viel sichererem Boden führen. Die im folgenden gemachten Behauptungen lassen sich durch Analyse von entsprechenden Sachbuchtexten empirisch validieren oder falsifizieren.

2. Ein methodisch fundiertes Ordnungsverfahren für sprachliche Informationen

Aufgrund von ausgedehnten Wortschatz-Studien (Ballmer/Brennenstuhl 1978, 1979, 1980) in verschiedenen Wortschatzbereichen gelang es mit Hilfe eines universell anwendbaren Ordnungsverfahrens, Wortschatzstrukturen im einzelnen zu ermitteln. Diese Strukturen, das scheint sich bei der Untersuchung von Wortschatzausschnitten mehrerer europäischer Sprachen herauszustellen, sind in ihrer Grundanalyse sprachunabhängig gültig. Differenzierungen können aber mitunter stark einzelsprachbezogen sein.

Wir wollen jetzt die Analyseergebnisse der Verbwortschatzanalyse kurz skizzieren. Ausgangsmaterial der rein semantischen Analyse waren die von E. Mater gesammelten 20 000 deutschen Verben.

Um zu einer systematischen Ordnung zu kommen, waren die dialektalen, fachsprachlichen und zusammengesetzten Formen ausgeschieden worden. Sie können in einem Nachschlag leicht nachklassifiziert werden. Es blieben etwa 8000 standardsprachliche unzusammengesetzte Verben. Diese wurden nun mit Hilfe von zwei semantischen Relationen klassifiziert, die zum Repertoire der Fähigkeiten eines *jeden* Sprechers gehören: *Bedeutungsähnlichkeit* und *Voraussetzungsrelation.* Unter Benutzung der *Bedeutungsähnlichkeit* ist es möglich, 800 semantisch homogene Verbkategorien zu finden, und etwa 40 größere inhaltlich zusammengehörige Gruppen solcher Verbkategorien, sogenannte Modelle *(Verbmodelle).* Unter Benutzung der *Voraussetzungsrelation* lassen sich die Verbkategorien innerhalb eines Modells und die Modelle untereinander in eine *lineare Ordnung* bringen.

Das Resultat ist, ganz kurz zusammengefaßt, eine *universell vergleichbare*, aber dennoch *sprachspezifische* semantische Ordnung der *Verbkategorien* und *Modelle. Sprachenspezifisch* ist die Ordnung deswegen, weil die die Bedeutungsrelation und die Voraussetzungsrelation benutzenden Informanten beim Ordnen der Verben selbstverständlich sprachspezifisch reagieren. *Universell vergleichbar* ist die Ordnung, weil dasselbe Verfahren für die Verben jeder beliebigen menschlichen Sprache verwendet werden kann.

Da wir hier nun keine Einzelheiten besprechen können, muß

eine zusammenfassende Liste des gesamten Modellsystems genügen, um die Strukturierung der Modelle zu illustrieren. Die Modellgruppen sind jeweils mit einem Namen versehen, der das den Modellen Gemeinsame kennzeichnet. Jede Modellgruppe setzt die vorangehenden Modellgruppen voraus.

Modelle

A. 1 Sachverhaltsmodell
B. 2 Vorgangsmodell
3 Modell spezieller Vorgänge und Prozesse
C. 4 Individuen-Objekt-Existenz-Modell
5 Lebensmodell
6 Verhaltensmodell
7 Lebensmodell für soziale Gruppen
D. 8 Eigenschaften und Relationen
E. 9 Bewegungsmodell
F. 10 Zustoßmodell
11 Passives Wahrnehmungsmodell
12 Psychische-Wirkungen-Modell
13 Erkenntnismodell
G. 14 Bewirkungsmodell
H. 15 Handlungsmodell
16 Durchführungsmodell
17 Aktivbewegungsmodell
18 Fortbewegungsmodell
19 Psychische-Aktivitäten-Modell (1)
20 Informationsmodell
21 Betätigungsmodell
22 Durchführungsmodell
23 Äußerungsmodell
24 Psychische-Aktivitäten-Modell (2)
25 Gefahr-Angst-Wagnis-Modell
26 Beeinflussungsmodell
27 Prozeßsteuerungsmodell
28 Fortpflanzungsmodell
I. 29 Greifen-Modell
30 Transport-Modell
31 Bearbeitungsmodell
32 Fremdbewegungsmodell
33 Führungsmodell/Freiheitsmodell
34 Unterstützungsmodell
35 Zusammenbringen-und-Trennen-Modell
K. 36 Produktionsmodell
37 Konsummodell
38 Regenerationsmodell
L. 39 Transaktionsmodell
M. 40 Sprechhandlungsmodelle
40.1 Expressiva
40.2 Enaktionen
40.3 Sprachliche Interaktionen
40.4 Textmodelle

Figur 1

Modellgruppen

A. Sachverhalte betreffende Modelle
B. Vorgänge und Prozesse betreffende Modelle
C. Existenz von Individuen und Objekten betreffende Modelle

D. Existenz von Individuen und Objekten voraussetzende Modelle
E. Eigenveränderung von Objekten im Raum
F. Zustöße (Einfluß der Umgebung auf Individuen, Objekte)
G. Bewirkungen (Einfluß von Individuen, Objekten auf Umgebung)
H. Kontrollierte Eingriffe (gerichtet auf sich selbst, die Umgebung und andere)
I. Kontrollierte Übergriffe auf Objekte und Individuen
K. Kontrollierte Schaffung und Zerstörung von Objekten, Umgebung
L. Kontrolliertes Eigentum, Transaktionen
M. Sprechhandlungen

Figur 2

Hiermit liegt der Verbwortschatz in einer rein sprachlich-analytisch ermittelten Ordnung vor. In dieser Form wird er die Grundlage für einen Vergleich mit den Stufen der Gehirnentwicklung darstellen.

3. Gehirnstrukturen

Die Objekte unserer Umwelt können mit zunehmender organisatorischer Komplexität geordnet werden. Ein prominentes Organ, das organisatorische Komplexität von lebenden Organismen charakterisierend erfaßt, ist das Nervensystem. Es ist ein anatomisch-physiologisches, also struktural-funktionales Korrelat auch der Komplexität des äußeren phänotypischen Verhaltens von Organismen. Eine Ordnung von Organismen nach der Komplexität ihrer Nervensysteme dürfte somit weiterführende Resultate erbringen.

Bei der Erschließung einer neuen Disziplin ist es nützlich, Sachverhalte, die erklärbar erscheinen, von solchen zu trennen, deren Lösung zur fraglichen Zeit genaugenommen unmöglich ist und nur in spekulativer Weise erkundet werden kann. Was das Nervensystem anbelangt, so würde man in die erste Kategorie Dinge wie die chemischen und elektrischen Eigenschaften der Nervenzellen und Synapsen, die Gewöhnung und Sensibilisierung einzelner Nervenzellen und Synapsen oder die Wirkung von Drogen auf das Nervensystem einordnen. Fast die gesamte Neuroanatomie und Neuropharmakologie sowie ein großer Teil der Neurophysiologie gehören ebenfalls dazu. Sogar die Entwicklung des

Gehirns scheint trotz unseres Unwissens über die Vorgänge im wachsenden Embryo kein prinzipielles Rätsel zu sein.

Auf der anderen Seite gibt es zahlreiche menschliche Fähigkeiten, die unser gegenwärtiges naturwissenschaftliches Verständnis übersteigen. Zuweilen gelingt es uns, das vorhandene Problem zu sehen und zu formulieren, aber nicht einmal das muß immer glücken. Sobald wir den Bereich der Wahrnehmung, des Verstehens, des Vorstellungsvermögens, der Kreativität, des Willens oder der Emotionen betreten, fehlen die Begrifflichkeiten und die Mittel, in der richtigen Weise über diese Dinge nachzudenken. Eine Möglichkeit, die auch von Crick (1979) vorgeschlagen wird, diesen Weg zu ebnen, bestünde darin, die Informationsverarbeitung komplexer Systeme zu studieren. Um Struktur und Funktion des Zentralorgans des Menschen aufzuklären, wäre es dementsprechend sinnvoll, das Zentralorgan selbst unter dem Aspekt eines komplexen informationsverarbeitenden Systems zu betrachten, und zwar in seiner gesamten entwicklungsgeschichtlichen Dimension. Das ist der Weg, den wir in der folgenden Studie begehen wollen.

Wir wollen nun in aller Kürze die wesentlichen Stufen der Entwicklung von Nervensystemen lebender Organismen aufführen. Wir folgen dabei der Ausführung von Kühn (1964).

a. Zentralorgan und Körper bilden eine *Einheit.* Ein eigenes Zentralorgan existiere noch nicht. Diese Stufe ist typisch für (Viren und) Protozoen.
b. Ausdifferenzierung von spezialisierten Zellen: Erste Bildung von Nervenzellen im Zusammenhang mit der Bildung von Epithel-Muskelzellen bei Cnidariern. Diese Entwicklung geht weiter bei Nematoden, wo die Bildung von Muskelorganen (Längsmuskelschicht, Hautmuskelschlauch) entsprechend zur Fortentwicklung von Nervennetzen führte (Schlundring plus dorsalem, ventralem Längsstamm).
c. Bildung von primären Sinneszellen (ziehen sich in einem effektorischen Nervenfortsatz aus), sekundären Sinneszellen (Erregung wird von umspinnenden Nerven abgenommen) und Sinnesnervenzellen.
d. Auf dieser Basis differenzieren sich sensible (zentripetale) und effektorische (zentrifugale) Nervenfasern bzw. Nervenzellen. Die Grundlage zum Reflexbogen ist somit gelegt. Kürzeste Reflexbogen finden sich bei Anneliden (z. B. Regenwurm).

e. Ergänzung des Reflexbogens durch weitere Schaltstellen. »Die einer Nervenzelle zufließende Erregung wird von dieser nicht einfach fortgeleitet, sondern löst in dieser Zelle eine ihr eigentümliche Tätigkeit aus. So kann eine Nervenzelle einen ihr zufließenden Impulsrhythmus in einen anderen Rhythmus umsetzen [...] In Nervenzellen können auch ohne Erregungszufluß *spontan* Erregungen entstehen« (Kühn, 1964, meine Hervorhebung). Die Organismen reagieren jetzt nicht mehr in voraussagbarer Weise direkt auf Umwelteinflüsse, sie entwickeln Eigenaktivitäten. Die Grundlage zur »Emanzipierung« von der Umwelt ist gegeben.

f. Entwicklung von Fortbewegungsorganen geht einher mit der Bildung von strukturierten Nervensystemen: Nervenstränge (bei Parenchymiern, Mollusken, Echinodermen), Strickleiternervensysteme (bei Artikulaten), Neuralrohr (bei Chordaten), Rückenmark (bei Wirbeltieren).

g. Entwicklung der Mobilität von Augen und Augenlinsen.

h. Die Weiterentwicklung der Nebenschaltstellen (Ganglien, Rückenmark, Medulla oblongata) erlauben ein immer ausgeprägteres »Innenleben«, das heißt Ansätze einer Psyche.

i. Diese Entwicklungen erlauben auch immer bessere Möglichkeiten der Engrammbildung, der Abbildung und Memorierung von Innen- und Außenwelt.

k. Das Gehirn als Trieb- (Motivations-) und Planungs- und schließlich Problemlösungsorgan entsteht. Das Myelencephalon (verlängertes Mark, Nachhirn) ist Sammelstelle der meisten Gehirnnerven. Dort liegen die Zentren der vegetativen Tätigkeitskontrolle. Der Betätigungszustand von Organismen wird von hier aus gesteuert.

l. Das Metencephalon (Kleinhirn, Cerebellum) geht aus dem Dach des vorderen Abschnitts des verlängerten Marks hervor. Es nimmt Erregungen auf, die von den Sinnesendigungen in Muskeln, Sehnen, Gelenken und aus dem Ohrlabyrinth kommen. Es ist das Zentrum der Bewegungskoordination und des Muskeltonus. Es übernimmt die synergische Kontrolle (Patten, 1953).

m. Das Diencephalon (Zwischenhirn) übernimmt bei Säugern die Rolle der Hauptschaltstation.

n. Das Vorderhirn besteht aus zwei blasenförmigen Vorstülpungen am Vorderende des Zwischenhirns, den paarigen Hemisphären. Der Boden jeder Hemisphäre ist verdickt und treibt ein Basalganglion (Corpus striatum) in den Hohlraum vor. Die übrige Hemisphärenwand stellt den Hirnmantel, das Pallium dar. Das Vorderhirn ist umweltbezogen. Bei den Fischen ist es hauptsächlich Riechhirn. Bei den Amphibien bildet sich das Neopallium (auf dem älteren Archipallium). Das Neopallium (Cortex) stellt einen mächtigen Assoziationsapparat dar, den Sitz mannigfacher Engrammbildung und -verknüpfung. Von hier aus werden tiefere Zentren in Gang gesetzt. Der Einfluß, den das Vorderhirn auf diese Zentren ausüben kann, steigt in der Wirbeltierreihe. Bei den Amphibien ist das Vorderhirn nur mit dem Zwischenhirn unmittelbar verbunden, bei den Sauropsiden wird das Mittelhirn erreicht, bei den Säugern verlaufen von der Großhirnrinde ausgehende effektorische Faserzüge nach allen Hirnteilen bis ins Rückenmark. Das Neopallium entwickelt sich bei den Säugern durch Flächenausdehnung und Furchenbildung (bei den Vögeln durch Massenentwicklung in die Tiefe). Der Anteil des assoziativen Neocortex nimmt von 10 % bezüglich des sensorimotorischen Neocortex bei den Nagern, auf 90 % bei den Menschen zu.

Die Funktion des Vorderhirns und speziell des Neopalliums (Cortex) ist Gegenstand intensiver Forschung. Trotz vieler Bemühungen herrscht aber noch weitgehend Unklarheit über das Funktionieren dieses Teils des Gehirns, insbesondere beim Menschen.

4. Die Korrelation zwischen Verbwortschatzstruktur und den Entwicklungsstufen des Zentralorgans

Die Parallele zwischen den Verbmodellen der Verbwortschatzstruktur und den Entwicklungsstufen des Zentralorgans ist auf den jetzt zur Verfügung stehenden Grundlagen leicht zu demonstrieren. Dabei ist zu beachten, daß die Modelle 1, 2, 3, 4 und 8 außer Betracht fallen, da sie Vorbiologisches betreffen. Des weiteren entsprechen sich dann die Verbmodelle und Entwicklungsstufen, wie man folgender Tabelle entnehmen kann:

Verbmodell	Typische Verben der Verbmodelle, typische von den Nervensystemen gesteuerte Prozesse.	Entwicklungsstufe des Nervensystems
5–7	wachsen, leben, sich verhalten, altern, sterben	a
9	pulsieren, strudeln, sich ausrichten, rotieren	b
10–13	riechen, wittern, verspüren	c
14	reagieren; aktivieren, anstacheln	d
15	agieren, tun, auswählen, bewältigen	e
18	ruhen, sich entfernen, sich fortbewegen, gelangen nach	f
18'	wahrnehmen, bemustern, ins Auge fassen	g
19	erschrecken, imponieren	h
20	sich erinnern	i
21	schlafen, aufwachen, sich ernähren, einschlafen	k
22	durchführen, in Tat umsetzen	l
...		m
...	(alle höheren Aktionen)	n

Figur 3

5. Ein dynamisch-geometrischer Erklärungsansatz

5.1 Einführende Bemerkungen zu einer allgemeinen Theorie dynamischer Systeme

Es gibt wenige Theorien, die einen hinreichenden Allgemeinheitsgrad besitzen, daß sie einen Bereich erfassen können, der materielle und sprachliche Dynamik und insbesondere die Steuerung dynamischer Prozesse und die Beschreibung solcher Prozesse, also Zentralorgane und Verbwortschatz, gleichermaßen umfaßt. Theorien, die für Strukturen und Prozesse der geschilderten Art in Frage kämen, sind solche, die für dynamische Systeme *physikalischer, biologischer* und gleichzeitig auch *gesellschaftswissenschaftlicher* Art vorgesehen sind. Ausgearbeitete und empirisch »validierte« Theorien dieses Typs gibt es zur Zeit kaum. Ansätze zu solchen Theorien sind aber doch hier und da zu finden.[5]

Im Bewußtsein, daß es zur Zeit noch keine ausgearbeitete Theorie der allgemeinen Dynamik gibt, wollen wir doch eine solche als Erklärungsmittel für unser Problem ins Auge fassen. Die folgenden Überlegungen werden hoffentlich dazu beitragen können, gewisse Aufgabenstellungen zu verdeutlichen, die eine konkrete Version einer dynamischen Theorie erfassen sollte.

5.2 Das Wesen der Gehirnstruktur

Das Gehirn kann nicht losgelöst von seinem Trägerorganismus gesehen werden, und dieser wiederum nicht losgelöst von seiner Umwelt und seiner Vorgeschichte. Der in einer gewissen Umwelt lebende Trägerorganismus und sein Gehirn stehen in einem gewissen natürlichen Einklang bezüglich Form und Funktion. Denn innere und äußere Organe eines Organismus werden durch periphere oder zentrale Nervennetze gesteuert. Daher entsprechen sich die Komplexität des Körpers eines Organismus und die seines Gehirns in ganz bestimmter Weise. Diese Behauptung bedarf allerdings noch einer wesentlichen Ergänzung. Nicht nur die Komplexität der körperlichen Organe eines Organismus, sondern auch die soziale Organisation, die relevante Umwelt und sogar die phylogenetischen Vorstufen stehen in Beziehung zur Komplexität des Gehirns eines Organismus. Je größer die dynamische Vielfalt eines Trägerorganismus in körperlicher, sozialer und phylogenetischer Hinsicht ist, desto komplexer ist sein Gehirn. Wir könnten somit folgende These formulieren:

These II

Das Gehirn charakterisiert in geometrisch-struktureller Weise die dynamische Komplexität seines Trägerorganismus.

Das Gehirn reflektiert auf diese Weise wichtige dynamische Stationen der phylogenetischen Vorgeschichte eines Organismus. Der Grund, warum These II stimmt, ist evolutionstheoretisch zu begründen, also letztlich in einer Theorie allgemeiner dynamischer Prozesse, wie sie weiter oben gefordert worden ist. Auch die spezifischen Stufen einer biosozialen Evolution und insbesondere der Zentralorgane und ihrer Trägerorganismen müßten aus der betreffenden Theorie abzuleiten sein.[6]

5.3 Das Wesen der Verbwortschatzstruktur

Genauso wie das Gehirn und seine Struktur, so muß auch die Verbwortschatzstruktur in einem größeren Zusammenhang betrachtet werden: die Verbwortschatzstruktur steht nämlich im Kontext einer von einer Sprachgemeinschaft gesprochenen Sprache. Aber auch Sprachgemeinschaft und Sprache gehören in einen weiteren Rahmen. Die Ausdrücke der Sprache, insbesondere die Verben und Nomina, werden von den Mitgliedern der Sprachgemeinschaft in einer bestimmten Umwelt verwendet. Diese Umwelt ist angefüllt mit Gegenständen verschiedener Art, die sich in Form, Funktionen und Vorgeschichte und damit vor allem in ihrem dynamischen Verhalten unterscheiden: Steine bleiben liegen, solange man sie in Ruhe läßt; Pflanzen verändern sich, auch ohne unser Zutun; Tiere verändern sogar ihren Ort selbständig; höhere Tiere weichen gewissen Gefahren aus (sie flüchten) oder sie verfolgen andere, flüchtende Tiere, und so fort. Der Umgang des Menschen mit diesen Objekten, die ein typisches dynamisches Verhalten zeigen, führt ihn zu begrifflichen Unterscheidungen, die er als sprachfähiges Wesen sprachlich festmacht. Das Lexikon ist ein Umschlagplatz dieser besonders gängigen sprachlichen Währungen. Der *Verbwortschatz* erfaßt dabei die herausragenden *dynamischen* Aspekte der in der Umwelt des Menschen auftretenden Prozesse, die normalerweise *an* gewisse *Objekte gebunden* ablaufen. Solche Prozesse können rein materieller Art sein, aber auch psychischer, sozialer und insbesondere auch sprachlicher Natur.

Die Sprache und mit ihr der Verbwortschatz entsteht auf (inter-)*subjektive* Art und Weise in einem ständigen Prozeß des Verwendens und Veränderns herkömmlicher Begriffe und Ausdrücke, wobei auch gänzliche Neuschaffung nicht auszuschließen ist. Die Form, Verwendung und die Bedeutung von sprachlichen Ausdrücken orientiert sich somit an der Umwelt und insbesondere an den in ihnen vorkommenden Objekten und den an diesen ablaufenden Prozessen. Für uns besonders relevant ist, daß diese vom sprachfähigen, in einer Sprachgemeinschaft lebenden Subjekt individuell gefaßten dynamischen Fixpunkte im Verbwortschatz kristallisieren. Damit ergibt sich der Verbwortschatz als phänomenologisch gewonnene Erkenntnisquelle über dynamische Prozesse der Umwelt im weitesten Sinne.

Aufgrund dieser Erläuterungen läßt sich folgende These aufstellen.

These I

Der Verbwortschatz charakterisiert in phänomenologisch-struktureller Weise die dynamische Komplexität der in der Umwelt des Menschen vorkommenden Objekte.

Eine Begründung dieser These im objektiven Sinne ist wohl schwerlich zu geben, fußt sie doch in wesentlicher Art auf subjektiven Elementen. *Psycholinguistische Tests*, die eigentlich nicht viel anderes machen können, als eine gewisse Konsistenz des sprachlichen und metasprachlichen Verhaltens zu überprüfen, können zur Unterstützung der These I herbeigezogen werden. Ein fundierter Weg einer Begründung ließe sich über eine objektive Rekonstruktion der subjektiven (phänomenologisch-strukturellen) Prozesse finden. Die Dynamik der Stabilisierung von Bedeutungen ist ansatzweise schon im Rahmen der Spieltheorie behandelt worden (Lewis, 1969)[7]. Im Grunde müßte aber dieselbe Theorie dynamischer Prozesse, die für die Entwicklung von Zentralorganen und anderen biologischen Systemen zuständig ist, Verwendung finden.

5.4 Zwei Aspekte derselben Sache

Aus These I und These II ergibt sich nun in zwangloser Weise, warum Verbwortschatzstruktur und Gehirnstruktur ähnlich ausfallen müssen. Das Gehirn charakterisiert in geometrisch-struktureller Weise die dynamischen Eigenarten seines Trägerorganismus. Diese Organismen existieren aber in einer Umwelt, in der sich der sprachlich handelnde Mensch bewegt und die er sprachlich zu erfassen versucht. Als Resultat dieser Tätigkeit entsteht der Verbwortschatz, der die dynamische Komplexität der in der Umwelt des Menschen vorkommenden Objekte charakterisiert. Daraus ergibt sich die These III:

These III

Verbwortschatzstruktur und Gehirnstruktur[8] sind (in einem bestimmten Sinne) zwei Seiten ein und derselben Sache, nämlich Repräsentationen von Prozessen, die ablaufen an den in der Umwelt des Menschen existierenden Objekten.

Auf diese Weise gelangen *subjektiver Ansatz* (Linguistik I) und *objektiver Ansatz* (Linguistik II) in Versöhnung. Die beiden Ansätze, *phänomenologisch-struktureller Ansatz* und *biologisch-physikalischer Ansatz* zeigen eine Konvergenz. Wir bezeichnen deswegen These III auch als *Konvergenzthese.* Ein geisteswissenschaftlicher und ein naturwissenschaftlicher Weg führen demgemäß, dies dürfte ein nicht ganz häufiger Fall in der Wissenschaftsgeschichte sein, zum »selben« Resultat. Sprache und Gehirn sind, so scheinen diese Erwägungen zu ergeben, in subtiler Art aufeinander abgestimmt. Etwas aphoristisch ausgedrückt: die Sprache enthält das Gehirn (vermittels von semantischen Wortschatzstrukturen, die zum Gehirn isomorph sind), *und* das Gehirn enthält die Sprache (indem diese als Teil des Gehirns erscheint): Es besteht somit für die Sprache des Menschen relativ zu seinem Gehirn eine bemerkenswerte *Vollständigkeitseigenschaft.* Diese Vollständigkeit einer artspezifischen Sprache dürfte der Mensch wohl als einziges biologisches Wesen beanspruchen. Damit scheint eine (vorläufige?) Charakterisierung des Menschen zu gewinnen zu sein. Sie ist hoffentlich etwas stabiler als einige der gängigen Charakterisierungen des Menschen.[9]

5.5 Sprache und Gehirn, eine empirische Hypothese

Wir haben eine signifikante Ähnlichkeit zwischen Verbwortschatzstruktur und Gehirnstruktur festgestellt. Wir haben außerdem eine letztlich in einer Theorie der allgemeinen Dynamik begründete Erklärung gefunden, warum die genannte Ähnlichkeit mehr ist als ein merkwürdiger Zufall. Durch diese Erfolge ermutigt, wollen wir einen weiteren Schritt wagen, nämlich versuchen, eine *empirische Hypothese* zu formulieren.

Sprache und Gehirn haben strukturelle Ähnlichkeiten, so haben wir soeben festgestellt und tentativ erklärt. Nun ist aber die Sprache im Gehirn selbst lokalisiert. Die sich hier ergebende Frage ist natürlich: wie ist Sprache im Gehirn lokalisiert? Zu diesem Thema existiert eine ausgedehnte wissenschaftliche Literatur. Als Einführung zu diesem Thema sind *Neurobiology of Language* (Whitaker, 1976) und vor allem *CNS Maturation and Language Acquisition* (Milner, 1976) sehr zu empfehlen. Oft wird das Gewicht solcher Darstellungen etwas stark auf die kortikalen Zentren gelegt. Dies ist mit Sicherheit nicht so bei Milner. Milner versucht gerade in ihrer Unterscheidung von drei verschiedenen Rede-Sprache-Systemen (expressives, intentional-kommunikatives und symbolisches System) niedereren Sprachzentren gleichberechtigt zu höheren Rechnung zu tragen.

Im Hinblick auf die Formulierung einer begründbaren empirischen Lokalisierungshypothese wollen wir jetzt ein phylogenetisches Entwicklungsprinzip allgemeineren Charakters vorstellen, das *Duplikationsprinzip*. Es betrifft die Enzephalisation. Im Verlauf der Gehirnevolution werden ausgehend vom Rückenmark, der Medulla oblongata (Myelencephalon) und des Hinterhirns (Metencephalon) neue phyletische Strukturen am Kopfende zugefügt. Das grundlegende segmentale Organisationsmuster des niedrigsten motorischen Zentrums, des Rückenmarks, wird sukzessive in jedes neue motorische Zentrum dupliziert. Analoges geschieht mit den sensorischen Zentren. Die neu hinzugefügten Strukturen tendieren, funktionale Dominanz über die älteren Stufen mit vergleichbarer Funktion (sensorisch bzw. motorisch) zu gewinnen. Trotz der funktionalen Dominanz scheinen die phylogenetisch neueren Teile insgesamt weniger stabil zu sein als die älteren. Die ältesten Teile des Zentralorgans repräsentieren einen beschränkten Teil des Körpers beinahe unmittelbar. Ein mittleres Zentrum repräsentiert einen weniger beschränkten Teil des Körpers, und außerdem auch den älteren Teil. Es handelt sich somit um eine Re-Repräsentation. Diese Tendenz verstärkt sich mit der Höhe der betreffenden Zentren, so daß die älteren Zentren auf höherer Stufe dargestellt werden, aber auch der Körper immer vollständiger repräsentiert ist (vgl. Jackson, 1882).

Ausgehend von einer solchen Konzeption des Gehirns würde man auf einer gewissen Stufe eine komplette sensorische bzw. motorische Repräsentation des gesamten Körpers erwarten. Tatsächlich ist eine derartige Repräsentation im Neocortex des Menschen hinter bzw. vor der Fissura Rolandi nachgewiesen.[10] Diese Repräsentation des Körpers ist wohlorganisiert, indem mit gewissen metrischen Verzerrungen der Körper sowohl im sensorischen Bereich als auch im motorischen Bereich topologisch quasi-zusammenhängend dargestellt ist.

Das Duplikationsprinzip kann aber neben einer immer vollständigeren neuronalen Erfassung des Körpers (unter Einbezugnahme niederer Zentren) auch dahingehend *weiterinterpretiert* werden, daß immer weitere Teile der physischen, ja sogar sozialen und sprachlichen Umwelt fest dargestellt werden. Die Frage wäre dann: In welcher Anordnung geschieht eine solche Repräsentation?

Eine Antwort läge nach den bisherigen Erörterungen dieses Artikels auf der Hand, zumindest was die prozessuale Umwelt anbelangt:

These IV (sprachbezogene Fassung)

Sowohl im auditiven (Wernickeschen) als auch im motorischen (Brocaschen) Areal ist die dynamische Umwelt repräsentiert, und zwar in der Art der zwei Grunddimensionen des Verbmodells[11] (d. h. der Aktionsart und des Eingriffsgrads).

Die auf der Voraussetzungsrelation basierende Verbwortschatzstruktur würde nach dieser Hypothese die biologisch adäquate *Parametrisierung* der *dynamischen Umwelt* des Menschen (und eventuell anderer Primaten) darstellen.

Die These IV in einer verallgemeinerten Fassung beinhaltet also, daß die im Verbwortschatz vorhandenen Nachbarschaftsbeziehungen auch im Gehirn auffindbar sein sollten, und zwar auf sprachlicher, begrifflicher und (vgl. Anm. 13) auf der Ebene der motorischen Kontrolle des äußeren Verhaltens (= Ebene der Fähigkeitsrepräsentation). Die These behauptet also (tentativ) die Existenz von dem Homunculus an der Fissura centralis vergleichbaren Strukturen. Die genaue Lokalisation im Gehirn (d. h. im Wernickeschen, Brocaschen Areal) betrifft natürlich die sprachliche Fassung der These IV. Eine Bestätigung der These IV würde ein großer Fortschritt sowohl für die Neurophysiologie als auch für die linguistische Semantik bedeuten.

Der Fortschritt für die Neurophysiologie ist unmittelbar einleuchtend. Die Strukturaufklärung des Gehirns wäre so einen weiteren Schritt vorangekommen. Der Fortschritt für die linguistische Semantik wäre aber beinahe noch aufregender, hieße doch die Bewahrheitung der These IV, daß die *Logik* – im Sinne einer *voraussetzungsgerechten Ordnung* – ein Hirngespinst ist, aber ein materialiter *wahres*, im wörtlichen Sinn.

Mit dem positiven Ausgang der These IV wäre aber auch eine weitere Tatsache gekoppelt: die Verbwortschatzstruktur, isomorph zur phylogenetischen Struktur des Gehirns, wäre als Teil des Gehirns nachgewiesen, was wiederum heißen würde, daß das Gehirn nicht nur Teile des Körpers, den Körper insgesamt, und auch nicht nur die gesamte Umwelt reflektiert, sondern auch noch sich selbst in der ganzen eigenen Entwicklung. Das stände wahrlich im Einklang mit dem *Duplikationsprinzip*, das damit zu einem Prinzip der gesamten *biologischen Evolution* aufsteigen würde. Ein angestrebter Höhepunkt der Evolution[12] könnte die Duplikation von Körper, materialer Umwelt, sozialer Umwelt, und des Gehirns in allen seinen Stufen, d. h. ganz allgemein der Prozesse sein, die zu dieser Evolution führen. Diese Auffassung kommt in gewissem Sinne einer nicht unerheblichen Revision der auch schon formulierten *Widerspiegelungsthese* gleich.

Angenommen aber, die These IV würde *falsifiziert*, d. h. es würde nach längerer Suche *keine Korrelation* zwischen Verbwortschatzstruktur und neuronaler Repräsentation gefunden. Das könnte beispielsweise dadurch geschehen, daß andere als die durch den Verbwortschatz nehegelegten *Nachbarschaftsverhältnisse* von dynamischen Bezeichnungen (Verben) oder Begrifflichkeiten gefunden werden, das könnte aber auch dadurch geschehen, daß überhaupt *keine eindeutigen Innervierungszentren* von dynamischen Bezeichnungen oder Begrifflichkeiten gefunden werden können.[13] Für den zweiten Typ von Schwierigkeiten wäre es angezeigt, die durch den Verbwortschatz nahegelegten Strukturen auch auf niederen Stufen des Gehirns zu suchen. Dort sind die Verhältnisse rigider und somit sicherlich leichter zu lokalisieren. Der erste Typ von Schwierigkeiten kann auf zwei Arten interpretiert werden. *Entweder* ist die richtige Stelle, für die These IV eigentlich gedacht ist, nocht nicht gefunden. Diese Möglichkeit bleibt offen, solange nicht das Gehirn in seiner Gesamtstruktur bekannt ist. *Oder* die These IV muß modifiziert werden. In diesem Fall kann sie entweder ganz falsch sein und müßte dann endgültig verworfen werden, sie könnte aber auch unter dem Einfluß von biologischen Randbedingungen nach einer geringfügigen und erklärbaren Modifikation verlangen. In diesem Fall, der der Wirklichkeit wohl am nächsten kommen dürfte, würde die These IV als fruchtbares *heuristisches Prinzip* die *empirische Forschung* an *Sprache und Gehirn* einen gewissen Schritt voranbringen können.

Sollten sich die hier besprochenen Parallelen zwischen sprachlich-logischen und physisch-biologischen Strukturen bewahrheiten, dann schiene ein *logisches* (im Sinne einer Voraussetzungskonformität) *Skelett* die gesamte *Evolution* zu durchziehen, welches substantielle Aussagen über konkrete Entwicklungsmöglichkeiten der lebendigen Organismen gestattete. Die Evolutionstheorie würde dann vom abstrakten Niveau einer *Gentheorie* zu einer *Phäntheorie* konkretisierbar. Die Evolutionstheorie, bisher mit Begrifflichkeiten wie *Gen, Mutation, Selektion* stark an der *lokalen Evolutionsdynamik* interessiert, würde sich etwas mehr den Strukturgesetzmäßigkeiten der dynamischen Entwicklung von Formen und Prozeßpotentialen (im Sinne von »potentiellen Quellen von Prozessen«) zuwenden: die innere Logik der Entwicklung von Organismen mit immer reichhaltigeren Bewegungsformen (und Möglichkeiten zu solchen) steht im Blickpunkt. Dies wäre eine Wende hin zu einer *globalen Evolutionstheorie substanzieller Art.*[14] Ein erstes Kapitel einer theoretischen Biolinguistik wäre dann geschrieben.[15]

Anmerkungen

1 Jede auch noch so objektiv intendierte Erkenntnisform trägt subjektive Züge, wie auch jede noch so subjektive, eigenwillige und idiosynkratische Auffassung noch objektive Elemente enthält und aus objektiven Tatbeständen entwachsen ist. Eine absolute Position für oder wider den Subjektivismus (bzw. für oder wider den Objektivismus) läßt sich somit keinesfalls aufrechterhalten.

2 Neben den vom subjektiven Erlebnis ausgehenden phänomenologisch-strukturellen und den sich auf objektive Tatbestände beziehenden biologisch-physikalischen Wissenschaften können noch andere Wissenschaftsformen unterschieden werden. Erwähnt sei beispielsweise die mathematisch-logische, die in einem gewissen Sinne subjektiv (weil sich nicht auf realweltliche Dinge beziehend) und objektiv (weil rigoros überprüfbar) ist.

3 Solche Gliederungen haben in erster Linie systematischen Charakter und dürfen somit nicht als empirische Aussagen mißverstanden werden. Sie dienen vorerst einmal dazu, einen Rahmen aufzuspannen, auf dessen Hintergrund die empirisch eigentlich relevanten Strukturen erst sichtbar werden.

4 Wie ein Bezug zwischen Grammatik und Gehirn hergestellt werden könnte, habe ich in einem Vortrag vor einer von Prof. Dr. M. Eigen geleiteten Arbeitsgruppe der Max-Planck-Gesellschaft in Klosters dargelegt. Eine Zusammenfassung dieser Gedankengänge sind in der ausführlichen Fassung dieses Papiers, Ballmer (1980b), zu finden.

5 An erster Stelle sind in diesem Zusammenhang physikalische Theorien (Mechanik, Elektrodynamik, Quantenmechanik, Thermodynamik, Feldtheorien etc.) zu nennen, die einen weiten Bereich dynamischen Geschehens behandeln, einschließlich biologischer Prozesse (Irreversible Thermodynamik: Prigogine, 1971, vgl. auch Eigen, 1971) und die

sich eventuell auch weiter verallgemeinern lassen. Für den Rahmen einer allgemeinen Theorie dynamischer Prozesse ist die Synergetik (Haken, 1978) und die Katastrophentheorie (Thom, 1975) zu nennen. Zur Entwicklung dynamischer Theorien und zu ihrer Anwendung auf die Linguistik vgl. Ballmer, 1980a, Wildgen, 1979.

6 Vorschläge dieser Art können nur von Theorien erwartet werden, die deskriptiv hinreichend ausdrucksstark sind. Besonders wichtig wären Repräsentationsmittel für eine instrumental induzierte Dynamik (vgl. Ballmer, 1977) und für die Struktur von Organismen und Umwelt und ihrer dynamisch-strukturellen Beziehungen, wie sie in der Blastematik, eines zu diesem Zwecke entwickelten bio-mathematischen Kalküls (vgl. Ballmer, 1970, 1971, 1980) berücksichtigt sind.

7 Wegen der Zirkularität der Darstellung dynamischer Prozesse durch Wertmatrizen, deren Werte sich nur durch die Dynamik selbst wieder bestimmen, verlieren spieltheoretische Erklärungsversuche stark an Anziehungskraft. Solange Werte nicht unabhängig (von der Dynamik der Systeme) empirisch faßbar sind, sind sie bestenfalls überflüssig oder spielen sogar die Rolle von Immunisierungsparametern.

8 Zur Erinnerung sei angemerkt, daß wir *Gehirnstruktur* oft in dem umfassenden Sinne verwenden, der die Struktur des phylogenetisch sich entwickelnden Zentralorgans meint. In diesem Sinne bezieht sich die Gehirnstruktur auf alle der in Frage kommenden Trägerorganismen, vom Protozoon bis zum Menschen. Das menschliche Gehirn repräsentiert, vermittels des sicher nicht ganz korrekten Haeckelschen biogenetischen Grundprinzips, eine ungefähre jetztzeitliche Projektion des gesamten phylogenetischen Zentralorgans.

9 ... die auf Instrumentengebrauch, Liebesfähigkeit, Sprachfähigkeit oder gar Rationalität Bezug nehmen.

10 Evolutionsgeschichtlich tritt eine derartig vollständige Körperrepräsentation im Pallium-Gehirnteil erst bei höheren Wirbeltieren auf.

11 Als Ergänzung für die gegenständliche Umwelt dürfte man erwarten, daß eine zur Verbwortschatzstruktur in Beziehung stehende Nominalwortschatzstruktur richtungsweisend sein müßte. Diese Nominalstruktur steht mit der Verbalstruktur allerdings in verschiedener Weise in Zusammenhang. Eine der Möglichkeiten ist folgende: die Räume, Gegenstände, Organe, Organismen usf. sind an derjenigen Stelle lokalisiert, wo die ihnen typischerweise zugeordneten Prozesse im Verbmodell vorkommen.

Doch muß im Auge behalten werden, daß wegen der vergleichsweise sehr viel größeren Komplexität des Nominalwortschatzes – die wohl auch auf der Polyfunktionalität der bezeichneten Gegenstände beruht – keine so einfachen Verhältnisse wie bei den Verben erwartet werden dürfen.

12 Wenn man in Anbetracht der Probleme, die das gemeinte Wesen für

die Entwicklung des Lebens auf dieser Erde erzeugt, noch von Höhepunkt zu sprechen geneigt ist.

13 Genau genommen müßte zwischen folgenden Ebenen prozessualer Darstellung unterschieden werden: 1. »Äußeres« Verhalten eines Organismus (Bewegung von Gliedmaßen, etc.), 2. Neuronale Darstellung der Fähigkeit (äußeres) Verhalten zu erzeugen und zu kontrollieren, 3. Begriffliche Fassung des (äußeren) Verhaltens, 4. Sprachliche Fassung des (äußeren) Verhaltens. Die Parallelen in diesem Artikel betrafen den phänomenologisch-strukturell analysierten Verbwortschatz und die 2. Ebene, die neuronal-anatomische Fähigkeitsrepräsentation. Eine Übertragung auf eine begriffliche, und dann eine sprachliche Ebene, wie sie These IV vornimmt, ist zwar im Sinne der Evolutionsdynamik des Gehirns, stellt aber eine viel weitergehendere Verallgemeinerung der weiter oben abgesicherten Ergebnisse dar. Elementarere Formen der These IV müßten somit die 2. Ebene (Fähigkeitskontrolle) und die 3. Ebene (Begriffliche Fassung) betreffen und über deren Anordnung im Gehirn Aussagen machen.

14 Im Hinblick auf die linguistische (und auch auf die philosophische Universaliendiskussion ist folgendes festzuhalten. Die in der Verbwortschatzstruktur in Erscheinung tretende Ordnungshierarchie (die im Sinne einer Voraussetzungsbezogenheit »logisch« ist) ist, so darf begründeterweise angenommen werden, (weitgehend) ein *sprachliches Universal.* Es entspricht auf der physikalisch-biologischen Seite einem *Evolutionsuniversal* dynamischer Prozesse. Sprachliche Universale dieser Art wollen wir auch *Voraussetzungsuniversale* nennen, oder mit Bezug auf die zugrundeliegende Entwicklungsgeschichte auch *Evolutionsuniversale.*

15 Diese Arbeit ist eine gekürzte Version eines ausführlichen Papiers (Ballmer, 1980b), welches nach der Einarbeitung sich noch ergebender Diskussionspunkte für die Veröffentlichung in einer wissenschaftlichen Zeitschrift vorgesehen ist. Ich danke der DFG für die Unterstützung bei der Fertigstellung dieser Arbeit.

Literaturverzeichnis

Ballmer, Th. (1970), »Principia Dynamica«, Mimeo, Basel/Berlin.

– (1971), »Eine Semantik für Artikel (Das Marktmodell)«, Mimeo, Berlin.

– (1977), *The Instrumental Character of Natural Language,* Habilitationsschrift, Ruhr-Universität Bochum.

– (1978), *Logical Grammar,* North-Holland, Amsterdam.

– (1980a), »Linguistic Dynamics«. In: B. Rieger (Hrsg.) Wird erscheinen.

– (1980b), Neurobiologie, Grammatik und Lexikon,
– und Brennenstuhl, W. (1978), »Zum Verbwortschatz der Deutschen Sprachen«. In: *Linguistische Berichte* 55, 18–37.
– und Brennenstuhl, W. (1979), *Deutsche Verben.* (Die Struktur des deutschen Verbwortschatzes). Wird erscheinen.
– und Brennenstuhl, W. (1980), *Speech Act Classification,* Springer, New York.
– und v. Weizsäcker, E. U. (1974), »Biogenese und Selbstorganisation«, in: E. U. v. Weizsäcker (Hrsg.) *Offene Systeme I,* Klett, Stuttgart, 229–264.
Chandler, Elliott H. (1963), *Neuroanatomy,* Pitman Medical Publishing, London.
Cobb, S. (1950), *Emotions and Clinical Medicine,* Norton, New York.
Crick, F. H. (1979), »Gedanken über das Gehirn«, in: *Spektrum der Wissenschaft,* 11, 146–150.
Eigen, M. (1971), »Selforganization of Matter and the Evolution of Biological Macromolecules«, in: *Naturwissenschaften,* 58, 465–523.
Geschwind N. (1979), »Die Großhirnrinde«, in: *Spektrum der Wissenschaft,* 11, 126–135.
Haken, H. (1978), *Synergetics* (Nonequilibrium Physics, Phase Transitions and Selforganization in Physics, Chemistry and Biology), Springer, Berlin.
Hubel, D. H. (1979), »Das Gehirn«, in: *Spektrum der Wissenschaft,* 11, 36–44.
Kühn, A. (1964), *Grundriß der Allgemeinen Zoologie,* Thieme, Stuttgart.
Jackson, J. H. (1882), *Medical Press and Circular* 2, 34–42.
Jantsch, E. (1979), *Die Selbstorganisation des Universums,* Hanser, München.
Lewis, D. (1969), *Convention: A Philosophical Study,* Harvard University Press, Cambridge, Mass.
Milner, E. (1967), *Human Neural and Behavioral Development: A Relational Inquiry.* Ch. C. Thomas, Springfield, Ill.
Milner, E. (1976), »CNS Maturation and Language Acquisition«, in: H. Whitaker; H. A. Whitaker (Hrsg.) *Studies in Neurolinguistics.* Academic Press, New York, 31–102.
Nauta, W. und M. Feirtag (1979), »Die Architektur des Gehirns«, in: *Spektrum der Wissenschaft,* 11, 69–79.
Neumaier, O. (1978), *Sprachkompetenz, Spracherwerb und deren angeborene Bedingungen.* Dissertation, Innsbruck.
Patten, B. (1953), *Human Embryology,* McGraw-Hill, New York.
Piaget, J. (1966), *The Psychology of the Child,* Basic Books, New York 1969.
Piaget, J. (1976), *Behavior and Evolution,* Pantheon Books, New York. 1978.

Popper, K. und J. Eccles (1977), *The Self and its Brain,* Springer, New York.
Portmann, A. (1959), *Einführung in die vergleichende Morphologie der Wirbeltiere,* Schwabe, Basel/Stuttgart.
Prigogine, I. und Glansdorff P. (1971), *Thermodynamic Theory of Structure, Stability and Fluctuations,* New York.
Thom, R. (1975), *Structural Stability and Morphogenesis,* Benjamin Cummings, Reading, Mass.
Whitaker, H. A. (1976), »Neurobiology of Language«, in: *Handbook of Perception,* Vol. VII, E. C. Carterette et al. (hg.), Academic Press, New York, 121–144.
Wildgen, W. (1979), *Verständigungsdynamik:* Bausteine für ein dynamisches Sprachmodell, Habilitationsschrift, Regensburg.
Wilson, E. O. (1978), *Biologie als Schicksal* (die soziobiologischen Grundlagen menschlichen Verhaltens), Ullstein, Frankfurt/M. 1980.

Elmar Holenstein
Sprache und Gehirn

Phänomenologische Perspektiven

o. Einleitung: Der phänomenologische Gesichtspunkt

Die Phänomenologie gehört zur breiten Bewegung in den Jahrzehnten um die letzte Jahrhundertwende, die es auf die Ergänzung der Kategorien und Gesetze der klassischen Logik und der klassischen Physik durch zusätzliche Kategorien und Gesetze abgesehen hatte.

Ein Hauptanliegen der Phänomenologie ist die Beachtung der Abhängigkeit der Erfahrung von der Einstellung des Beobachters, von dessen Theorie bzw. dessen Kode. Die Phänomenologie betont dabei die Bedeutung der natürlichen, vorwissenschaftlichen, »lebensweltlichen« Kategorien und Gesetze der Erfahrung. Entsprechend ist eines ihrer Ziele die Rekonstruktion der Erfahrung und des Verstehens, so wie sie vom Menschen selbst »erlebt« werden, und nicht einfach nur eine prinzipiell mögliche alternative Simulation seiner Leistungen mittels Kategorien und Gesetze, die zwar wissenschaftstheoretischen Idealen genügen, dem menschlichen Erleben jedoch fremd sind.

Ein anderes Anliegen ist die Ersetzung von atomistischen, an sich neutralen, beziehungs- und sinnlosen Daten als Ausgangsmaterial der menschlichen Leistungen durch eine ganzheitliche Auffassung der Ausgangsphänomene, der Beachtung ihrer hierarchischen Ordnung, ihres prinzipiell relationalen Charakters und der Abhängigkeit der Relationen vom Sinn der Teilgegebenheiten im Ganzen, in das sie eingebettet sind, und partiell auch von deren Beschaffenheit, von deren »Stofflichkeit« (»Substanz«). Hierher gehört auch die Ablösung des linearen, mechanistischen Kausalnexus zwischen den einzelnen Daten durch zirkuläre, teleologische Formen der Verursachung.

Entsprechend ist die Ablösung der behavioristischen Modelle des menschlichen Verhaltens durch computerwissenschaftliche und informationstheoretische Modelle prinzipiell als eine phänomenologische Wende hin zu einer, den formalen Kategorien (Ziel, Plan, Signal, Selektion, Koordination usw.) nach, den traditionellen Naturwissenschaften fremden, humanwissenschaftlichen Einstellung zu begrüßen. Eine andere Frage ist, ob die bisher entwikkelten Computer- und informationstechnischen Modelle ausreichen, um den menschlichen Leistungen äquivalente Leistungen zu erbringen und vor allem, um die Leistungsprozesse des menschlichen Gehirns und Geistes Schritt für Schritt zu rekonstruieren.

Zur Zeit vertritt die Mehrheit der Phänomenologen im Anschluß an Heidegger und Merleau-Ponty die These, daß aus apriorischen Gründen eine wissenschaftlichen Standards genügende Erklärung des menschlichen Verhaltens unmöglich ist, da die lebensweltliche Erfahrung kulturvariant und entsprechend nicht universalisierbar sei und da die interessantesten menschlichen Leistungen gerade nicht regelgeleitet seien (vgl. Dreyfus, 1972). Im engeren Anschluß an Husserl, den Begründer der phänomenologischen Philosophie, sowie an seine modellhafte Rezeption durch Jakobson soll dagegen die These verfochten werden, daß für die lebensweltliche Erfahrung universale, kulturinvariante Gesetzmäßigkeiten konstitutiv sind, und daß das menschliche Verhalten prinzipiell regelgeleitet ist und auch nur so verstanden werden kann (vgl. Holenstein 1972, 1975, 1976). »Fließend« (vag, ambig u. ä.) bedeutet nicht »beliebig« (Husserl 1950, 88), ebensowenig die Abhängigkeit der Selektion der relevanten Daten von der Einstellung des Subjekts. Daß die Kategorien und Regelsysteme der zur Zeit betriebenen Computer zur Rekonstruktion und zum Verständnis der menschlichen Leistungen ausreichen, soll damit natürlich nicht behauptet werden.

Zum speziellen Problem »Sprache und Gehirn« eröffnen sich von Jakobsons phänomenologisch zu nennenden sprachwissenschaftlichen Forschungen her Durchblicke vor allem zu vier Themen, 1. zum Verhältnis von internalisiertem Kode und adäquater Sprachtheorie, 2. zum Fundament der Kategorien und Regeln menschlicher Erfahrung und Kreativität, 3. zur binären Struktur gewisser dieser Kategorien und 4. zur Bedeutung der Redundanz.

1. Kode und Sprachtheorie

Nach der vorherrschenden wissenschaftstheoretischen Annahme sind Theorien in bezug auf empirische Daten prinzipiell unterdeterminiert. Die gleichen Fakten lassen sich durch unendlich viele verschiedene Theorien erklären. Zur Wahl zwischen solchermaßen empirisch äquivalenten Theorien wird man in einer ersten Phase auf theoretische Maximen, vor allem auf die Maxime der größtmöglichen Einfachheit bzw. Einheitlichkeit der Theorie verwiesen, in einer zweiten Phase, wenn sich Maximen wie die der Einfachheit bei komplexen Verhältnissen als unbrauchbar erweisen (Was ist einfacher, eine Theorie mit weniger Grundelementen und vielen Umwandlungsregeln oder eine Theorie mit vielen Grundeinheiten und weniger Umwandlungsregeln?), auf subjektive Vorlieben bzw. an jene Theorien, die einem als Angehörigem einer kulturellen Tradition oder auch nur einer wissenschaftlichen Schule am nächsten liegen. Bei der Übernahme dieses auf Duhem (1906) zurückgehenden Standpunktes in die Sprachtheorie hat sich in der amerikanischen Linguistik der Ausdruck *hocus-pocus position* (vgl. Householder 1962, 260) eingebürgert. Das gleiche sprachliche Phänomen erscheint einem bald als eine nicht weiter zu analysierende lautliche Einheit (Phonem), die sich von anderen Einheiten durch eine unterschiedliche Distribution unterscheidet, bald als ein Bündel distinktiver Eigenschaften, das sich von andern Bündeln durch die An- oder Abwesenheit einer oder mehrerer Eigenschaften unterscheidet. Man wechselt von einer Konzeption zur andern, wie ein Zauberkünstler von der Präsentation eines Halstuches zu der eines Hasen wechselt, im Nu, ohne empirischen Eingriff anscheinend, *hocus-pocus*.

Die Gegenposition wird nicht minder spöttisch als *God's truth position* bezeichnet. Sie entspricht der naiven traditionellen Annahme, daß die jeweils einfachste vollständige Theorie auch diejenige ist, nach der Gott die Welt erschaffen hat und in Gang hält. So glaubte ein naiver, von Duhem nicht aufgeklärter Newtonianer, daß die Gravitationskraft nicht ein theoretisches Konstrukt ist, sondern eine Realität, realiter maßgebend für die Bahn von Planeten und von Geschossen und für den Fall von Äpfeln, und nicht bloß ein Erklärungskonzept neben andern, empirisch äquivalenten.

Die Übernahme der *hocus-pocus*-Position in die Linguistik

führte zu einer vorzeitigen und kurzsichtigen Entscheidung in der Universalienfrage. Universalien sind bei dieser Position theoretische, d. h. im Fall der Sprache metasprachliche Konstruktionen und nichts, was der Sprache inhärent ist. Sie sind fiktional, nicht real. Es mag Universalien geben, aber je nach der Konvention, die man adoptiert, erhält man andere Universalien, universale Distributionsgesetze, wenn man amerikanischer Strukturalist ist, universale Features und Gesetze der Featurekombination, wenn man Prager Strukturalist ist.

Es ist ein Verdienst Jakobsons, im Anschluß an die Kommunikationstheorie der Londoner Schule (MacKay, Cherry) einen wesentlichen Unterschied herausgestellt zu haben zwischen den empirischen Daten, die ein klassischer Physiker zur Konstruktion von Theorien zur Verfügung hat, und den Daten, die ein Linguist in Rechnung zu stellen hat. Der Physiker verfügt, wie ausgeführt, über Beobachtungsdaten, Verhaltensweisen seines Untersuchungsgegenstandes, die er so oder anders ordnen kann, je nach der Theorie, für die er sich aufgrund von theoretischen Überlegungen entschieden hat. Der Linguist verfügt zur Entscheidung für seine Sprachtheorie nicht nur über sprachliche Äußerungen, sprachliche Verhaltensweisen seines Untersuchungsgegenstandes, sondern zugleich – wenigstens partiell – über einen Zugang zum Kode seines Untersuchungsgegenstandes, der für eine bestimmte Anordnung der sprachlichen Beobachtungsdaten, der Äußerungen (messages) eines Sprechers maßgebend ist. D. h. eine der nach den Duhemisten prinzipiell möglichen Sprachtheorien (wissenschaftlichen Grammatiken), die zur Erklärung gegebenen linguistischen Beobachtungsdaten übergestülpt werden kann, ist dadurch ausgezeichnet, daß sie diesen Daten als Kode (als internalisierte Grammatik) zugrundeliegt. Es gibt eine Sprachtheorie, die nur in bezug auf die sprachbehavioristischen Beobachtungsdaten unterdeterminiert ist, in bezug auf den Kode, der über psycho- und neurolinguistische Daten eruiert werden kann, jedoch überdeterminiert ist.

Der Kode einer Sprache ist kein theoretisches Konstrukt, keine Fiktion, erfunden von Sprachtheoretikern zur Erklärung von sprachlichen Äußerungen, sondern eine psycho- und neurolinguistische Realität. Entsprechend sind die Einheiten und Regeln dieses Kodes, soweit sie universal sind, für alle Menschen bzw. für alle Sprachen gelten, keine bloß metasprachlichen Konstrukte,

Fiktionen des Linguisten, abhängig von einer *hocus-pocus*-Konvention, aber auch keine *God-given truth*, sondern, mit Jakobsons Wortspiel, eine *code-given truth*.

»There is an essential difference between a physical science which imposes its own code of symbols upon the ›indexes‹ observed and the phenomenology of language, whose task is to break up the inner code actually underlying all verbal symbols [. . .]. The verbal code is a real property of any given speech community, and therefore the notorious linguistic controversy between the ›hocus-pocus‹ position and the ›God-given truth‹ is aimless. Any phonemic or grammatical opposition is neither fictional nor metaphysical, but simply and solely a code-given truth.« (Jakobson 1962, SW I, 650; vgl. auch 1962, SW II, 276.)

Indizes sind Zeichen, die je nach Theorie so oder anders gedeutet werden können, Symbole sind Zeichen, deren Bedeutung durch einen vorgegebenen Kode (eine vorentschiedene ›Konvention‹) bereits festgelegt ist.

Für den philosophischen Universalienstreit zeichnet sich somit in der Psycho- und Neurolinguistik eine neue, originelle Variante der mittleren Position des sog. Konzeptualismus ab. Sprachliche Phänomene sind weder fiktional noch real im metaphysischen Sinn, sondern real in einem konzeptualistischen Sinn, sei es als partiell wenigstens introspektiv/intuitiv zugängliche internalisierte Grammatik, sei es als neurologisch erforschbarer Kode, nach dem Gehirnprozesse ablaufen. Der neuronale Kode ist nicht das Ergebnis einer gesellschaftlichen Konvention, sondern das Ergebnis der biologischen Evolution. Nur insofern die Entwicklung des menschlichen Gehirns nicht allein ein Produkt der Notwendigkeit, sondern auch des Zufalls ist, hat der universale Kode der natürlichen menschlichen Sprachen einen hocus-pocus-Charakter.

As Hans Teuber said, »the ›distinctive features‹ would be more than an universal schema for classifying phonemes, in all their diversity across languages; the features would be ›real‹, in the sense of being universal neuronal mechanisms for producing *and* for perceiving sounds of speech«. The clever intricacy of the networks which the distinctive features underlie can give the superficial impressions of being hocus-pocus, contrived by the investigator, yet it is in fact language itself which surprises the student with its intricate, one could even say hocus-pocus, tricks. (Jakobson und Waugh, 1979, 123)

Man kann die privilegierte Lage des Linguisten mit der eines Computerwissenschaftlers oder Kybernetikers vergleichen. Stellen wir uns einen Computer vor, der die vielzitierte Wittgensteinsche Zahlenreihe produziert:

1 – 5 – 11 – 19 – 29 – 41

Als Physiker hat man prinzipiell unendlich viele Theorien, um die Produktion einer solchen Zahlenreihe zu erklären. Eine erste Erklärung besteht darin, einen dem Computer eingebauten Kode anzunehmen, nach dem er Zahlenreihen von sich gibt, bei denen die Differenz zwischen zwei Zahlen sukzessive um 2 erhöht wird: 4, 6, 8, 10, 12. Eine andere, empirisch äquivalente Erklärung besteht in der Annahme eines ›sophistizierteren‹ Kodes, nach dem der Computer fähig ist, eine Reihe von Primzahlen zu produzieren und dabei abwechselnd zwei und eine Primzahl zu überspringen: 2, 3; 7; 13; 17; 23; 31, 37.

Ein Computerwissenschaftler begnügt sich nicht mit der bloßen Beobachtung des äußeren Verhaltens seines Computers und mit einer Dezision zwischen beobachtungsäquivalenten Theorien nach abstrakten wissenschaftstheoretischen Maximen. Er wird versuchen, die black box aufzubrechen, um unmittelbar entscheiden zu können, nach welchem Kode der Computer arbeitet. Analog verhalten sich in bezug auf die menschliche Sprache Psycholinguisten, Neurolinguisten und phänomenologisch orientierte Linguisten. Zur Entscheidung zwischen Sprachtheorien, die sprachliche Äußerungen beobachtungsäquivalent erklären, versuchen sie einen Zugang zu psycho- und neurolinguistischen Daten, die ihnen Aufschluß über den Kode liefern, an den sich Sprecher und Hörer in der Produktion und Rezeption von sprachlichen Äußerungen tatsächlich halten.

Natürlich gibt es Unterschiede zwischen der Situation eines Computerwissenschaftlers und der eines Sprachwissenschaftlers. Der Zugang eines Computerwissenschaftlers zu seinem Computer ist relativ einfach. Er hat den Computer selber konstruiert und weiß von daher, was für einen Kode der Computer eingebaut hat, oder aber er kann den Computer, ein mechanisches Gebilde, auseinandernehmen und sich so einen totalen Aufschluß verschaffen. Das Innere von Sprechern und Hörern ist nicht so leicht zugänglich, dazu nur partiell, dafür jedoch über verschiedene Wege, teils introspektiv/intuitiv, teils neurologisch.

Allgemeine Wissenschaftstheoretiker, Anhänger Duhems, werden einwenden, daß die Unterdeterminiertheit im Fall der Sprache nur um ein oder zwei Stufen zurückverschoben wird. Gesucht wird nun nicht mehr nach einer Theorie, die rein linguistische Fakten erklärt, sondern nach einer Theorie, die in eins linguistische, psycholinguistische und neurolinguistische Fakten zu erklären vermag.

Analoge Beispiele solcher Zurückverschiebungen kennt auch die Physik, etwa von der makrophysikalischen auf die mikrophysikalische Ebene in der Wärmelehre, wenn die makrophysikalischen Wärmephänomene eine mikrophysikalische Erklärung durch die statistische Mechanik der Gasmoleküle erfahren. Auch für solche erweiterten Arsenale von Fakten, linguistische, psycho- und neurolinguistische Fakten im ersten Fall, makrophysikalische Fakten der Wärmelehre und mikrophysikalische Fakten der Gasmechanik im zweiten Fall gibt es prinzipiell unendlich viele beobachtungsäquivalente Theorien.

Nichtsdestoweniger ist dreierlei zu bedenken: Zum ersten bleiben prinzipiell nicht alle Theorien, die in bezug auf rein linguistisches bzw. makrophysikalisches Beobachtungsmaterial erklärungsäquivalent sind, bei einer Erweiterung des Beobachtungsmaterials um psycho- und neurolinguistische bzw. mikrophysikalische Daten erklärungsäquivalent. Die Klasse der empirisch äquivalenten Theorien wird bei einer Vermehrung des zu erklärenden empirischen Materials drastisch eingeschränkt.

Zum zweiten erweisen sich gewisse Begriffe, die bei einem beschränkten empirischen Material als fiktionale theoretische Konstrukte anzusetzen sind, als empirische Begriffe, als Beobachtungsbegriffe. Ein Beispiel aus der Kybernetik vermag diese Behauptung zu veranschaulichen. Gegeben seien zwei Wasserbekken, deren Pegelstand bei jeder Änderung zum gleichen Verhältnis zurückstrebt. Solange wir nur einen *äußeren* Zugang zur Beobachtung des Pegelstandes haben, können wir die Tendenz zur Aufrechterhaltung des Wasserstandes in den beiden Becken ebensogut durch ein hydrodynamisches wie durch ein kybernetisches System erklären (vgl. Wimsatt, 1971). Wenn wir uns jedoch Zugang zur ganzen Konstruktion verschaffen und eine verdeckt eingebaute Rückkoppelungsschlaufe zwischen dem Abfluß und dem Zufluß zu den beiden Wasserbecken entdecken, kommt nur noch die kybernetische Erklärung, die Kontrolle des Verhältnisses zwischen den beiden Wasserbecken durch ein negatives Feedback in Frage. Die Rückkoppelungsschlaufe ist nun kein theoretisches Konstrukt mehr, sondern ein Beobachtungsdatum. Analoges gilt für linguistische Daten. Bei einer Beschränkung auf die Beobachtung sprachlichen Verhaltens ist die digitale Struktur der Sprachwahrnehmung ein bloßes theoretisches Konstrukt, beim Zugang zu entsprechenden intuitiven und/oder neurologischen Daten erhält sie möglicherweise empirische, psychologische oder neurologische Realität.

Man spricht einer theoretischen Erklärung Realität zu, wenn theoretische Begriffe, die bei einem gewissen Forschungsstand zur Erklärung von empirischen Beobachtungen eingeführt werden, im Fortgang der Forschung bzw. bei einer interdisziplinären Ausweitung der Forschung mit Beobachtungsbegriffen korreliert werden. (Daß alle Beobachtungsbegriffe theorieabhängig sind, spielt hier keine Rolle. Es genügt die Unterscheidung zwischen Begriffen mit unterschiedlich starker theoretischer Komponente.) Das klassische Beispiel ist der Planet Neptun, der für Adams und Le Verrier anfänglich ein bloßes theoretisches Konstrukt war, zur Erklärung der Unregelmäßigkeiten der benachbarten Planetenbahn des Uranos. Mit seiner Entdeckung bekam sein Begriff ›physikalische Realität‹. Wenn ein Gestaltgesetz der Wahrnehmung oder eine Grammatikregel, die von (antimentalistischen) Psychologen oder Linguisten aufgrund bloßer Verhaltensbeobachtung postuliert werden, von den betroffenen Personen aufgrund ihres intuitiven Zugangs zur eigenen Wahrnehmung und zu den Regeln des eigenen Sprachgebrauchs in einem perzeptualen oder introspektiven Report beschrieben werden, schreibt man dem Gestaltgesetz und der grammatischen Regel psychologische oder besser phänomenologische Realität (d. h. die Realität eines intersubjektiv konfirmierbaren intuitiven Bewußtseinsdatums) zu.

Im allgemeinen ist die Situation jedoch nicht so ideal. Man verfügt meistens nur über zusätzliche empirische Daten, die mit Hilfe derselben theoretischen Konstrukte (aber prinzipiell immer auch mit alternativen Konstrukten) erklärt werden können (vgl. Chomsky, 1978, 202 ff.). Es wird nur eine Hypothese konfirmiert, nicht eine ›Realität‹ unmittelbar beobachtet, wie der Planet Pluto im Fernrohr oder eine Feedbackschlaufe beim Aufbrechen eines kybernetischen Apparates oder wie die Wirksamkeit eines Gestaltprinzips in der phänomenologischen Analyse einer Wahrnehmung erfahren werden kann. Die Situation ist so, wie wenn neben den Unregelmäßigkeiten in der Planetenbahn des Uranos noch zusätzliches Indizienmaterial für die Existenz des Neptun entdeckt worden wäre. Dennoch ist es gebräuchlich geworden, wenn das zusätzliche Material, das mit der Hilfe derselben theoretischen Konstruktion erklärt werden kann, also nur Indizienmaterial ist, aus einer andern Disziplin stammt, ihr Realität in dieser Disziplin zuzusprechen. So wird linguistischen Theorien bei korrelierendem Datenmaterial (Reaktionszeiten, Gedächtniseigenschaften) psychologische Realität zugesprochen. Man kann im ersten Fall von ›empirischer physikalischer bzw. psychologischer Realität‹ sprechen, im zweiten von ›theoretischer physikalischer bzw. psychologischer Realität‹.

Zum dritten – und das ist ein neues, bis anhin unbedacht gebliebenes Argument – ist für zielorientierte, adaptive Systeme, wie es die natürlichen Sprachen sind, die prinzipielle Plurifunktionalität der angewandten Kategorien und Verfahren anzuführen. Sie hat eine mehr als nur graduelle Einschränkung der in Frage kommenden Theorien zur Folge. Jede Struktur und jeder Prozeß ist prinzipiell plurifunktional, jedoch nur ausnahmsweise in der gleichen Art (Holenstein, 1979a). Nur ausnahmsweise sind zwei Verfahren, die in bezug auf eine bestimmte Funktion äquivalent sind, in bezug auf drei oder vier Funktionen im gleichen Ausmaß äquivalent. Von Bochum nach Bonn kann ich mit dem Pkw oder mit der Bundesbahn fahren. Die Eisenbahnfahrt kann ich im Unterschied zur Autofahrt zugleich zum Lesen benutzen. Das Auto erlaubt dagegen ohne großen Zeitverlust einen Abstecher ins Schloß Brühl. Subjekt und Objekt können in einem Satz sowohl durch die Wortstellung wie durch ein Kasussystem gekennzeichnet werden. Ein Kasussystem vermag jedoch anders als die Wortstellung Konkordanz zwischen Redeteilen über andere Redeteile hinweg zu kennzeichnen (magn*a* amat regem regin*a*), d. h. eine sekundäre Funktion zu erfüllen, die der Wortstellung abgeht. Natürliche Systeme, die Sprache z. B. und vermutlich auch das Nervensystem, zeigen die Tendenz, solche potentiellen Plurifunktionalitäten möglichst auszunutzen. Zieht man dazu noch in Betracht, daß natürliche Sprachen und Nervensysteme in hohem Maße redundant sind, d. h. zur Erfüllung einer bestimmten Funktion über verschiedene Mittel verfügen, von denen jedes zu andern sekundären Funktionen ausgenutzt werden kann, wird klar, daß sich jedes natürliche System in unterschiedlicher Weise zur Erfüllung ihrer Aufgaben eignet.

Das bedeutet nun aber, daß es in natürlichen Sprachen (und vermutlich auch in natürlichen, sich nach den Evolutionsgesetzen entwickelnden Nervensystemen) gar keine in jedweder Hinsicht äquivalenten Kategorien und Verfahren, Strukturen und Prozesse gibt. Jede Kategorie, die zur Erfüllung einer bestimmten Funktion in eine Sprache eingeführt wird, ist in anderer Weise (sprachlich gesehen) plurifunktional und (sprachtheoretisch gesehen) pluriexplanatorisch als jede andere in bezug auf diese einzelne Funktion äquivalente Kategorie. Jede Kategorie erlaubt auch die Ausübung und Erklärung all jener spezifischen Funktionen, die mit ihr möglich sind, und die von einer natürlichen Sprache, die über diese Kategorie verfügt, alsbald auch realisiert werden. Die faktisch vorgefundene Vielfalt der Funktionen wird damit zum Indiz der tatsächlich angewandten Kategorien und Verfahren. Sprachliche Kategorien und Verfahren sind durch die faktischen Funktionen, die von einer Sprache erfüllt werden, überdeterminiert. Damit ist auch jede Theorie zur Erklärung einzelner sprachlicher Verfahren nicht unter-, sondern im Gegenteil überdeterminiert. Jede alternative Theorie, die mit andern Kategorien, d. h. anders plurifunktional auswertbaren Kategorien arbeitet, ist nach der einen Seite zu wenig einfach, nach der andern Seite zu mächtig. Sie verrät sich dadurch, daß sie zur Erklärung von Funktionen, die von ein und derselben Kategorie erfüllt werden können, mehrere Kategorien einführt, die in anderer Hinsicht plurifunktional sind. Damit postuliert sie zugleich Funktionen, die in der betreffenden natürlichen Sprache nicht auftreten und von ihren andersartigen Kategorien her auch gar nicht möglich sind. Sie ist explanatorisch übermächtig. All das bedeutet schließlich, daß eine Sprachtheorie, deren Kategorien sich mit den Kategorien des internalisierten Kodes decken, immer zugleich auch die einfachste vollständige und nicht übermächtige Sprachtheorie ist. Duhem, dessen geniale Entdeckung der Unterdeterminiertheit physikalischer Theorien eine wissenschaftstheoretische Revolution einleitete, ist in der Wissenschaft natürlicher Sprachen nicht einschlägig.

2. Das hermeneutische Gehirn

Zu Kants Zeiten unterteilte man die Anthropologie in eine physiologische und in eine pragmatische. Die physiologische befaßte sich mit dem, »was die Natur aus dem Menschen macht«, die pragmatische mit dem, was der Mensch »als freihandelndes Wesen aus sich selber macht, oder machen kann oder soll« (Kant, 1798). In der deutschen Tradition der Hermeneutik, der Lehre des Verstehens von kulturellen Leistungen, zog man aus dieser gefälligen Zweiteilung eine weitere, relativistische Konsequenz. Da Menschen sich immer erst zu dem machen, als was sie sich verstehen, und dies je mit den Kategorien der geschichtlichen und gesellschaftlichen Tradition, in die sie hineingeboren worden sind, soll es weder *den* Menschen noch *die* Sprache geben, sondern immer nur kulturell relativ Menschen und Sprachen nicht bloß von unterschiedlichen, sondern – mit einem Lieblingswort aller Relativisten – inkommensurablen Typen (vgl. Habermas, 1958, 106). Alles Verstehen ist nach dieser Auffassung unüberwindbar, nicht transzendierbar oder – mit einem andern Lieblingswort derselben Relativisten – unhintergehbar relativ, abhängig von der Situation, der Kultur und der Sprache, von denen her man sich selbst, die Welt und die Leistungen fremder Gesellschaften, Kulturen und Sprachen zu verstehen sucht. Universale Gesetzmäßigkeiten werden nur angenommen, soweit im Verstehen auf mathematische und logische Kategorien rekurriert wird.

Niemand wird bestreiten, daß es nur zu viele gesellschaftliche, kulturelle und sprachliche Restriktionen im Verstehen gibt. Jedermann weiß aus eigener Erfahrung, wie die Lektüre eines fremden Textes immer abhängig ist vom aktuellen Wissensstand, über den man gerade verfügt. Die empirische Forschung in der »physiologischen« wie in der »pragmatischen Anthropologie«, speziell in den Schlüsseldisziplinen der beiden Anthropologien, in der Neurologie und in der Linguistik, ist inzwischen jedoch so weit vorangeschritten, daß eine Revision der dualistischen Aufteilung zwischen dem, was die Natur aus dem Menschen macht, und dem, was der Mensch aus und mit seiner Natur macht, wie auch der säuberlichen Trennungslinie zwischen ›logischem‹ Universalismus und ›kulturellem‹ Relativismus dringend geworden ist.

Die Grundthese der Hermeneutik besagt, daß das Einzelne immer nur vom Ganzen her zu verstehen ist und umgekehrt, bezogen auf Sprachliches, ein Text immer nur zusammen mit seinem Kontext. Diltheys Verdienst liegt in der Bewußtmachung der Tatsache, daß das Ganze, der Horizont, der Kontext, in die alles, was man zu verstehen sucht, eingebettet ist, und von denen her man sich bei der Interpretation nolens volens leiten läßt, die geschichtliche Situation, Kultur, Sprache des Interpreten ist. Bei der Explikation dieses Interpretationsvorganges wirkt sich nun in irreführender Weise die idealistische Tradition aus, in der Dilthey und seine Nachfahren stehen. Der Horizont, von dem her interpretiert wird, sei das jeweilige kulturelle Kategoriensystem des Interpreten. Etwas anders, in Rücksicht auf die neuerdings wieder mehr pragmatisch konzipierte Hermeneutik formuliert: Der Sinnhorizont, von dem her ein Problem angegangen wird, sei das jeweilige kulturell determinierte Regelsystem des Handelnden.

Idealistisch ist diese Phase der Hermeneutik zu nennen, da sie von der neuronalen Konzeption von Kultur- und Sprachphänomenen, wie auch von der neuronalen Determination einer Handlung und ihres Sinnes bzw. ihrer Funktion gänzlich absieht, so als ob die neuronale Verarbeitung von Kultur- und Sprachphänomenen bzw. die neuronale Vorbereitung von Handlungen nicht bereits eine kategoriale Interpretation dieser Phänomene implizieren würde. Nicht erst der kulturell erzogene und geschulte Interpret unterscheidet zwischen Sprachlauten und außersprachlichen Schallphänomenen, sondern allem Bewußtsein voraus bereits das Nervensystem. Das Nervensystem ist funktional spezialisiert und rezipiert Sprachlaute anders (lateralisiert) als nichtsprachliche Schallphänomene. Der neuronale Apparat zur Produktion und Rezeption der menschlichen Sprache scheint sich überhaupt erst zusammen mit dem phylogenetischen Erwerb der Sprache entwickelt zu haben (vgl. Jakobson und Waugh, 1979, 28 ff.). Ebenso ist die Rezeption und der schöpferische Gebrauch von morphologischen, syntaktischen und semantischen Kategorien neural präformiert, wie das der gesetzmäßige Ausfall dieser Kategorien bei organisch bedingten Sprachstörungen nahelegt.

Die Unkenntnis und das Unverständnis des empirischen Forschungsstandes seitens der Hermeneutik Diltheyscher Observanz wird offensichtlich, sobald einer ihrer Vertreter auch nur ansatzweise versucht, die von ihnen meist ausgeklammerte neurophysiologische Phase der Rezeption von kulturellen Phänomenen zu formulieren. Soweit die Rezeption kultureller Phänomene ein neurophysiologischer Prozeß ist, hat man es nach Koppe (1978, 37 ff.) »nicht mehr mit einem Kulturphänomen *qua* Kulturphänomen, kurz: nicht mehr mit Sprache zu tun (so wenig die chemische Analyse eines Kunstwerks, etwa eines Gemäldes, dieses als Kunstwerk analysiert). Strukturale Linguisten und Neurolinguisten operieren in dieser Phase der Analyse von Sprachlauten entsprechend mit ›physiologisch-physikalischen *termini technici*‹.«

Es wird hier geflissentlich übersehen, daß man es in der Lehre von den Sprachlauten wie in der Neurologie schon längst nicht mehr nur mit *termini technici* der traditionellen, mechanistischen Physik und Physiologie zu tun hat, die alle den Begriff der Kraft und der Wirkursache implizieren: Druck, Stoß, Attraktion, Repulsion, Spannung, Ladung, Impuls, Verstärkung (reinforcement), Reiz, Reaktion usw. Man operiert in diesen Wissenschaften heute vielmehr gleichzeitig auch mit kategorial verschiedenen Termini, die den Begriff des Sinnes und der Finalursache implizieren: Ziel, Funktion, Information, Signal, Regulation, Selektion, Kooperation usw. Diese teleologischen, letztlich handlungstheoretischen und damit humanwissenschaftlichen Kategorien wurden erstmals in der Phonologie auf ein Gebiet angewandt, das bisher in den Bereich der traditionellen mechanistischen Naturwissenschaft zu gehören schien, auf die Sprachlaute. Ihr folgten einige Jahrzehnte später und mit größerer Breitenwirkung Kybernetik und Informationstheorie, über die sie u. a. auch in die Neurologie Einzug erhielten (Holenstein, 1976, 136 f., 169 ff.; 1979a).

Was von vielen Humanisten als Skandal empfunden wird, eine physikalische Erklärung von Bewußtseinsleistungen, ist sinnigerweise erst aussichtsreich geworden, nachdem die Naturwissenschaften (Biologie, Neurologie) humanwissenschaftliche Kategorien in ihr Gebiet übernommen haben. Von naturwissenschaftlicher Verdrängung der Humanwissenschaften kann nicht länger die Rede sein, eher umgekehrt von einer Zurückweisung klassisch naturwissenschaftlicher Kategorien durch traditionell humanwissenschaftliche Kategorien.

Man stellt sich die Rezeption von kulturellen Phänomenen in der nachdiltheyschen Hermeneutik irgendwie dualistisch vor: Einerseits wird das physikalische Substrat eines Kulturdenkmals von ebensolchen Prozessen im Nervensystem registriert, andererseits wird der Sinn des Kulturdenkmals mittels kulturell überlieferter Kategorien erschlossen. Bei einer solchen Sicht der Dinge fühlt man sich, ähnlich wie Lévi-Strauss (1967, 1165) gegenüber der Rezeptionsästhetik, an die Tintenkleckse eines Rorschachtests erinnert, die als solche vom Gehirn »kulturinvariant, geschichtslos, außerhermeneutisch« (Termini Koppes, 1978, 371) bzw. »etisch« (Terminus des amerikanischen Strukturalismus) registriert werden, während der Geist kulturvariant, geschichtlich, hermeneutisch und emisch bald diese, bald jene Sinngestalten in die Tintenkleckse hineinliest. In Wirklichkeit ist es so, daß schon das Gehirn das physikalische Substrat von Tintenklecksen und andern Kulturdenkmälern evolutionsbedingt hermeneutisch, emisch registriert, nämlich teleologisch, zielorientiert, in Abhängigkeit von ihrer Funktion für das rezipierende Lebewesen. Form wird neuronal nicht unabhängig von ihrer Funktion (in der Sprache der Hermeneutik: von ihrem Sinn) registriert (Lévi-Strauss, 1972, 20 ff.; Jakobson und Waugh, 1979, 47 f.).

Für die Anthropologie bedeuten diese neurologischen Befunde, daß die Kategorien- und Regelsysteme, mit denen der Mensch sich im Verstehen seiner selbst und der Welt erst zu dem macht, was er ist, in einem noch abzusteckenden Ausmaße neuronal realisiert sind und aktiviert werden. Wenn die Menschen evolutionsbedingt über ein gemeinsames ›eingebautes Programm‹ zur Steuerung ihres Verhaltens verfügen, ist bei aller Offenheit dieses Programms zu erwarten, daß das, was sie aus ihrer Natur, im kreativen Handeln und im Verstehen von Kulturdenkmälern machen, ebenfalls in einem entsprechenden Ausmaß kulturinvariant, universal ist.

3. Binarismus

Die Analyse der Sprachlaute in binär strukturierte Eigenschaften war teleologisch-phänomenologisch motiviert. Teleologisch wird die binäre Struktur der Laute von ihrer Funktion der Bedeutungsunterscheidung her begründet. Der phänomenologische Charakter der Analyse zeigt sich in der Definition der Opposition als ein Verhältnis, bei dem sich die entgegengesetzten Relata wechselseitig implizieren. Einer abstrakten logischen Analyse erscheint kontradiktorisch und konträr Entgegengesetztes gerade umgekehrt als sich wechselseitig ausschließend. Logisch, abstrakt an sich betrachtet, schließen sich ›hell‹ und ›dunkel‹ aus. Phänomenologisch, konkret betrachtet, so wie sie uns bewußt sind, schließen sich ›hell‹ und ›dunkel‹ wechselseitig ein. Ich weiß nicht, was Helligkeit ist, wenn ich nicht auch weiß, was Dunkelheit ist.

Der Siegeszug der binären Featureanalyse in den fünfziger Jahren war sicher auch von äußeren Faktoren begünstigt. An sich entsprach sie mit ihrer phänomenologischen und stofflichen Analyse nicht der damaligen formalistisch orientierten amerikanischen Linguistik mit deren Verabsolutierung von äußeren Verhältnissen der Distribution. Was der Jakobsonschen Featureanalyse zugute kam, war das Aufkommen der Informationstheorie und deren ebenfalls, jedoch aus primär mathematischen Gründen vertretenen binären Kodierung von Nachrichten. Hinzu kam die physiologische Entdeckung der diskreten Natur der Wahrnehmung von Sprachlauten (d. h. einer Voraussetzung für die digitale Analyse) und die neurologische Entdeckung von digitalisierten Pulsübermittlungen im Nervensystem. Der Kreis schien sich interdisziplinär zu schließen.

Heute werden gegen die Annahme von durchgehend binär strukturierten Kognitions- und Kommunikationsprozessen (wie sie im übrigen von Jakobson nie vertreten worden ist) Reserven laut. Sie kommen teils aus einer formalen Wissenschaft, der Mathematik, teils aus einer empirischen Wissenschaft, der fortgeschrittenen Neurologie. In der Mathematik wurde inzwischen die Theorie von unscharfen Mengen (fuzzy sets) entwickelt, mit der eine Analyse von nichtdiskreten Einheiten auch formal beherrschbar geworden ist. Aus der Neurologie kam die Erkenntnis, daß das Nervensystem nur partiell digital arbeitet, über weite Strecken dagegen als ein analoger Prozessor. Sinnesorgane arbeiten als analogische Konvertierer, von denen die einfallende Energie in eine Abfolge von Impulsen verwandelt wird, deren unscharf definierte Frequenz als Informationsträger fungiert.

Die neuronale Pulsübermittlung ist zwar digital strukturiert, aber nicht nur sind die einzelnen Pulse für eine digitalisierte Nachrichtenübermittlung auswertbar, sondern ebenfalls die Raten, mit denen die Pulse übermittelt werden, für eine analogische Übermittlung. Desgleichen kann der Durchmesser des Axons, in Abhängigkeit von der Dauer der Pulsübertragung als analogischer Vermittler fungieren, ähnlich die Aktivität der umgebenden Axone.

Das Beispiel der Farbwahrnehmung und Farbbenennung, das zu einem Paradigma der Anwendung der Fuzzy-set-Theory in der Linguistik geworden ist (Kay und McDaniel, 1978), zeigt jedoch, daß eine Kombination von unscharfer/nichtdiskreter und diskreter Konstitution einerseits und von digitaler und analogischer Verarbeitung andererseits durchaus möglich ist. Die Farbwahrnehmung ist wie die Wahrnehmung von Sprachlauten ein Feld, in dem eine anfänglich rein und explizit phänomenologische Analyse, Herings Gegenfarbentheorie, eine neurologische Bestätigung gefunden hat.

Die von Hering vor mehr als 100 Jahren beschriebene binäre Struktur der Wahrnehmung von Farben in unvermischbaren inkompatiblen Gegenfarben (rot – grün, blau – gelb) fand eine neurologische Bestätigung im Nachweis von sog. Bipolarzellen (opponent response cells). Diese Zellen reagieren entgegengesetzt auf komplementäre Regionen des Farbspektrums. Wenn Rot eine solche Zelle überdurchschnittlich aktiviert, läßt Grün ihre Aktivität unter ihre durchschnittliche Erregung fallen. Die gleiche Zelle vermittelt entgegengesetzte, binär strukturierte Informationen (+ Rot −Grün) in einem Fall, (−Rot +Grün) im anderen Fall.

Gleichzeitig sind die Bipolarzellen analogische Nachrichtenübermittler. Der Kurve, mit der sich die Realisation eines Farbtons darstellen läßt, z. B. die Realisation von Rot vom gelben Abschnitt über seine optimale Verwirklichung bis zum blauen Abschnitt des Spektrums, entspricht eine analoge Kurve der Erregung der entsprechenden Bipolarzellen im Nervensystem.

Die neuronalen Erregungskurven, die den vier Gegenfarben Rot, Gelb, Grün und Blau entsprechen, zeigen die mathematischen Eigenschaften von unscharfen Mengen. Jedes Element, in diesem Fall das Licht jeder Wellenlänge, erhält eine Zahl zwischen 0 und 1 in bezug auf jede der vier Farbfunktionen. Jedes perzeptuale Farbdatum ist in einem kontinuierlich abstufbaren Grad Mitglied dieser unscharfen Mengen. Die vier genannten Farbkategorien zeigen jedoch immer nur innerhalb absoluter Grenzen die Eigenschaften von unscharfen Mengen. Einer Lichtwelle entspricht z. B. ein mehr oder weniger reines Rot, aber immer nur bis zu einer gewissen Wellenlänge, bei der der Rotton in einen Grünton umschlägt. Diese Umschlagpunkte fallen mit den Fokalpunkten, den optimalen Realisationen der benachbarten Farbkategorien (im vorliegenden Beispiel mit den Fokalpunkten von Gelb und Blau) zusammen. Die Farbkategorien erweisen sich somit als kontinuierlich abgestufte unscharfe Mengen (im Verhältnis zu den jeweiligen Nachbarkategorien) und als diskrete Mengen (gegenüber der jeweils komplementär entgegengesetzten Kategorie).

Farben werden vom Gehirn nicht immer weiter digital differenziert, wie sie von einem herkömmlichen Computer durch ein fortschreitend feineres Raster digitalisiert werden können. Sie werden nur bis zu einer gewissen Grenze digital, innerhalb dieser absoluten Grenzen jedoch analogisch registriert. Farbeigenschaften sind etwas, das von einem (Farb-)Datum zugleich in der Manier der fuzzy set theory graduell (es ist rot und gelblich bis zu einem gewissen Grad) und in der Manier der discrete feature theory kategorial, absolut, mit einem klippklaren Ja oder Nein (es ist entweder rot und gelblich und damit zugleich nichtgrün und nichtbläulich oder umgekehrt) ausgesagt werden kann. Sie sind entsprechend auch zugleich – in unterschiedlicher Hinsicht – analogisch und digital analysierbar und übermittelbar.

4. Redundanz

Redundanz ist ein Phänomen, das für den Bereich der klassischen Physik, die es mit Ockhams Reduktionsmaxime von sich fernhält, ebenso untypisch ist, wie es für den Bereich der Biologie und der Humanwissenschaften, am greifbarsten innerhalb der natürlichen Sprachen, typisch ist. Gegenüber der mit abstrakten logischen Überlegungen argumentierenden analytischen Philosophie, für die bei überdeterminierten Prozessen die Unterscheidung zwischen fundamentalen und redundanten Verfahren eine Sache der Konvention ist, hat Jakobson für die natürlichen Sprachen seit langem objektive, aus der Struktur der Sprache erschließbare Kriterien für diese Unterscheidung geltend gemacht (Jakobson und Waugh, 1979, 36 f.; Holenstein, 1980, 107 ff.).

Ebenso wichtig ist die bereits (in § 1) gemachte Feststellung, daß redundante Kategorien und Verfahren nie mit den plurifunktionalen Kategorien und Verfahren, an deren Stelle sie treten können, plurifunktional äquivalent sind. Beispiele aus der Alltagserfahrung und aus der vergleichenden Sprachwissenschaft wurden bereits angeführt.

Ein brisantes Beispiel aus der neueren Geschichte der Linguistik dafür, daß vorhandene Strukturen dank ihrer potentiellen Plurifunktionalität zusätzliche Funktionen übernehmen, solche, für die sie gar nicht eingeführt worden sind, ist die semantische Relevanz von sog. Oberflächenstrukturen. Eine Beschränkung der semantischen Information auf die Tiefenstruktur mag ein ökonomisches Ideal eines an der allgemeinen Wissenschaftslogik orientierten Linguisten sein, ein natürliches Sprachsystem wird das semantische Potential der Oberflächenstrukturen, das auch ein solcher Linguist nicht leugnet, alsbald kreativ ausnutzen.

In der Neurologie findet man ähnlich unnatürliche Überlegungen. Nach Dreyfus (1972, 73) kann aus der Tatsache, daß die neuronale Pulsübermittlung eine Alles-oder-nichts-Angelegenheit ist, logisch nicht gefolgert werden, daß dieser Aspekt der Pulsübertragung eine digitale Nachrichtenvermittlung impliziert. Die Nachrichtenvermittlung kann von andern Aspekten der Pulsübertragung, z. B. ihrer Frequenz (vgl. oben § 3) getragen werden. Das ist logisch korrekt, jedoch nicht funktional (und damit auch nicht phänomenologisch) argumentiert. Von einem adaptiven, zielorientierten System wie dem Gehirn ist zu erwarten, daß eine so ökonomische Voraussetzung der Nachrichtenübermittlung, wie es die digitale Struktur der Pulsübertragung ist, früher oder später auch ausgenutzt wird – zusammen mit den analogisch auswertbaren Attributen der Pulsübertragung.

Das klassische linguistische Beispiel für ein sowohl digital wie analogisch fungierendes Datum ist die Lautstruktur. Die distinktiven Eigenschaften der Sprachlaute fungieren zugleich dank ihrer ausgeprägten binären Strukturen digital zur Bedeutungsunterscheidung und, wo immer möglich, insbesondere in der Dichtung, analogisch zur Lautsymbolisierung (vgl. Jakobson und Waugh, 1979, 53 ff.).

Man sieht die Wichtigkeit von Redundanzen traditionell ausschließlich in der Sicherung einer Funktion und damit letztlich in der Sicherung des Überlebens und der Existenz des Organismus, der über eine redundante Funktionserfüllung verfügt. Noch wichtiger aber ist die Ermöglichung zusätzlicher Funktionen, die sich aus der prinzipiellen Plurifunktionalität redundanter Kategorien und Verfahren ergibt. Jede redundante Kategorie und jedes redundante Verfahren sind in anderer Weise plurifunktional auswertbar als die Kategorie und das Verfahren, zu deren Sicherung sie ursprünglich eingeführt worden sind. Redundanzen sichern so nicht nur die Existenz des Organismus, in dem sie auftreten, sondern eröffnen seine innovatorische Weiterentwicklung in Richtungen, die mit den nichtredundanten Kategorien und Verfahren allein nicht begehbar sind. Innovation und Kreativität dürften in natürlichen Systemen, wie es Sprache und Gehirn sind, zu einem guten Teil Redundanzen zu verdanken sein, die ursprünglich keine andere Funktion hatten, als die Information zu sichern (vgl. das oben angeführte Beispiel des Kasussystems, das die Entwicklung der Konkordanzfunktion übernehmen kann, die der Wortstellung versagt bleibt). Als Philosoph darf man spekulieren, daß auch das Bewußtsein, soweit es Nervenprozessen gegenüber redundant ist, aufgrund seiner spezifischen Plurifunktionalität der Kreativität der mit ihm begabten Lebewesen zuträglich ist (vgl. Holenstein, 1980, 154 ff.).

Literaturverzeichnis

Chomsky, Noam (1978), »On the Biological Basis of Language Capacaties«, *Psychology and Biology of Language and Thought*, hg. v. George A. Miller und Elisabeth Lenneberg, Academic Press, New York, 199–220.

Dreyfus, Hubert L. (1972), *What Computers Can't Do*, Harper & Row, New York.

Duhem, Pierre (1906), *Ziel und Struktur physikalischer Theorien*, Meiner, Hamburg, 1978.

Habermas, Jürgen (1958), »Philosophische Anthropologie«, *Kultur und Kritik*, Suhrkamp, Frankfurt 1973, 89–111.

Holenstein, Elmar (1972), *Phänomenologie der Assoziation*, Mouton, Den Haag.

– (1976), *Linguistik, Semiotik, Hermeneutik*, Suhrkamp, Frankfurt.

– (1979a), »Präliminarien zu einer Theorie der funktionalen Aspekte der Sprache«, *Language Universals*, hg. v. Hansjakob Seiler, Narr, Tübingen, 33–52.

– (1979b), »Von der Poesie und der Plurifunktionalität der Sprache«, Roman Jakobson, *Poetik*, Suhrkamp, Frankfurt 7–60.

– (1980), *Von der Hintergehbarkeit der Sprache*, Suhrkamp, Frankfurt.

Householder, Fred W. (1952), Review of: »Methods in Structural Linguistics« by Zelling S. Harris, *International Journal of American Linguistics* 18, 260–268.

Husserl, Edmund (1950), *Cartesianische Meditationen*, Nijhoff, Den Haag.

Kant, Immanuel (1798), *Anthropologie in pragmatischer Hinsicht: Kants Werke – Akademie Textausgabe* VII, de Gruyter, Berlin 1968, 117–334.

Kay, Paul und Chad K. McDaniel (1978), »The Linguistic Significance of the Meanings of Basic Color Terms«, *Language* 54, 610–646.

Koppe, Franz (1978), »Die literaturtheoretischen Hauptrichtungen und ihr Ertrag für eine Gegenstandsbestimmung der Literaturwissenschaft II: Strukturalismus«, *Zeitschrift für allgemeine Wissenschaftstheorie* 9, 361–398.

Jakobson, Roman (1962), »Retrospect«, *Selected Writings* I, Mouton, The Hague 1971, 629–658.

Jakobson, Roman und Linda R. Waugh (1979), *The Sound Shape of Language, Indiana University Press, Bloomington, Ind.*

Lévi-Strauss, Claude (1967), Interview, *Les Lettres françaises* 1165 (zitiert nach Koppe, 1978).

– (1972), »Structuralism and Ecology«, *Social Science Information* 12/1, 7–23.

Wimsatt, William C. (1971), »Some Problems with the Concept of ›Feedback‹ «, *Boston Studies in the Philosophy of Science* 7, 241–256.

Roman Jakobson
Nachwort

Der echte Vorteil dieses Symposiums liegt in der großen Vielfalt unterschiedlichster Blickwinkel, die von den Autoren gewählt wurden, um das Thema Sprache und Gehirn in seiner ganzen Breite zu diskutieren. Trotz der engen Beziehung zwischen linguistischen und zerebralen Problemen liegen erst seit kurzem die Bedingungen für eine gemeinsame Erforschung der beiden bedeutenden Bereiche vor. Man hatte sich zuerst der vielfältigen Abhängigkeit der Sprachstörungen von verschiedenen Gehirnschäden gewidmet, Sprachstörungen, die vor einem Jahrhundert von A. Trosseau *Aphasie* genannt wurden.

Die Frage verschiedener aphasischer Syndrome wurde schon seit Beginn der Forschung von den führenden Neurologen wie Broca und Wernicke aufgeworfen, aber eine angemessene Definition der sprachlichen Störungen, an denen aphasische Patienten litten, machte eine exakte Beschreibung und Analyse von Experten im Bereich der Sprachwissenschaft erforderlich, die allerdings jahrzehntelang unversucht liegenblieb. Nur der außerordentlich weitsichtige Sprachwissenschaftler J. Baudouin de Courtenay versuchte in einem polnischen Beitrag »Von der Pathologie und Embryologie der Sprache« in einer neu begonnenen Zeitschrift *Prace filologiczne*, I (1885–1886) eine Untersuchung eines aphasischen Falles, wobei eine Fortsetzung geplant war, aber nicht zustande kam. Als mir klar wurde, daß die Störungen ebenso wie der Erwerb eines Sprachsystems selbst systematisch sind, habe ich die Sprachentwicklung bei Kindern und die Sprachstörungen unter diesem Gesichtspunkt behandelt.

Es hatte mich überrascht, daß beiden Bereichen sprachwissenschaftlicher Forschung so wenig Aufmerksamkeit gewidmet worden war; dies veranlaßte meine Forderung nach ihrer systematischen Erforschung. Wie ich in meinem Beitrag für den internationalen Linguistenkongreß in Brüssel, der im September 1939 stattfinden sollte, hervorhob, ergab sich aus den erstaunlichen inneren Beziehungen zwischen Erwerb und Verlust die Arbeitshypothese einer Spiegelsymmetrie zwischen diesen beiden Erscheinungsklassen, und »eine vertiefte Analyse der Aphasien« wurde erforderlich. Gerade die Vielfalt der aphasischen Syndrome verlangte nach einem weiteren Schritt bei der linguistischen Behandlung der Sprachpathologie, nämlich eine sorgfältige Beachtung der Typologie aphasischer Störungen. Es zeigte sich nämlich, daß die Umkehr der Entwicklungsabfolge im Vergleich zur Kindersprache nur bei einem einzigen Aphasietyp anwendbar war, wie ich im Vorwort zur französischen Übersetzung meiner Monographie *Kindersprache, Aphasie und allgemeine Lautgesetze* (Uppsala 1941–1942) unterstrich.

Die ununterbrochene Fortentwicklung der Behandlung aphasischer Probleme blieb für mich in jeder der folgenden Dekaden ein Anziehungspunkt. Die Diskussion der Breite dieser Fragen anläßlich interdisziplinärer Symposien führte mich zu neuen Formulierungen, die in folgenden Veröffentlichungen ausgearbeitet vorgelegt wurden. Ich verweise auf die Konferenz der Clark University über expressives Sprachverhalten, 1953; das Symposium der Ciba-Foundation über Sprachstörungen, London 1963, gefolgt von der Konferenz über Sprechen, Sprache und Kommunikation, die vom Gehirnforschungsinstitut der Universität von Californien in Los Angeles (UCLA) 1963 unterstützt wurde; das internationale Symposium über Aphasiologie, Mexico 1971, und den Kongreß für Sprachpathologie in Lima, Peru 1973 (vgl. »On Aphasic Disorders from a Linguistic Angle« in meinem Buch *Framework of Language*, Ann Arbor 1980). Jede weitere Stufe war verbunden mit ausgedehnteren interdisziplinären Anforderungen und Ergebissen.

A. R. Lurias unermüdliche Forschung, die sich auf eine außerordentlich hohe Zahl von Patienten stützt, war einer der wertvollsten und dauerhaftesten Beiträge sowohl für die russische als auch für die internationale Aphasieforschung. Über seine psychologische und neurologische Spezialisierung hinaus war Lurias Vertrautheit mit der Linguistik selten und wohltuend. Seine Kenntnis und sein Verständnis der sich ausdehnenden Phonologie und ihrer methodologischen Perspektiven (vgl. sein russisches Buch *Traumatic Aphasia*, Moskau 1947) brachte unsere Behandlung näher zueinander. Besonders unsere Moskauer Treffen 1956 und 1958 führten zu einer tiefgehenden und andauernden Zusammenarbeit, trotz unserer räumlichen Entfernung. Den skeptischen Annahmen gegenüber, die es in Frage stellten, ob Sprachwissenschaftler Psychoneurologen helfen können oder umgekehrt, teilte ich mit Luria die extreme Skepsis bezüglich des Wertes solcher Annahmen. Wir blieben der Maxime treu, daß Teile und Ganze eine wechselseitige Behandlung verlangen. Da die aphasische Sprache ein Teil der Sprache war, muß dieses verstümmelte Muster zusammen mit dem vollständigen Sprachsystem untersucht werden, ebenso wie die Behandlung dieses letzteren die pathologischen Formen der Verstümmelung berücksichtigen muß. Schließlich erfordern der anatomische Aspekt aphasischer Fälle und der verbale Gesichtspunkt eine strenge Gegenüberstellung.

Unerläßlich ist in der beginnenden und wachsenden Zusammenarbeit zwischen verschiedenen Disziplinen viel mehr die gemeinsame Lösung noch offener oder kontroverser Sachprobleme als das Problem, welche Disziplin die Fragen stellte und welche sie beantwortete. Als Sprachwissenschaftler fühle ich besonders, wie dringend die Anforderungen an unsere Wissenschaft sind, die sich aus dem Studium der physikalischen Wurzeln aphasischer Störungen ergeben, während Luria in seinen letzten Beiträgen (auf die ich mich in meinem Beitrag für dieses Symposium bezog) dazu neigte, seine Forschungen und die seiner psychoneurologischen Schule als Antworten auf Feststellungen von Sprachwissenschaftlern der fünfziger und sechziger Jahre zu verstehen. So war es sogar leichter, eine neurolinguistische Gemeinsamkeit zwischen der Welt der Mediziner und unserer eigenen durch die Umrisse der grundlegenden Dichotomien aphasischer Muster zu finden als hartnäckige Diskussionen unter den Linguisten selbst über diese Dichotomien und ihren jeweiligen Platz in aphasischen Syndromen zu vermeiden. Man muß zugeben, daß die Unterschiede in den Listen vorgeschlagener Paare eher den nomenklatorischen und phraseologischen Charakter dieser Diskussionen als ihren Sachgehalt offenlegen.

Das Symposium Sprache und Gehirn hat sich logisch von einem vielseitigen kritischen Überblick über aphasische Probleme zu dem breiteren Feld der Beziehung zwischen Gehirn und Sprache entfaltet. Wir stehen vitalen wissenschaftlichen Fragen gegenüber: Wie ist die Sprache auf die beiden Gehirnhälften verteilt, und welche Beziehung besteht hier zwischen Sprache und allen anderen Bestandteilen unserer gehörten Welt? Die Beziehung der beiden Gehirnhälften weist eine Reihe klarer Dichotomien auf, und Diskussionen entstehen, wieweit diese Dichotomien eine

Anzahl sprachlicher Universale offenlegen. Wie bei der Typologie aphasischer Störungen verliert die Frage universaler Gesetze ihren kontroversen Charakter, sobald wir aufhören, darauf zu bestehen, daß die Suche nach Universalen auf die Fälle der Wahrscheinlichkeit Eins beschränkt werde, und bereit sind, den Wahrscheinlichkeiten unter Eins, aber nahe bei Eins gleiche Bedeutung zuzumessen. Wenn wir die traditionelle sprachwissenschaftliche Anbetung der *Ausnahmslosigkeit* überwinden und Regeln berücksichtigen, die mit einzelnen Abweichungen verbunden sind, wird unsere Suche nach Universalen viel realisierbarer und erfolgversprechender.

Die Vielfalt der Erscheinungen, von denen jede von einer der beiden Gehirnhälften verarbeitet werden, bildet eine Menge binärer Relationen. Beim Studium der wertvollen Beiträge der Teilnehmer dieses Symposiums scheint es mir, daß die Frage eines gemeinsamen Nenners all dieser gehirnbezogenen Dichotomien in der nächsten Zukunft aufmerksam behandelt werden muß. Ich schließe mein *Nachwort* mit dem Vorschlag, daß Spezialisten in der Gehirn- und/oder Sprachforschung meinen Versuch erwägen, den ins Auge zu fassenden gemeinsamen Nenner als ein Wechselspiel zwischen Mittelbarkeit (linke Gehirnhälfte) und Unmittelbarkeit (rechte Gehirnhälfte) aufzufassen; die Problemstellung erfordert eingehende Untersuchungen.

Anhang

Roman Jakobson

Dr. phil. D. Litt. D. Sc.

Professor Emeritus für Slawische Sprachen und Literatur und der allgemeinen Linguistik an der Harvard University in Cambridge, Massachusetts und Institute Professor am Massachusetts Institute of Technology

Laudatio

aus Anlaß der Verleihung der Ehrendoktorwürde an der Ruhr-Universität Bochum am 23. Januar 1980

von

Walter A. Koch

»Parallele« – oder »Parallelismus« – war Roman Jakobsons erstes Wort oder zumindest eines der wichtigsten Konzepte in seiner 1919 abgefaßten und 1921 gedruckten Abhandlung »Zur neuesten russischen Poesie, insbesondere zu Viktor Chlebnikov«[1]. Dort heißt es:

В поэтическом языке существует некоторый элементарный прием – прием сближения двух единиц.
В области семантики модиФикацией этого приема являются: паралелизм; сравнение –

Zu deutsch:

In der poetischen Sprache gibt es ein elementares Verfahren – die Annäherung zweier Einheiten.
Im Bereich der Semantik finden wir folgende Modifikationen dieses Verfahrens: den Parallelismus, den Vergleich –

Jakobson entdeckt, daß alle Strukturen der poetischen Sprache auf Dyaden, auf elementare Paare zurückzuführen sind; nicht nur im Reim, im Vergleich, in der Metapher, Assonanz, sondern auch in der Mehrdeutigkeit, der Ironie, im Rhythmus des Verses und des Gedankens. Diese frühe Einsicht in die Symmetrie der Dinge führt Jakobson später zu immer kühneren Generalisierungen über die Konzepte der Oppositivität und der Binarität[2] aller sprachlichen Erscheinungen bis hin zu solch zeitlosen Konstellationen wie dem *Yang* und *Yin* im altchinesischen Strukturkalkül des *I Ching* und seiner modernen Interpretation der binären biochemischen Beschaffenheit des genetischen Codes[3]. – Neben dieser typischen Zeitlosigkeit wird in unserem Zitat ein zweiter wichtiger Aspekt des Jakobsonschen Denkens deutlich: der des Gegenteils, nämlich der Modernität, des Zeitgeists. Roman Jakobson steht hier in der jungen Tradition einer kulturellen Avantgarde, und zwar sowohl im wissenschaftlichen wie im künstlerischen Sinne. So ist er freundschaftlich und kooperativ verbunden mit dem gerade aufblühenden Formalismus, mit Viktor Šklovskij etwa oder Osip Brik[4], aber auch mit dem parallelen Kubo-Futurismus, mit Kasimir Malevič, Boris Pasternak, Vladimir Majakovskij, Viktor Chlebnikov[5]. Ein drittes wird sichtbar: die Harmonie. Die Harmonie zwischen polaren Gegensätzen: Der junge Jakobson arbeitet nicht nur in den Bereichen der Dialektologie, der Folklore und der poetischen Sprache, sondern er versucht sich selbst in der Kunst transmentaler Gedichte[6]. Die Harmonie des Jakobsonschen Temperaments wird darin bestehen, Gegensätze zu prononcieren, um sie dann zur gegenseitigen strukturellen Anreicherung auszunutzen, um eine tiefere, integralere Struktur zu schaffen. Unser Zitat erinnert schließlich daran, daß Roman Osipovič Jakobson Russe ist. Er entstammt einer ursprünglich in Lettland ansässigen jüdischen Familie, welche sich durch ihre kulturelle Offenheit und Vielseitigkeit ausgezeichnet haben soll[7]. Er selbst wird am 11. Oktober 1896 in Moskau geboren. Heute lebt er als Professor Emeritus in Cambridge, Massachusetts. Dazwischen liegt eine Odyssee äußerer und innerer Ereignisse, die im folgenden unter den Aspekten des *Zeitgeists*, der *Zeitlosigkeit* und der *Harmonie* skizziert wird. Den Abschluß bildet dann eine Wiederaufnahme des Gedankens der *Parallele*.

Zum *Zeitgeist:* Zwischen 1919 und heute erschienen unter dem Namen »Roman Jakobson« fast tausend Bücher und Artikel[8]. Sein letztes, 1979 in Kooperation mit Linda Waugh entstandenes

Buch »The Sound Shape of Language«[9] ist charakteristisch für die stets gleichbleibende schöpferische Dialektik. Es zeigt den neuesten Fortschritt der Gedanken, die Verarbeitung jüngster Modelle, aber auch das fast besessene Festhalten an früh gefaßten Interessen und Ideen. Zu den früh gefaßten Ideen gehören die Modernismen seiner Jugend. Ich möchte sie die vier Musen des Zeitgeists des 20. Jahrhunderts nennen. Es sind: erstens, die *Universalität* – sie reicht von der gegenseitigen Transformierbarkeit der Künste, wie z. B. im Futurismus gefordert und auch praktiziert, bis zur Idee der Interdisziplinarität, der Universalien, welche z. B. sowohl Dichtung wie logische Modellbildung verbinden[10] –, zweitens, die *Relativität* – sie reicht von der Beziehung zwischen den perzeptiven Konstanten und der Intervention des Subjekts, der »Einstellung« der Phänomenologie Husserls bis zu den möglichen humanwissenschaftlichen Auswirkungen der Relativitätstheorie[11] –, drittens, die *Evolution* – sie reicht von der besonderen teleologischen Vorstellung der Sprachentwicklung bis zur Projektion des Haeckelschen »biogenetischen Grundgesetzes« auf Erwerb und Pathologie der Sprache[12] –, viertens, die *Binarität* – sie reicht von der Idee der Dialektik im Aufbau der Welt bis zum binären, polaren Funktionieren des Computers und, vor allem, unseres Gehirns[13] –. Diese Musen hatten auch den jungen Roman geküßt, doch es darf nicht verschwiegen werden, daß Jakobson zeit seines Lebens den vier »Damen« hartnäckig den Hof gemacht hat: Universalität, Relativität, Evolution und Binarität gewannen durch sein Dazutun gerade in der Modellbildung der Linguistik in zunehmender Weise an Attraktivität. Jakobson war auch sonst Mittler wechselseitiger Prozesse: So importierte er nicht nur den Formalismus nach Prag und damit nach Europa, sondern er trug umgekehrt dazu bei, daß die Ideen der Relativität und der Saussureschen Binarität schnell in Moskau heimisch wurden[14].

Vier Epochen möchte ich in Jakobsons wissenschaftlicher Karriere unterscheiden: die erste reicht von 1914 bis 1920. Es sind die Jahre in Moskau, z. T. in Petersburg. In diese Zeit fällt die Gründung des *Moskovskij lingvističeskij kružok* (des Moskauer linguistischen Kreises), dessen erster Präsident er wurde, sowie die Beteiligung am Ausbau der »Gesellschaft für die Untersuchung der dichterischen Sprache« (OPOJAZ). Nennen wir diese Epoche die *formalistische*. Die zweite Epoche beginnt mit der Übersiedlung nach Prag im Jahre 1920. 1926 wird Jakobson Mitbegründer und Vizepräsident des *Cercle linguistique de Prague.* 1933 wird er Dozent und dann Professor in Brünn. In diese Zeit fallen seine programmatischen Entwürfe zu einer strukturalen Linguistik und Poetik, seine These zur Überwindung der Saussureschen Antinomie von Synchronie und Diachronie, die ersten Entwürfe seiner Theorie von den distinktiven Eigenschaften des Phonems[15]. Diese Epoche dauert fast 20 Jahre. 1939 flieht er vor den Nationalsozialisten, zunächst nach Kopenhagen. Nennen wir diese Epoche die *strukturalistische.* Die folgende Periode ist eine Zeit des Übergangs, sie führt ihn von Kopenhagen über Oslo und Uppsala nach Stockholm. 1941 siedelt er in die USA über. 1942 bis 1946 ist er Professor an der École Libre in New York. 1943 wird er – es ist nicht anders zu erwarten – Mitbegründer und Vizepräsident des *Linguistic Circle of New York.* 1943 bis 1949 ist er Professor an der Columbia University. Nennen wir diese Epoche zwischen 1939 und 1949 die *semiotische.* Es ist eine Zeit des vorläufigen Resümees, der Neubesinnung. Umberto Eco stellt zu Recht fest: »Jakobson was semiotically biased from his early years[16].« Er hatte bereits früher über außersprachliche Zeichenprozesse – etwa über die Filmkunst[17] oder über die Musik[17] – nachgedacht. Nunmehr scheint er sich einer allgemeinen und kulturellen Semiotik noch stärker zu öffnen: er widmet sich der Folklore, den frühen russischen Epen, vor allem vermittelt er den Vater der Semiotik, Charles Sanders Peirce, den Amerikaner, den Amerikanern, besonders den amerikanischen Linguisten[18]. Die vierte Epoche beginnt 1949 mit der Übersiedlung an die Harvard University, ich nenne sie die *interdisziplinäre.* Sie ist gekennzeichnet durch die informationstheoretische und vielleicht auch die neurochemische Bestätigung seiner Idee von der binären Struktur der distinktiven Merkmale des Phonems und auch höher gelegener sprachlicher Einheiten[19]. Sie ist ferner charakterisiert durch die Vervollkommnung seiner Modelle zur Poetizität, durch die Suche nach Isomorphien zwischen der Sprache, dem Leben und der Materie, durch die interdisziplinäre Forschung am *Salk Institute for Biological Studies,* nicht zuletzt durch das überaus fruchtbare Wirken in Paris, durch die breite Rezeption in der französischen *Sémiologie.*

Es ist aussichtslos, den vielen beziehungsreichen Schriften Jakobsons gerecht werden zu wollen. Nur einiges sei hier ausgewählt:

In der formalistischen Zeit begegnen wir der erwähnten umfangreichen Schrift zur modernen russischen Poesie. In der strukturalistischen Periode scheinen mir neben den bekannteren Schriften zur Konstitution der Phonologie und der Poetizität die Arbeiten zum *jazykovyj sojuz*, zum »Sprachbund«, in besonderem Maße bahnbrechend zu sein: Im Gegensatz zu der bis *dato* diachron-genetisch vorgehenden Analyse von Sprachverwandtschaft entdeckt Jakobson große Areale von »etymologisch« nicht unmittelbar verwandten Sprachen, »Sprachbünde«, welche gleichwohl durch eine unübersehbare Ähnlichkeit partikulärer sprachlicher Eigenschaften ausgezeichnet sind. So formen das Schwedische, Norwegische, aber auch das Lettische und Estnische den Sprachbund des musikalischen Akzents, der Polytonie, während ein eurasischer Sprachbund, welcher von Polen bis zur Mongolei reicht, durch Monotonie und Palatalisierung der Konsonanten gekennzeichnet ist[20]. Zur semiotischen Phase gehört die Untersuchung »Kindersprache, Aphasie und allgemeine Lautgesetze«. Hier begegnen wir der heuristisch fruchtbarsten und systematisch stimulierendsten Arbeit Jakobsons. Mit fast kriminalistischer Akribie wird ein Bild von der Unvertauschbarkeit der Schritte im Spracherwerb des Kindes und im Sprachverlust des Aphatikers entwickelt, gekoppelt mit Hypothesen zur Phylogenese der Sprache. Diese Schrift dürfte auch in Zukunft ein wichtiger Anstoß für eine dynamischere Form von Semiotik sein. Von den zahlreichen Arbeiten der interdisziplinären Periode möchte ich vor allem die eleganteste Formulierung seiner Poetizitätstheorie (1960) – die These von der Projektion der paradigmatischen Similarität auf die Achse der Kontiguität – sowie die richtungweisende Korrelation von Gehirnläsionen nach dem Moskauer Neurologen Luria mit den sparsamen, aber sinnvollen Dichotomien der Similarität und Kontiguität – die Korrelation also von klinischem Befund der Aphasien und Jakobsonscher Sprachtheorie – erwähnen[21]. – Viele der genannten Begriffe werden unersetzliches Allgemeingut. Manchem der Zehntausenden von praktizierenden Linguisten mag es nicht bewußt sein, daß zahlreiche alltäglich gewordene Konzepte wie »Poetizität« (tschechisch: *básnickost*[22]) oder »distinktives Merkmal« ohne Jakobson nicht existent wären. Aber Jakobson empfängt auch, umgekehrt, von der Moderne. Fazit des *Zeitgeists*: Jakobson ist – *par excellence* – der *homo modernus*.

Vom Zeitgeist zur Zeitlosigkeit: Der Aspekt der zeitlosen Struktur verlangt nach besonders ausführlicher Darstellung. Ersetzen wir der notwendigen Kürze halber die Ausführlichkeit durch Konzentration. Konzentrieren wir uns auf das – wie ich meine – auffälligste Merkmal des Jakobsonschen Denkens, auf die Paarigkeit der Struktur, auf die Dyadik. Sie findet sich in drei Bereichen: zum ersten als *fundamentale Struktur*: so in der Rekurrenz, im Parallelismus des Ästhetischen, in der paradigmatischen Opposition und dem syntagmatischen Kontrast minimaler Konstellationen – Jakobsons Idee vom maximalen Kontrast erklärt letztlich, warum das erste Wort des Kindes *papa* bzw. *mama*, nicht etwa *titi* oder *kuku* ist –; schließlich entwickelt sich die symmetrische Dyade – wie bereits erwähnt – zur Asymmetrie der Binarität, etwa zu der embryonalen Asymmetrie zwischen der Präsenz und der Absenz des Verschlußlautcharakters in *papa* oder *mama*. Die Asymmetrie wird sich später als wichtigste dynamische Struktur im Aufbau der Welt herausstellen[23]. Dyadik rekurriert jedoch auch in *integrativen* Strukturen, in Achsen und Spiegelungen, so auch in den »Dichotomien«: Similarität/Kontiguität, Paradigma/Syntagma, diachron/synchron, Ganzes/Teile, Metapher/Metonymie, Encodieren/Decodieren. Diese Dyaden werden – mehr als irgendwo sonst – bei Jakobson zum unverzichtbaren Einmaleins des strukturellen Denkens. Endlich begegnen wir der Dyadik auch in den außersprachlichen *Korrespondenzen*. So spekuliert Jakobson in – wie ich meine – fruchtbarer Weise über die Verwandtschaft der sprachlichen Binarität, der sexuellen Kommunikation und der Information in der DNS der Zelle[24].

Jakobson tendiert dahin, die Modernität seiner Modelle durch Aufsuchen von historischen Vorläufern gewissermaßen zu neutralisieren. So mögen seine Bemühungen, die Suche nach dem kleinsten, unteilbaren sprachlichen Element, dem distinktiven Merkmal der Lautgebung, bei antiken Denkern wiederzufinden, universal, ja poetisch anmuten. Solche Unteilbarkeiten der Sprache bzw. der Materie – bei Aristoteles und Demokrit als *stoicheia* hypostasiert (so fand Jakobson selbst heraus[25]) – machen die Zeitentbundenheit Jakobsons faßlicher. Es entsteht vor uns das Gegenbild des *homo modernus*, nämlich der *homo binarius*.

Von der Zeitlosigkeit zur Harmonie: »Das burleske Mysterienspiel des Mittelalters« ist der Titel einer durch philologische Minutiosität und einfache strukturalistische Hypothese ausgezeichneten Studie[26]. Nicht zuletzt hier wird deutlich, daß Jakobson nicht ausschließlich an der spröden Formel, der alles erklärenden Gleichung interessiert ist; es fasziniert ihn gleichermaßen das historische Fragment, das suggestive Detail, die Enzyklopädie des Noch-Interpretierbaren. Jakobson nutzt den kombinierten Reiz des Totalen und des Isolierten, des Abstrakten und des Konkreten zu einer reicheren Synthese. Der Sinn für die Synthese ist eine Facette des – wie es scheint – wichtigsten Aspekts der Persönlichkeit Jakobsons, nämlich der Kraft zur Integration, zur Harmonie. Diese Harmonie ist auch vonnöten, bei der Unersättlichkeit seiner Interessen: Als Prof. E. Simmons 1946 von der Columbia University aufgefordert wurde, eine slavistische Abteilung aufzubauen, fragte er R. J., welche Lehrveranstaltungen dieser anbieten könne, falls man ihm den slavistischen Lehrstuhl anböte. R. J. stellte eine Liste von über 70 Lehrveranstaltungen zusammen und erhielt den Lehrstuhl[27]. – Jakobson hat sich zur Struktur von über zweihundert Sprachen geäußert: vom Chinesischen und Annamitischen über das Arabische und Hottentottische bis zum Korjäkischen und zum Wichita. Bei seinen präzisen Analysen der Dichtung legte er Wert auf eine breite Palette, sie reicht von Majakovskij, Nezval über Baudelaire, Shakespeare, Dante, Du Bellay, Blake, Klee, Brecht bis zu Pessoa und Hölderlin. Seine Neigung zur wissenschaftlichen Zusammenarbeit kennt keine disziplinären Grenzen, zu seinen Freunden und Gesprächspartnern zählen: Niels Bohr, Jacob Bronowski, François Jacob, Claude Lévi-Strauss, Alexandr Luria, Norbert Wiener, Meyer Schapiro, René Thom u. v. a. – Das mehrfach erwähnte Dyadische bestimmt auch die Persönlichkeit Jakobsons: Einerseits ist kaum jemand origineller als er, andererseits gibt es keinen Linguisten, der so zahlreiche Schriften in Kooperation mit Kollegen geschrieben hat: man denke an Pëtr Bogatyrëv, Jurij Tynjanov, Gunnar Fant, Morris Halle und zahlreiche andere. Kaum jemand hat so sehr das Gespräch mit den Großen seiner Zeit gesucht, und kaum jemand hat sich andererseits so sehr darum bemüht, unbedeutend erscheinende, vergessene Wissenschaftler der Öffentlichkeit neu zu präsentieren, man denke an die Kazaner Schule, an Baudouin de Courtenay und Mikołai Kruszewski[28], an den Schweizer Dialektologen[29] und Proto-Phonematiker Jost Winteler oder an Sprachforscher der Vergangenheit wie den frühen

Erforscher sibirischer Sprachen, den Schweden Philipp Johann von Strahlenberg[30].

Roman Jakobson bewegte sich stets auf der Wasserscheide zwischen Plus und Minus, zwischen Dichtung und Wissenschaft, zwischen Zeitlosigkeit und Zeitgeist. Es gelang ihm, zu harmonisieren. Manchmal dadurch, daß er das eine das andere verdrängen ließ, dann z. B., wenn der Zeitgeist blind und tödlich war: seine vielleicht zeitloseste Schrift, die erwähnte zur »Kindersprache«[31], entstand gerade in der unruhigsten Periode, 1941 in Uppsala. Sein Meisterstück im Besiegen des Zeitgeists durch die Beschäftigung mit Zeitlosigkeit lieferte Jakobson, als er 1941 zusammen mit Ernst Cassirer auf einem Frachter durch die verminte See und feindliche Flotten in die USA flüchtete. Ernst Cassirers Frau sieht das in ihren Memoiren so[32]: »Ernst war glücklich, (Herrn Jakobson) so unerwartet zu treffen, und es dauerte keine Viertelstunde und die beiden befanden sich in ein wissenschaftliches Gespräch vertieft. Das Gespräch dauerte ... fast die ganzen vierzehn Tage der Überfahrt und schien für beide Teile äußerst anregend ... Ob es stürmte oder nicht, ob die Minen vor uns tanzten oder nicht, ... die beiden Gelehrten sprachen über ihre Sprachprobleme mit größtem Eifer. – Jakobson arbeitete gerade über eine Sprache, die nur von 4500 Menschen gesprochen wird, und es erschien mir in der ungewöhnlichen Situation, in der wir uns befanden, geradezu grotesk, daß jemand ein so brennendes Interesse an diesem Phänomen haben konnte.« Die Sprache, über die Jakobson gerade schrieb, war das Giljakische[33]. Jakobson weiß stets Gegensätze zu vereinbaren, Punktuelles mit Universalem, Unbedeutendes mit Bedeutendem, Oberfläche mit Tiefe. Er sieht in zwei Dimensionen, da wo andere in nur einer sehen. Er resümiert seine Rolle selbst in treffender Weise[34]: »Vous savez, je passe pour être ouvert et je crois que je le suis. Mais cela ne tient pas au fait que je suis russe. La chaleur du tempérament slave n'a rien à voir là-dedans. Cela tient à ma génération. Les gens nés entre 1880 et 1900 ont tout à coup acquis un champ de vision plus large, et plus profond, comme s'ils avaient découvert pour la première fois la vision binoculaire.« – Fazit unseres Exkurses in die Harmonie: Jakobson vereint den *homo modernus* und den *homo binarius* zum *uomo universale*[35].

Parallele war das erste Wort, es soll unser letztes sein. Man sucht nach Parallelen. Jakobson selbst gesteht, er möchte lieber mit Künstlern als mit Wissenschaftlern verglichen werden. Mit Picasso z. B. Da fällt uns Gertrude Stein ein. Ihr *a rose is a rose is a rose* erinnert an sein *focus on the message for its own sake*[36]. Auch sie versuchte, den Kubismus in Lyrik umzusetzen, auch sie war von den Musen des Zeitgeists geküßt, von der zeitgenössischen Psychologie (William James und auch Husserl), von den verschiedenen Reduktionismen und Konzentrationen auf die Struktur, das Objekt, die Form, die Ästhetik[37]. Auch sie war ein Exilierter, kam aus den USA in jene Stadt, in die auch der 18jährige Jakobson mit Malevič reisen wollte – es wurde nichts daraus –: Paris. Die Parallele gerät jedoch zum Understatement. Jakobson gelang es – im Gegensatz zu dieser Pionierin der Moderne –, mit seinen Ideen nicht nur die Welt zu überzeugen, sondern, was manchmal schwieriger ist, sogar die Vereinigten Staaten. Ihm gebührt ein anderer Platz. So schreibt Robert Georgin[38]: »Il y a eu, en Europe... une espèce d'unanimité dans la novation créatrice dont nous n'avons pas encore épuisé toutes les conséquences. En peinture, c'est le cubisme de Picasso, en musique Stravinski... Dans le domaine scientifique, c'est Einstein et Freud... En littérature Proust et Joyce. En linguistique Saussure et Jakobson.« Wie immer die Plätze im Pantheon des 20. Jahrhunderts verteilt sein werden, Jakobson wird als der *homo binarius* gelten, als der Mann der Dyaden: Sein Leben ist voller Polaritäten und Parallelismen, ein *bíos tōn parallḗlōn* (um Plutarch abzuwandeln[39]). Auf die Achse der Kontiguität, der Zeitgebundenheit, projiziert, ist sein Leben indes ein Nicht-Rekurrierendes: eine Vita ohne Parallele[40].

Anmerkungen

1 Jakobson, 1921, 94f.
2 Holenstein, 1975.
3 Jakobson, 1974, Jacob, 1977.
4 Todorov, 1978.
5 Robel, 1978.
6 Winner, 1977, 506f.
7 Zu der auf die Quelle Robel (1978, 35) zurückgehenden Formulierung

»Kurland« statt »Lettland« (im Ms. der Laudatio) schreibt R. J. (3. III. 80): »None of my family lived in Kurland. My mother was born and spent her youngest years in Riga. My father came from Velikie Luki near Pskov with his B. A. to Riga, to graduate there as a chemical engineer from the Riga Polytechnicum, and met my mother. They married in Moscow.«

8 Jakobsons Gesamtbibliographie, die 1971 veröffentlicht wurde (Jakobson, 1971d), weist ca. 600 Titel auf. Seit diesem Zeitpunkt sind pro Jahr jeweils ca. 40 neue Eintragungen zu verzeichnen. Vgl. jeweils den »Annual Report on the Academic Activities of Roman Jakobson« (Ms. von R. J.).

9 Vgl. Jakobson und Waugh, 1979. Das Buch zeigt viele alte Ansätze im Lichte neuester Erkenntnisse.

10 Vgl. Jakobsons biographische Bemerkung zur Interdependenz von Dichtung und allgemeiner Modellbildung (»Zwischen Mallarmé und dem periodischen System in der Chemie«): Jakobson, 1975.

11 Zu Jakobson und Husserl vgl. Dauthie, 1978 sowie Holenstein, 1975; zu J. und »Relativitätstheorie« in der Linguistik bzw. in der Wissenschaftstheorie vgl. Jakobson, 1970e (13, 59) und Jakobson, 1960a (427).

12 Jakobson, 1941 (89). Sowohl Jakobson als auch Freud scheinen bezüglich der biogenetischen Hypothesen nicht so sehr direkt durch Haeckel als vielmehr indirekt durch John Hughlings Jackson beeinflußt zu sein: vgl. Jakobson, 1970e (59f.), Rapaport 1960 (27).

13 Zu den verschiedenen Formen von »Dialektik« vgl. Edwards, 1967, vol. I. Zu »Dialektik«, »Computer«, »Gehirn« vgl. Klaus, 1969, Popper, 1973. Zu Jakobsons diesbezüglichen Ideen vgl. u. a. Jakobson und Waugh, 1979 (30ff.) sowie Holenstein, 1975.

14 Robel, 1978.

15 Eine eingehende Darstellung der Jakobsonschen Beiträge dieser Periode gibt Holenstein, 1975. Die allgemeine Lage der Linguistik in der Zeit zwischen den beiden Weltkriegen schildert Jakobson selbst in Jakobson, 1949.

16 Eco, 1977, 43.

17 Jakobson, 1933c (vgl. Jakobson, 1973, 105ff.) und 1932 (vgl. 1973, 102ff.).

18 Sebeok, 1977, 418.

19 Holenstein, 1975.

20 Jakobson, 1931.

21 Jakobson, 1963a.

22 Jakobson, 1921, 412.

23 Zu *mama* und *papa* vgl. Jakobson, 1941, 1959. Zur generellen Rolle der Asymmetrie vgl. Ivanov, 1968, 1974, 1978.

24 Jakobson, 1974, Jacob, 1977. Jakobson und Waugh, 1979 (67ff.); vgl.

auch die Hinweise von Faye (1978, 30f.): Jakobsons Analyse des chinesischen Verses und seine strukturellen Analogien im Bereich der atomaren Physik.

25 Jakobson, 1960a (395). Jakobson und Waugh, 1979 (10).

26 Jakobson, 1958.

27 R. J. (Brief, März 1980).

28 Eine Reihe Saussurescher Ideen geht bekanntlich auf die beiden Polen zurück; vgl. u. a. Jakobson, 1960a.

29 Jakobson, 1960a, 414ff.

30 Vgl. Baecklund-Ehler, 1977 (26), Jakobson, 1952 (428).

31 Jakobson, 1941.

32 Toni Cassirer, 1949, 216. Vgl. auch Jakobson, 1957, 97.

33 Jakobson, 1952, 1957.

34 Georgin 1978, 130.

35 Als solcher wurde er bereits in einer Laudatio von F. Droste (Leuven) apostrophiert (Droste, 1972).

36 Zu den Zitaten vgl. Stein, 1935 (231), Jakobson, 1960 (356). Zu einem Versuch, beide vergleichend zu interpretieren vgl. Koch, 1981, section 5.3.

37 Vgl. Sprigge, 1957 sowie Koch, 1981.

38 Georgin, 1978, 129.

39 Plutarchos aus Chaironeia (46–120) beschreibt bekanntlich in seinen *Bíoi Parálleloi* biographische Paare griechischer und römischer Herkunft: Theseus-Romulus, Alexander-Caesar usw.

40 Roman Jakobson und Elmar Holenstein danke ich für zahlreiche Hinweise.

Literaturverzeichnis

Armstrong, Daniel, C. H. van Schooneveld (1977) (Hg.), Roman Jakobson – Echoes of His Scholarship, de Ridder, Lisse.

Baecklund-Ehler, Astrid (1977), »Roman Jakobson's Cooperation with Scandinavian Linguists«, in: Armstrong, van Schooneveld, 1977, 21–7.

Cassirer, Toni (1949), *Aus meinem Leben mit Ernst Cassirer*, New York.

Dauthie, Xavier (1978), »La Filiation de Husserl«, in: »Jakobson« – *Cahiers Cistre* 5, 40–6.

Droste, F. (1972), »Eredoktor R. Jakobson – Laudatio«, in: *academische tijdingen – Katholieke Universiteit te Leuven* 6, no. 12: 1972, 1–3.

Eco, Umberto (1977), »The Influence of Roman Jakobson on the Development of Semiotics«, in: Armstrong und van Schooneveld, 1977, 39–48.

Edwards, Paul (Hg.) ([1967] 1972), *The Encyclopedia of Philosophy*, vol. I, Collier-Macmillian, London.

Faye, Jean Pierre (1978), »Prise du Palais d'Hiver dans la Langue«, in: »Jakobson« – *Cahiers Cistre* 5, 28–32.
Georgin, Robert (1978), »Le Linguiste du Monde Occidental«, in: »Jakobson« – *Cahiers Cistre* 5, 94–130.
Holenstein, Elmar (1975), *Roman Jakobsons phänomenologischer Strukturalismus*, Suhrkamp, Frankfurt.
Ivanov, Vjačeslav Vsevolodovič (1968), »Ob asimmetričnosti universal'nych semiotičeskich oppozicij«, in: *III letnjaja škola po vtoričnym modelirujuščim sistemam. Tezisy, Kjaèriku 10–20 maja 1968*, Tartu: TGU, 10–12.
Ivanov, Vjačeslav Vsevolodovič (1974), »On Antisymmetrical and Asymmetrical Relations in Natural Languages and Other Semiotic Systems«, in: *Linguistics* 119, 35–40.
Ivanov, Vjačeslav Vsevolodovič (1978), *Čët i Nečët, asimmetrija mosga i znakovych sistem*, Moskva: Sovetskoe radio.
Jacob, François (1977), »The Linguistic Model in Biology«, in: Armstrong und van Schooneveld, 1977, 185–92.
Jakobson, Roman ([1921] 1972), »Novejšaja russkaja poèzija. Nabrosok pervyj. Viktor Chlebnikov« Praha, 1921, und dtsch.: »Die neueste russische Poesie. Erster Entwurf. Viktor Chlebnikov«, in: Stempel (1972), 19–135.
Jakobson, Roman ([1931] 1971b), »Über die phonologischen Sprachbünde«, in: Jakobson, Roman (1971b), *Selected Writings* I, 117–28.
Jakobson, Roman (1932), »Musikwissenschaft und Linguistik«, in: *Prager Presse*, 7. 12. 1932.
Jakobson, Roman (1933c), »Upadek filmu?«, in: *Listy pro umění a kritiku* 1, 45–9.
Jakobson, Roman ([1941] 1969), *Kindersprache, Aphasie und allgemeine Lautgesetze*, Suhrkamp, Frankfurt.
Jakobson, Roman (1949), »Notes on General Linguistics: Its Present State and Crucial Problems«, mimeograph, Harvard U., July 1949 (44 pp.).
Jakobson, Roman (1952), »Langues Paléosibériennes«, in: Antoine Meillet und Marcel Cohen (Hg.) (1952), *Les Langues du Monde*, CNRS, Paris, 403–31.
Jakobson, Roman ([1957] 1971c), »Notes on Gilyak«, in: Jakobson (1971c), *Selected Writings* II, 72–97.
Jakobson, Roman ([1958] 1974c), »Le Mystère burlesque du Moyen Age«, in: *Critique* 30, 261–89.
Jakobson, Roman ([1959] 1971), »Why ›Mama‹ and ›Papa‹«?, in: Jakobson, Roman (1971), 19–29.
Jakobson, Roman ([1960a] 1971c), »The Kazan' School of Polish Linguistics and its Place in the International Development of Phonology«, in: Jakobson (1971c), 394–428.

Jakobson, Roman ([1963a] 1971c), »Toward a Linguistic Classification of Aphasic Impairments«, in: Jakobson, Roman (1971c), 289–306.
Jakobson, Roman ([1970e] 1974), *Main Trends in the Science of Language*, Harper, New York.
Jakobson, Roman (1971), *Studies on Child Language and Aphasia*, Mouton, The Hague.
Jakobson, Roman (1971c), *Selected Writings, vol. II, Word and Language*, Mouton, The Hague.
Jakobson, Roman (1971d), *A Bibliography of his Writings*, Mouton, The Hague.
Jakobson, Roman (1974), »Life and Language – A Review Article«, in: *Linguistics* 138, 97–103.
Jakobson, Roman (1975), »De la poésie à la linguistique«, in: *L'Arc* 60, 18–21.
Jakobson, Roman (1978), »Entretien avec Léon Robel«, in: »Jakobson« – *Cahiers Cistre* 5, 11–38.
Jakobson, Roman und Linda Waugh (1979), *The Sound Shape of Language*, Indiana U. P., Bloomington.
Klaus, Georg (Hg.) (1969), *Wörterbuch der Kybernetik*, Fischer, Frankfurt.
Koch, Walter A. (1981, in Vorb.), *Poetry and Science: Towards an Integrated Correspondence Theory of Poetic Structures*, Mouton, The Hague.
Popper, Karl ([1973] 1975), *Das Gehirn des Menschen*, Piper, München.
Rapaport, David ([1960] 1970), *The Structure of Psychoanalytical Theory. A Systematizing Attempt* (dtsch.: *Die Struktur der psychoanalytischen Theorie*, Klett, Stuttgart), International Universities Press, New York.
Robel, Léon (1978), »Les Années de Formation«, in: »Jakobson« – *Cahiers Cistre* 5, 34–8.
Sebeok, Thomas A. (1977), »Roman Jakobson's Teaching in America«, in: Armstrong und van Schooneveld (1977), 411–20.
Sprigge, Elizabeth (1957), *Gertrude Stein. Her Life and Work*, Hamish Hamilton, London.
Stein, Gertrude ([1935] 1975), *Lectures in America*, Random House, New York.
Stempel, Wolf-Dieter (Hg.) (1972), *Texte der russischen Formalisten*, Fink, München.
Todorov, Tzvetan (1977), »Poétique générale«, in: Armstrong und van Schooneveld (1977), 473–84.
Winner, Thomas G., 1977, »Roman Jakobson and Avantgarde Art«, in: Armstrong und van Schooneveld (1977), 503–14.

Alphabetisches Verzeichnis der suhrkamp taschenbücher wissenschaft